DIE NEUERFINDUNG DER DIKTATUR

Wie CHINA den digitalen Überwachungsstaat aufbaut und uns damit herausfordert

和諧社會

中國，大數據監控下的美麗新世界

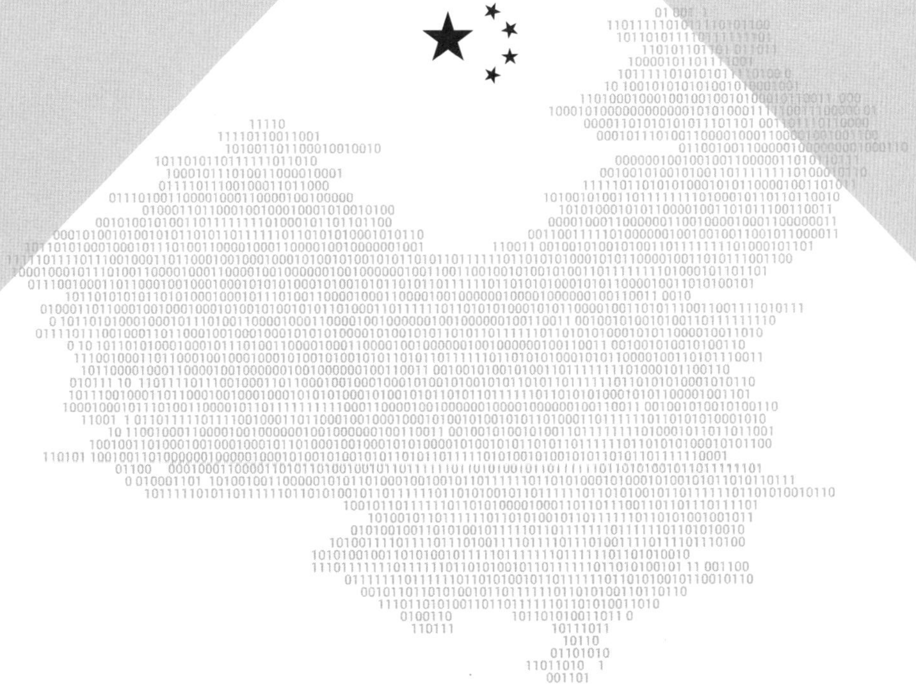

KAI STRITTMATTER

馬凱 著 | 林育立 譯

目次——CONTENT

推薦序　如果有一天，連腦袋都變成國家的管控範圍／阿潑……004
前言　新中國，新世界……012
第1章　文字：獨裁者如何綁架我們的語言……028
第2章　槍桿子：恐怖統治與法律如何互補……044
第3章　筆桿子：如何有效宣傳……060
第4章　網路：黨如何學習愛上網路……074
第5章　白紙：人民為何必須遺忘……122

第6章 天命：黨如何挑選皇帝……146
第7章 夢想：馬克思和孔子如何手牽手讓偉大民族重生……162
第8章 天眼：黨如何用人工智慧升級統治的規模……188
第9章 新人類：大數據與社會信用體系如何製造聽話的奴才……236
第10章 奴才：獨裁如何讓心靈枯萎……258
第11章 鐵屋：少數不願屈服的人如何拒絕謊言……278
第12章 賭注：當權力成了自己的絆腳石……288
第13章 表象：每個人都有自己的中國想像……300
第14章 世界：中國如何發揮影響力……308
第15章 未來：當條條大路通北京……350
謝詞……365

推薦序

如果有一天，連腦袋都變成國家的管控範圍

阿潑（《轉角國際》專欄作者）

中共藉機打造一個史上前所未見、最完美的監控國家，最好連監控設施都看不到，因為已被植入奴才的腦袋。這個新中國不該像毛時代的士兵那樣刻苦、服從和千篇一律，而是多彩又繽紛、猶如歐威爾《一九八四》和赫胥黎《美麗新世界》的混合體，人民投身於商業活動，不但盡情享樂，也心甘情願被監控。多數子民內心明白，黨隨時會再揮舞「恐嚇的工具」，這些被用來貫徹權力的工具無所不在，一如黨宇宙的背景輻射。

德國記者馬凱（Kai Strittmatter）的著作《和諧社會》鎖定習近平治下的中國，談論其如何透過數位科技，讓改革開放多年的中國再次進入獨裁統治的景況——有西方

評論稱為「毛2.0」——上述引句或可一言以蔽之地呈現本書的要旨：儘管黨的手段嚴厲，但人民也在規訓之下，充分配合。

《和諧社會》這樣的書，由在冷戰時期出生、面對東德的威脅、受過漢學訓練的馬凱來寫，或許再適合不過，因為他在人生中，有超過二十年的歲月與中國鑲嵌：馬凱在東西德統一前後這個階段，學習漢學，曾在中國與台灣擔任交換生的他，或許見證了中國的改革開放與台灣解嚴的社會活力。但他真正認識中國，則要從一九九七年起以《南德日報》通訊員身分派駐北京開始算起，他在這座城市八年，看著江澤民如何將棒子交到胡錦濤手上。直至習近平當上總書記，也就是二〇一二年，他又再次被派駐北京，在這六年，看著中國夢如何昂揚，但也看著民間言論思想遭到扼殺。

我不免想像，初次派駐北京，迎上中小企業經濟發展、民間仍有活力的他，可能跟我一樣，對於科技的影響有所想像——我於二〇〇七年開始頻繁往來兩岸，曾對近代中國開放的可能，抱持著無比樂觀的信心，卻在二〇一九年春天，約是香港反送中運動開始之際，從手機上移除了「微信」。

為了和中國朋友、受訪者保持聯繫，我相當依賴微信，以確認他們的近況與互通消息。我並不十分確定，中共是否有必要透過這款應用軟體監控像我這樣的台灣人，又或者，對中共的不信任，讓你我草木皆兵，但事情並沒有這麼嚴重，因此，我對於微信的使用無所顧忌。但有次，我如同使用境外社群網站一般，隨意將某個觸犯中共禁忌的訊息傳到群組，立刻收到台灣友人訊息：「快刪掉，不要害到我們的朋友。」

這句話，讓我緊張起來，想到二〇一四年底——我最後一次到北京——在「中國夢」遍地張揚之時，聽聞中國媒體朋友們紛紛轉職、棄守報導的陣地，他們說，再怎麼磨拳霍霍，也拚不過當局不斷收緊的言論思想控制的繩索。當時，一個媒體主管在觥籌交錯中，低聲提到一個在公益組織做事的朋友才剛被放了出來。理由呢？我問：「做公益，能得罪政府嗎？」他搖頭表示不確知原因，「據說他去複印了香港佔中的資料，才被抓。」這顯然是有人舉報。

故在香港反送中運動萌芽時，我開始產生警戒，並移除「微信」，斷絕與對岸友人的聯絡。這個動作與其說為了自己，倒不如說是保護朋友——畢竟我在境外，於自由台灣生活的我，無法拿捏紅線的尺度，心中的小警總顢頇遲鈍，倒不如什麼都不說。但不免遺憾的是，當年我曾見證公民記者遍地、維權人士透過網路發起倡議行動、川震開放媒體直播，如今竟也親眼看到，即使需要翻牆仍活絡奔放的中國網路與言論，僵凍成今天這個樣子。

儘管有金盾長城、有五毛活躍，但對我來說，扼住中國新聞言論自由的那雙手，並不那麼用力，曾讓我有可望鬆開的錯覺。但讀完《和諧社會》，我不免想像，若有機會與馬凱對談，他或許會對我的天真感到不以為然，從君王統御與百家之言開始談到魯迅，告訴我中國自古以來是何樣貌——對於接受黨國教育長大的我而言，不免感嘆這個老外比我還清楚這塊土地的經歷。馬凱或許還會憑藉自己的近代中國經驗，對我勾勒出當代獨裁的輪廓，而人民又如何臣服於獨裁之下。這個輪廓已有諸多西方思想家、作家指陳，例如前述的歐威爾，又如漢娜．鄂蘭。

誠如上揭，馬凱在這本書中，縱貫古今，博引東西，漫談今日種種如何發生，耙梳近代中國言論思想的收放歷程，但真正聚焦在習近平執政後，各種事件的發生，這些事件或讓中產階級醒悟，或讓人民更是噤聲——這不禁讓我想起二〇一二年後前往中國，非媒體的友人總限制我說話，以免「汙染」他們。但不論醒悟或噤聲，當權者的手段更是高壓而多樣，對人民的控制更是嚴厲，天津倉庫爆炸如此，香港反送中運動與《國安法》的施行如此，武漢疫情發生後，更是如此。

小至杭州教室的「天眼」，廣泛如無所不在的「天網」，都是控制工具，但更有效率的，或許就是「數位監控」。「科技總是對資源比較多的一方有利，相較於中共的對手，網路始終對中共比較有利」，書中引用香港出版人鮑樸的說法：無所不在的「史塔西」現在只要跟著網民一起讀微博和微信「就知道下一個該抓誰」。

拜科技之賜，現在監控方便多了，不像過去共產極權國家需要出動「史塔西」這樣的「祕密警察」，靠著數位技術就可以做到。而且隨著社會事件與發展，中共還能「推陳出新」，祭出相應的數位技術，替人民繫上腳鐐：社會信用體系是如此，健康碼亦是如此。而中國人驕傲地認為：這是人類歷史上前所未有的制度，是地球上的首例。但在德國中國問題專家韓博天（Sebastian Heilmann）看來，這毋寧是「數位列寧主義」。是當代的獨裁統治方式。

「我們確實正在見證披著數位外衣的極權主義重返世界。」馬凱不免繼續強調：

中國一直是獨裁國家，但只有在毛澤東統治時，才轉變為極權國家，伸進百姓腦袋最幽微的角落、連他們的臥室和親密關係也監視。這種新的極權主義比毛澤東和史達林的統治手段完美得多，國家機器掌握數據和數位控制的能力，已經超乎前人的想像，因為我們已經一步步將大腦搬到手機上，在數位的網路中生活和思考，並用數位媒介記錄下來。最棒的是，跟以前的極權主義不同，國家機器毋須在日常生活散播恐懼，只要人民下意識地感覺暴力可能隨時出現，已達到恐嚇的效果。監控機制先是無人察覺、靜悄悄地潛入，最後人民也成了共犯。

身為台灣人，即使偶爾在媒體上略微聽聞中共對於社會的控制，對新疆集中營有點印象，也對香港實施《國安法》感到不安，但這個社會仍分屬兩極：一是無法容忍，另一則是認為經濟重要，為了維穩，這些犧牲沒有什麼大不了的。與兩岸無涉，作為完全第三人的馬凱，振筆疾書，整理自己的採訪、觀察，並藉著出版對世界提出警示——自然包含台灣人。

此書譯者林育立為駐德記者，過往透過報導，為台灣人打開認識德國的窗戶，如今也翻介德國記者的作品，替緊鄰中國的我們，提供一個解析後的中國。而於第一線親見香港危機的我們，或許能從馬凱對近代中國的犀利解剖中，得到完整的圖像，並且深刻認知到：獨裁體制重返後，人民要付出的代價比原本以為的還大——可不是簡單地犧牲自由而已。

前言

新中國，新世界

我們原本熟悉的中國再也不存在了。過去四十年「改革開放」的中國正出現新的事物，值得我們好好關注。中國此刻誕生的是世人前所未見、一個全新的國家和政權。我們得捫心自問：準備好要面對了嗎？有一件事愈來愈清楚：對我們民主國家和歐洲來說，未來數十年最大的挑戰不是俄羅斯，而是中國。中國正在國內建立一個完美的數位監控國家，他們的靈魂工程師正打造列寧、史達林和毛澤東曾經夢想的「新人類」，並照自己的想像形塑這個世界。

中國共產黨將主席習近平抬到毛澤東以降無人可及的地位，只有上天比他還高。中國再次有一位「舵手」。習近平是過去數十年中國最有權力的領導人，他帶領數百年來最強大的中國，期許在經濟、政治和軍事都更加強大。對這樣的中國來說，西方的解體就像天上掉下來的禮物。為了控制和操縱人民，這個政權的權力機器手上還有二十一世紀的資訊科技，它有無限可能的發展，從來沒有一位獨裁者掌握過這樣的利器。習近平與中共正為資訊時代發明新的獨裁體制，並有意識地與西方體制競爭，這樣的中國對民主國家影響十分深遠。

在國內，中共的這個計畫早已野心勃勃在發展，千萬不要小看專制政權對奴才靈魂的支配。黨不僅能刪除人命，也能刪除靈魂再重新格式化。最具代表性的例子是一九八九年發生的天安門廣場大屠殺及接下來幾年的管控措施。二〇一九年六月四日，正逢民主運動被血腥鎮壓三十週年，而中共的確有理由大肆慶祝，因為當年無人能想像到，他們的暴行後來竟是一大成功。血腥暴行不僅讓中共重生，也讓黨組織藉機展示，早在數位時代來臨前，思想控制可以做到什麼程度。在今天的中國，六四屠殺的記憶幾乎完全被抹去，政府所下的遺忘指令，眾人做得很徹底，中共跟歐威爾都很清楚「誰控制了過去誰就控制未來」。

這本書是來自未來的訊息，也就是你我共同的未來（如果接下來的發展真有這麼糟的話）。對我們來說，目前情況確實不太樂觀，因此我寫了這本書。我從川普當選美國總統的那一晚開始動筆，到中共中央黨校刊物《求是》稱習近平是「歷史的選擇」的那幾個月完稿。一般而言，歷史像一條緩慢的河流，我們被流水帶著走，沒有察覺發生了什麼事。可是此刻不一樣，每個人都很難抗拒一種感覺，彷彿見證一齣歷史劇碼正在上演，而台上的一切幾乎觸手可及。有些事正在中國和我們的身上發生，而雙方的關係已經難分難解。

過去這二十年，我一直過著沒有真相、被「假新聞」環繞和被「另類事實」支配的生活。二〇〇五年到二〇一二年，我在土耳其當特派記者。相較之下，我在中國的時間更久，一九八〇年代我到中國讀書，隨後當記者，第一次是一九九七年到二〇〇五年，接著是二〇一二年到二〇一八年。

人類用謊言統治的歷史，可能跟古老的政權本身一樣久遠。然而，近來獨裁者與準獨裁者重返世界，他們像過去那樣厚顏無恥，拿謊言當統治工具，而西方世界依舊感到震驚。以前我們自以為是，以為這些統治技術和相應的政治制度早已過時，但如今，各地的獨裁者抓住機會，跟那些大吵大鬧的民粹人士稱兄道弟。一場完美的風暴正席捲歐洲和民主國家，大家都在討論川普和俄羅斯，卻很少人談到中國。

習近平向中國人民和世界承諾，「新時代」一定會降臨。他的確正在建立新中國，但其人民和全世界都有理由感到不安。鄧小平認為執政該實事求是，習近平卻重返意識形態，高舉馬克思的教條，並用久違的氣勢與嚴酷的力道實踐列寧的教誨。當他發現馬克思和列寧都沒用時，就送給人民孔子和狂熱的民族主義。鄧小平的中國充滿開放和好奇的精神，習近平的中國卻重新關上大門。

習近平並沒有強迫中共接受陌生的事物，情況正好相反，他用迅雷不及掩耳的速度實現黨最私密的願望。不久前，不少幹部還在反躬自省，思考國家真的還需要這個黨嗎？這部老爺車快滿一百歲了，它來自逝去的年代，主結構還是沒落的意識形態。就在黨快坍塌的時候，習近平重新注入力量和紀律；當黨拿不定主意失去方向感的時候，習近平賦予新使命。黨為了表示感激，在習近平在世時就將他迎進偉大思想家的萬神殿，授與他幾乎沒有限制的權力。習近平重新提醒大家，這個國家曾是黨的獵物，打贏內戰後歸黨所有。直到今天，中國的軍隊仍屬於黨，不屬於國家。國家也歸黨，而黨歸他所有。習近平重新賦予黨存在的意義，讓全體黨員順服，一黨獨裁再次回到一人獨裁。

中共稱習近平「挽救了社會主義」，指的其實是「挽回黨的權力」。蘇聯的命運深深撼動了習近平，據說他曾感慨蘇聯「竟無一人是男兒」。中國不一樣，現在它有了習近平，而且還是終身職。再也沒人預言這個體制即將崩潰，中共總算又能從長計議。二〇二四年對黨來說將是劃時代的一年，中國共產黨將超越失敗的姐妹黨蘇聯共產黨，成為人類歷史上執政最久的共產黨。

西方現在終於可以告別自己的一廂情願。幾年前，有位明智的作者即點出，「中國的開放和富裕必導致政治自由化」，只是一種「中國式的幻想」。「以商促變」，透過貿易讓中國民主化，這種想像多年來好用又讓人心安，但現實卻不是這麼一回事。不過，世人畢竟從未見過這種共產黨，它就像具有非凡適應能力的神奇生物，直接吞下資本主義然後冒充自己是「中國特色的社會主義」。在這過程中，中共從未放棄獨裁的本質，但至少過去數十年來，在國家和黨的底層，一再出現改革浪潮、實質又有內涵的辯論、出乎意料的實驗和勇於打破禁忌的人。

可惜的是，習近平掌權後，非習路線全被消除殆盡。習近平的執政是為了證明，殘酷的獨裁更適合讓中國這樣的國家強盛起來；而黨正好也需要強悍的獨裁者來實現它的「中國夢」。因此，他結束了鄧小平改革開放政策最重要的原則，不再為經濟發展犧牲一切，如今政治控制才是硬道理，中共再也不將各項任務託付給國家、企業、公民社會和努力爭取報導空間的媒體。習近平讓自由空間消失殆盡。他只用了一任的時間，就成功將一個忐忑不安、危機四伏的共黨牢牢抓在掌心，將一個多元、活潑、有時不大聽話的社會「和諧化」；這個字在中國的意思是打壓想法不同的人，讓社會每一個角落聽命黨的指揮。一向給人鐵面無私形象的習近平也在意識形態上肅清全黨和全國，從此中國再也沒有一個角落不受黨的監視。中共本來就很神聖了，習近平讓黨更神聖，無所不知和無所不在的程度勝過以往。

在帝國的邊陲，人民尤能感受到前所未見又毫不妥協的控制手段。在香港，對終將失去自由的恐懼驅使人民走上街頭，這是依然偉大的城市死前的抽搐。在新疆，中共盯上一整個民族，將穆斯林維吾爾人關在遍布各地的再教育營洗腦，其人數可能超過一百萬，這是納粹統治以來對少數民族最大規模的拘禁。在中國，這樣的民族改造計畫喚起了文化大革命的記憶。

習近平等於一隻腳向後跨了一大步，而骨子裡是列寧主義和對權力的欲望。有人將他比擬為毛澤東，但這樣相比並不恰當。毛澤東是永遠的造反者，在混亂中愈加茁壯，反觀習近平熱衷的是控制和穩定，可說是毛的對照版。習近平不是革命家，而是技術官僚，擅長在曲折的組織迷宮隨機應變。

不過，一種源自毛澤東政治遺產的實驗最近東山再起，中共再度進行全面的思想控制，試圖打造新人類。只不過，他們相信第二回合的成功機會更高。中國的獨裁者正利用二十一世紀的工具來升級統治手段。習近平的另一隻腳向前跨一大步，邁向許多獨裁者可望不可及的未來。共黨在網路面前提心吊膽的時代早已過去，中共政權不僅不再害怕、還學會應用資訊科技，熟練的程度遠超過其他國家。中共相信，靠大數據和人工智慧能建立多套控制機制，不僅讓經濟繼續繁榮，黨的組織也不用再擔心遇到危機。

中共藉機打造一個史上前所未見、最完美的監控國家，最好連監控設施都看不到，因為已被植入奴才的腦袋。這個新中國不該像毛時代的士兵那樣刻苦、服從和千篇一律，而是多彩又繽紛、猶如歐威爾《一九八四》和赫胥黎《美麗新世界》的混合體，人民投身於商業活動，不但盡情享樂，也心甘情願被監控。多數子民內心明白，黨隨時會再揮舞「恐嚇的工具」，這些被用來貫徹權力的工具無所不在，一如黨宇宙的背景輻射。

例如，「社會信用體系」就是這個新中國的核心。二〇二〇年起，每個人民的行為都會被即時記錄下來，成為經濟、社會和道德各領域的積分，而政府會依此實施獎懲。按照這個藍圖，只要透過通用的演算法，就能創造出經濟上最有生產力的奴才，他們在社會上最能與人和睦相處，在政治上也最聽話了。這些人怕惹事，所以總是先自我設限和審查。黨再也不用像過去一樣要求人民狂熱地崇拜領導人，大家都當個不出聲的共犯就夠了。

習近平和中共的計畫如果成功，那麼披著數位外衣的極權主義將重返世界，而各地的獨裁者也總算找到出路，向中國直接訂購新的作業系統即可——搞不好會還附上維修服務。

不過，如今中國社會的多元程度遠超過以往，新興中產階級的需求和消費模式與其他國家沒什麼差別，那這麼做行得通嗎？在物質生活方面，過去數十年中共的成就相當可觀，在黨的領導下，城市的經濟成長絕無僅有，中產階級成了全國最滿足的公民和黨最重要的夥伴。而且他們很快就能深呼吸，因為習近平已下令清除有毒的霧霾。儘管如此，中國仍面臨巨大的挑戰——人口急速老化，而且習近平到現在也還沒解決貧富差距的問題。自稱共產的中國早就是全世界最不平等的社會之一，幾年前北京億萬富翁的人數已超過紐約，一批毫無羞恥心、與黨結盟侵佔全民財產的人是過去這些年主要的受益者，這一點人民不是不知道。

習近平的一人獨裁也隱含了相當風險。不久前，這個體制還非常有彈性，如今它再度僵化，不但難以接受批評和新想法，還會在內部製造敵人，引起衝突與內鬥。他很清楚問題所在，所以送給人民強國的幻想，並再次製造意識形態上的敵人：西方世界。這是將國家團結起來最廉價的方式，而西方人也最應該深思這一點，因為低調的外交姿態已成過去式。習近平想昭告世人，中國正重返世界的頂尖舞台。黨媒也跟著搖旗吶喊：「讓開，西方世界！讓開，資本主義和民主！『中國方案』來了！」

多年的守勢後，習近平領導的中共對自身制度的優越性再次感到驕傲。習近平說，中國的政體是「最真實」和最管用的民主政治。黨的宣傳機器還高聲歡呼：「自由的西方陷入危機和混亂中，現在是改變的時候了！」對北京來說，川普領導的美國自我裂解，而歐洲多年來在內耗和自我調整的過程中走下坡，連在世界上失去影響力也沒察覺；這些都是上天賜的禮物。雖然全球還沒進入新的冷戰局勢，但「政治制度之爭」突然又出現了。習近平正打算為世界貢獻他所謂的「中國智慧」，也就是他領導下的中國經濟和政治體制。

目前這智慧的狀況如何？結合威權體制和經濟奇蹟的中國，真的找到魔術公式了嗎？支持這理論的人舉例說，中國在破紀錄時間內完成北京新機場，但柏林新機場卻遲遲沒完工，如災難一樣。他們讚揚中國模式，說它將在新的制度之爭打敗西方這些猶豫不決的民主國家，主宰這個世界。二〇二〇年年初，中國祭出鐵腕，以阻止新型冠狀病毒從武漢和湖北省擴散出去，據稱在兩週內就完成相關的醫院設施。對照之下，川普的危機處理就像一場災難。世人又可聽到，中國人在讚嘆自己的體制有神話般的效率。

疫情就像放大鏡，同時呈現兩種不同的敘事。一方面我們看到，這個偉大的國家由講求效率的菁英階層統治，它為了公共利益，動員了不可思議的人力和資源。另一方面，這個內在腐朽的政權在武漢暴露了本性。在關鍵的前幾週，共產黨為了維繫自己的統治權，毫不猶豫地犧牲民眾福祉，給中國和世界帶來災難性的後果。湖北的地方官員不負責任又無知，他們把力氣用在揣測「人民領袖」習近平的意圖，卻寧可讓人民生病和死亡。中國政府的控制欲極強，又愛故弄玄虛，遠遠超過以往的共黨國家。這個政權遇到危機時，會先本能性地隱瞞事實，因此在關鍵的疫情初期犯下嚴重疏失，助長了瘟疫的傳播。一個剝奪社會免疫系統的體制，到頭來對自己的人民及全世界都是個威脅。

無論如何，疫情證明了政治宣傳的驚人效力。二〇二〇年二月，中共深陷數十年來最嚴重的危機，人民感到憤怒，黨似乎快失去對人民想法和感受的控制；一年後，中共成功將體制的缺點反轉為優勢。疫情帶來的啟示在此：政治宣傳對眼、耳和腦袋的支配力非常強，它決定了人們所見、所聞和所思，還在破紀錄的時間內，將看到的、確實發生過的以及做過的事抹去。千萬不要忘記，這不會是我們最後一次見證中國宣傳機器重寫歷史。

中國人說，毛澤東戰勝民族的敵人，鄧小平讓國家富起來，習近平讓中國強大，帶領中國進入世界舞台的中心。中共藉「中國製造二〇二五」計畫讓中國成為創新科技的領導者。「新絲路」、也就是宣傳官員琅琅上口的「一帶一路」或「帶路倡議」，不僅是全球性的基礎建設和投資計畫，也是符合黨所期待的全球新秩序。中國的雄心令人屏息，其表現多次讓人驚奇，如今早已是全球最大的貿易國，十到十五年後將成為世界最大的經濟體。中國還將如何改變世界？

更重要的是，我們到底該如何面對？在西方民主國家，不少人不假思索就隨著極右民粹人士和準獨裁者起舞。許多歐洲人既天真又對世事無知，將舊世界的舒適生活視為理所當然。前些時候我有一個想法——這些人應該被丟進廣大和不友善的世界；愚昧的歐洲人有義務到舒適圈外生活一年，好好看清楚這個世界。比方說，被送到民主高速瓦解的土耳其，或犬儒精神和謊言早已是國家和個人生存必備的俄羅斯，那他們應該會忽然看清周遭正在發生的事，而接受殘酷的結論：再這樣下去，許多政權遲早會走向暴政。

去亞洲更好，當他們親眼看到中國的野心、發展速度、對未來的堅定信念、人與人之間不留情面的對抗、對財富和權力無止盡的追求，一定會驚訝得合不攏嘴。中國的變化令人屏息，見證者應該會從無知和惰性中驚醒，產生必要的警覺心，力保自己的國家不再被分化。在我的想像中，他們將重新獲得勇氣、力量和新思維，建設一個更具人道、正義和民主精神的歐洲。他們還可以順道享受比歐洲美味的食物，認識一群偉大和真誠的中國人；生活在那樣的體制，當地人的精力、幹勁和勇氣格外令人讚嘆。

是時候了，西方民主國家現在應該將中國視為一大挑戰；它愈來愈有自信、愈來愈獨裁，步步進逼各國的疆界。在樂觀者的想像中，中國會與南韓和台灣走同樣的道路，也就是經濟發展到一定程度時，便走向民主。結果相反，中國擁有強大的經濟實力後，卻以列寧式的獨裁為未來藍圖，還想照自己的想像重塑國際秩序，並將政治規則和價值輸出，好做其他的國家榜樣。它在各地布建網路，持續不斷擴大影響力。自由民主國家第一次面對這樣的中國，偏偏西方世界不巧在走下坡，過去數十年建立的世界秩序正陷入危機。

我們必須看清楚局勢。當然，各國都應該與中國合作和做生意，但有必要先了解它內部的狀態和當政者的意圖。政府為了威權統治，將網路和新科技佔為己有，這種中國模式不僅運作良好，而且愈來愈有吸引力。俄羅斯、沙烏地阿拉伯、越南和柬埔寨都視北京為先驅，想跟它學習如何細膩地操控網路和人民。以前有人說，資本主義將為中國帶來自由，看來這點沒有發生。接著有人說，網路將瓦解中共的統治，可是目前看來，中國瓦解資本主義和網路的可能性反而更高。

我們有理由相信西方的體制比中國的更好、更尊重人性尊嚴。不過，許多人似乎忘了更重要的一點：我們如今活在最好的時代，居住在最宜人的地區，但在人類漫長的歷史進程中，免於暴力、專斷和恐懼的生活絕非必然，而是少數的例外。從古至今，多數人類都是部落、宗族、王國和民族國家的一員，凌虐和暴政、貪汙和專斷、迫害和國家恐怖主義是家常便飯。「遲早有一天問題會解決」，現在這樣想已經無濟於事。「不是一直都這樣嗎？」不，過去人類犯太多錯誤，現在許多領域的發展都不太樂觀。每天早上我們醒來時應該輕聲提醒自己：「人類不是一直都過這樣的好日子，也不一定能維持下去。」正因如此，看看中國吧！

現在不方便去北京、上海、杭州、成都或深圳生活一年的人，可以讀一讀這本書。書的內容分成三大主題，在結構上有時交互穿插。

第一部分探討的是獨裁的運作機制，包括它如何破壞人民與真相和現實的連結，並發明自己的語言。我們也會說明，獨裁政權如何運用壓迫和恐怖的手段，為何它寧願利用政治宣傳和思想控制，一再迫使人民集體遺忘某些歷史。最後也將談到，獨裁如何學會擁抱網路，並預告二十一世紀的可能發展。

第二部分描寫中國如何重新發明獨裁。中共創造了一個前所未見的國家，藉科技讓經濟騰飛並透視人腦最深處的角落。它致力於在大數據和人工智慧上超越美國，甚至在某些領域已經遙遙領先。中共還相信，透過人工智慧，政府馬上就能「事先知道誰心懷不軌」，即便當事人自己都還不知道。此外，透過「社會信用體系」，政府將人分成守信和失信的人，以「全民行為都符合規範」為目標。目前法律規定，失信的人不得搭乘飛機和火車。但我們將看到，獨裁體制只會造就更多枯萎的靈魂，而非誠實的人。

第三部分探討的是中國這樣做的成效如何，如果行得過的話，對西方國家究竟有什麼意義。中共對世界的影響力正在擴大，並從西方民主的弱點中得利。我會加以解釋，為何最後勝負的關鍵不在中國，而在我們的優勢。

第1章

文字：獨裁者如何綁架我們的語言

「進步的中國民主令西方黯然失色。」——新華社二〇一七年十月十七日

我在一個自由、民主、法治的國家生活了很多年。我在中國。沒錯，在我住的城市街上，到處都有標語和海報寫著：「自由！民主！法治！」每天我在北京的街角都讀到這些中共多年來宣揚的「社會主義核心價值觀」。

與此同時，在地球的另一角落，美國總統每天不斷對群眾叫喊：「相信我！」這是川普愛用的驚嘆號，每當他又把黑的說成白的，最後都會加上這句。尤其在他執政的第一年，他的古怪作風還看來有點不尋常，那時大家還感到驚奇、還沒麻木。令人遺

憾的是，我們對欺騙的歷史記憶早已褪色。謊話連篇在人類歷史是常態，更不是政治小丑的病態特徵。不論何時何處，獨裁者和準獨裁者都有那樣的特質。

曾在威權和獨裁國家（如土耳其、俄羅斯和中國）生活過的人都很清楚，像川普那樣刻意又無恥的舉動，正是系統性地在顛倒是非。「謊言作為統治工具」，這正是獨裁者的教戰守則之一。假新聞？另類事實？對地球上的五十億人來說，那些都是日常生活的一部分，沒什麼新意。如前所述，我在中國和土耳其生活了二十年，在這些國家，左的意思可能突然間是右，而上就是下。我只是外來的旁觀者，總享有距離感和新鮮感，所以能一再對那些現象感到驚奇。但在那個世界出生的子民可無福享受，如果他想平安過一生的話。

在中國，曲解事實的歷史非常悠久。兩千多年前的西元前二二一年，秦始皇首度統一中國。到了西元前二〇九年至二〇七年，秦二世在位，他身旁有一位令人畏懼又渴求權力的宰相名叫趙高。有一天，趙高當著皇帝的面將一頭鹿帶到滿朝官員面前，指著鹿說：「皇上，獻給您一匹馬。」皇上與官員都很驚訝，想知道為什麼一匹馬的頭上長角。「如果皇上不相信我，何不問問您的官員？」趙高說。在場有些人比較機靈和膽小，他們附和趙高說：「皇上，這真的是一匹馬。」當然也有人頑固堅持那是鹿。退朝後，趙高將這些人銬起來送出去處決。光這樣還不夠，趙高也處決了因訝異和驚駭而保持沉默的人。人民從此學到教訓，在中國，「指鹿為馬」直到今天仍是常用的成語。

過去數十年來，西方人士過著穩定而舒服的日子，對於法西斯主義、社會主義極權體制的歷史幾乎全忘了。肆無忌憚和擁有絕對權力意志的獨裁者和準獨裁者，總是比天真和缺乏經驗的民主國家早一步採取行動。川普剛上台時，美國社會還在爭辯，從總統口中說出來的謊言能否稱之為謊言，好像掌權者天生有權重新命名萬事萬物。《紐約時報》對川普開了第一槍，許多人也援引字典來鼓掌叫好：媒體確實有權糾正謊言，只要是蓄意欺騙，就是說謊。

只不過，這樣的解釋不適用於獨裁者和其體制，因為他們說謊的目的不是要欺騙人民，而是恐嚇。因此，獨裁者的謊言聽起來特別無恥和令人毛骨悚然。透過攝影機和網路影片，全世界隨時都能看到，在首都偌大的廣場上只有一小群人，但統治者還是起勁地說：「這是有史以來觀眾最多的一次集會。」他還說，有數十萬、甚至數百萬的人向他致敬。在華府和土耳其的安卡拉都有領導人睜眼說瞎話，反正在全面獨裁的國家，只需將上萬人集合起來即可。不過對獨裁者來說，人們相不相信他都沒差，他根本不想說服每個人，重要的是，每個人都向他臣服就好。這是權力的本質，不管擁有再多權力，永遠不會有安全感。有權力的人總是極度害怕權力被削弱甚至消失不見，因此總是再三用謊言去征服群眾。

直至今日，統治中國的黨還堅持中國是共產國家，還強迫老師、教授、公務員和企業家向馬克思主義效忠，但當局不是真的以為人民還信仰馬克思。馬克思主義是黨權威的代替品，在瑞士傳奇《威廉·泰爾》中，那位勇敢的農夫也必須向皇家的帽子低頭敬禮，以做出臣服的姿態。獨裁者的謊言也不例外，不願吞下去的人就會被視為敵人和準備對付的目標。

不過，恐嚇只是謊言的功能之一，製造混亂也同等重要。只要破壞理性和現實的參考座標，人民和世界就會失去方向感。對於說謊的人和騙子來說，在一個實事求是和追求真相的世界就沒有勝算，所以他們必須讓每個人都變成自己的同路人。研究極權主義的漢娜·鄂蘭在一九七四年受訪時說：「如果每個人都騙你，那後果不是你相信謊言，而是再也沒有人會相信任何事。」一個什麼都不相信的民族，等於被剝奪了思考和判斷的能力，最終也將失去行動的能力。鄂蘭說：「對於這樣的一個民族，你可為所欲為。」這是理想中的奴才，也是國際舞台上最好處理的對手。

相對於騙子的無恥，被騙的人會覺得很羞恥，尤其當他意識到那些全是胡言亂語，但他每天都與周遭的人一起默默支持。執政當局一次又一次地公然說話，他與身邊的人也成了騙子跟綁在一起的共犯。統治者的謊言造就了被統治者的犬儒精神：他們無助地生活，最後只能依靠領導人的權力。領導人再也無需負任何責任，因為除了他所虛構的世界，再也沒有任何真相。

從此，真相與謊言沒有區別，僅剩下事實和另類事實，效用和利益取代了道德和責任感，而成了主流價值。說真話沒用，即便你看出真相，也只會給自己帶來麻煩。不如將謊言當真，並熱情擁抱它們，但這是極少數狂熱者的做法。次佳的選擇是逃避真相，過著麻木和無知的生活，就算料到事實，也寧願保持沉默、扭曲自己的想法。這樣的人佔大多數，只有笨或者活得不耐煩的人才會說出真相。在這樣的世界，聰明不是有眼光和智慧，而是學會狡詐和精明。常識在此一無用處，或得用在完全不一樣的地方，例如為了生存和各種投機的勾當。

當然，想要透過語言來認識和傳播真相，基本上不是一件容易的事。道家的始祖莊子說過：「名者，實之賓也。」兩千年後，德國作家赫塔．穆勒（Herta Müller）也說：「文字的聲音知道它只能欺騙。物體藉著材料、感覺藉姿態來欺騙。在材料和姿態欺騙交接的介面，寫著文字的聲音和它所創造的真相。」因此寫作對她而言不是信任的問題，而是有沒有誠實面對欺騙。可是穆勒的欺騙是好意，她很清楚自己觀點並不精確，所以要多多與他人交換經驗，還要苦思竭慮，努力尋求真相，試圖一起理解這個人人眼中都有點不同的世界。

相較之下，獨裁者會在傾盆大雨時宣稱本日是大晴天，並有意識地照他的意願來改造或創造世界。在其中，事物的意義經常被倒轉，而所有人都得簇擁領導人，才能維持社會的平衡。為了新世界的到來，領導人還想創造新人類。在旁觀者的眼中，這名符其實是個瘋狂的世界，內部結構非常混亂，而唯一還相信地球繞著太陽轉的人，也會懷疑自己是否是瘋子。人們不再相信自己的眼睛、耳朵和記憶，只會覆述別人說過的話。

因此，自由的出版活動是獨裁者的天敵。他們的統治仰賴另類事實，於是媒體的調查和求證「對意識形態的控制力形成挑戰」（二〇一三年，中共為了對抗西方價值，提出令人驚訝的作戰計畫「九號文件」，而當中有如此的描述。接下來我們還會提到這份文件）。此外，媒體也會向當局宣戰（川普訪問中情局總部時表示，他一直在跟媒體打仗）。

獨裁者想創造真相的話，必須先佔有語言的解釋權。

中國二〇一三年起才真的有「霧霾」，在那之前的數十年來只有「霧」。中國沒有鎮壓過百姓，而是要「維穩」以及實現「和諧社會」的理想。「和諧」在過去十年成了中共的口頭禪，他們指的是命令和順從之間的和諧，也就是人民安靜聽話。

舉例來說，市府為了開發房地產而「和諧拆遷」房子。我住在北京市中心的小巷子裡，市府在開工七天前警告一次後，就把附近的路邊攤、餐廳、理髮店、小販和菜販的門窗給全封了，其中一些人在這邊謀生了二十年。這些經營者幾乎沒人來自北京，顯然是為了把他們趕走。拆遷行動引起居民的憤怒，數十名穿著制服的警察特地來保護拆除的工人，現場並可見「我們提高市民生活品質」的大型標語。

二〇一七年，中國國家主席習近平在瑞士達沃斯世界經濟論壇為全球化辯護。他說政府會持續推動中國開放，事實上卻逐漸把門關起來。他為「全球互聯互通」辯護，但中國的審查機制正好將網路高牆最後的破洞補起來。他的演說獲得滿場掌聲，因為世界各地許多人本來感到很困惑。有些人相信他講的話，有些人試圖去相信，有些人被他的權力所迷惑，有些人認為他說得恰如其分，另外也有一些人的需求被滿足。看來中國曲解文字的功力並不止於國界。

有一種策略屢試不爽，那就是拿走敵人的字然後佔用它。正如歐威爾教我們的：「自由即奴役，無知即力量。」黨的宣傳部門說，中國是民主法治的國家，其憲法第三十五條規定中國公民有言論、出版與示威的自由。中國有一個「國會」：全國人民代表大會，也舉行選舉，以要求人民定期行使「神聖莊嚴的投票權」。

列寧發明了「民主集中制」，理論上，以民主方式選出的幹部有權在沒有異議的情況下指揮眾人行動。毛澤東後來鼓吹「人民民主專政」，實際上是中央集權和獨裁，於是民主成了人民不敢說出口的空話。對奴才來說，「選舉」、「神聖的投票權」、「自由」成了一再上演的鬧劇；文字失去意義，沒人當一回事。這些都是預防有毒思想的疫苗。在全球化時代，中國人理所當然會接觸到外界，但他們不該被感染。只要扭曲語言的意義，人民就會免疫和噤聲。

造假的人也有理由期待他們有毒的文字會發揮效用。思想控制語言，沒錯，可是語言也會左右和腐蝕思想。「語言就像小劑量的砒霜，」德國學者克萊普勒（Victor Klemperer）在《第三帝國的語言》一書寫道：「不知不覺吞下去，表面看來沒效，一段時間毒性就出來了……獨裁者的語言改變文字的價值和出現的頻率，讓過去屬於個人或小團體的事務成為公共財。它為黨沒收過去的公共財，把毒素滲透到所有的文字、字群和句型。如此一來，語言便為令人生畏的體制服務，而後者也藉它取得最有力、最顯而易見和最難以察覺的廣告媒介。」到最後，根本沒必要讓德國人有意識地接受納粹主義，因為它已滲透到大眾的血肉中，「這些個別的單字、慣用語和句型被強加在他們身上。透過無數次的反覆灌輸，人民終將機械性和無意識地接納它們」。

獨裁者一心一意要用語言佔領和控制人民的心靈。「統一思想」是共黨宣傳最終目標，不過這過程必須一再反覆執行。二〇一七年秋天，中共第十九次全國代表大會召開前幾週，北京市委書記蔡奇呼籲宣傳部門：「我們要統一全市人民的思想和行動。」

極權政權打算藉由「思想工作」來統一所有的思想和行為，並剝奪每一個人的個性、感受、判斷力和夢想，只允許黨指揮的「中國夢」存在。個人應獻身給偉大的烏托邦，讓自己的靈魂被壓入新模子中。毛澤東時代曾經如此，現在習近平帝國又來了。「洗腦」是少數進入西方語言的中文概念，這並非偶然，它當年是由毛澤東的幹部所發明。由此可知，只要用對字眼，就能拿到進入腦袋的鑰匙。史達林稱作家是「人類靈魂的工程師」，毛澤東跟孔子一樣，很清楚「一言以興邦，一言以喪邦」。

當然，光靠佔用他人的語言還不夠，最遲在一九四〇年代，中共就開始為新人類創造新語言：剔除不喜歡的字，用新創的字取而代之。中華人民共和國才剛成立，黨的語言學家就開始編纂《新華字典》，以作為「新中國的字典」。新造的政治標語和洋溢著道德教化意味的措辭，充斥在黨內會議和民眾的日常生活中。

當時發展出來的語言及其應用，直到今天依然是漢學家白杰明（Geremie Barmé）所稱「新華文體」的基礎，當中包含了數十年來所累積、堆疊的無數口號和術語。馬克思和列寧的學說是舶來品，中共先把它們轉化成具有傳教和軍事色彩又趾高氣揚的毛澤東語錄。接著，黨內官僚的生硬文體又被混入技術官僚的偽科學術語。鄧小平推動「改革開放」後，中國在全球的貿易比重日增，而在全球化過程中所散落的零碎語言，以及一些商業和廣告術語，也會在有意無意間出現在黨內的各種討論中。近年連《人民日報》社論也經常出現從網路和新科技領域撈到的術語。

目前，宣傳機器的觸角變得更加複雜迂迴，既封閉又難以捉摸，連人民也吃不消。習近平不是第一位反對「形式主義」和「空談」的領導人，在一九四二年發表的著名演講中，毛澤東痛斥他的同志「黨八股……空話連篇，言之無物」，寫的文章一如婆娘的裹腳「又長又臭」。

因此，多數中國人不會堅定又熱情地擁抱這種文體，更不會納入私生活、視之為母語，除了在一些短暫的時期，包括一九六六年到一九七六年的文化大革命。這是一齣充滿惡意又血腥的大戲，由被黨內敵人逼到牆角的毛澤東所發起，他號召全國年輕人「砲打司令部」，反抗自己的老師、教授和父母和黨幹部，特別是那些只關心內政和經濟，而不願投身於革命的專家。中國的青年人不論男女，為他們的救世主毛主席燃燒自己，願意為他和革命大業拋棄文明的遺產，包括對父母的愛以及對同胞的最後一點人性。最後，中國各地被破壞得滿目瘡痍。

他們第一個推翻的是跟生活和常識有關的語言。「我們不是人類了，」一名律師、當年的紅衛兵告訴我：「我們是狼孩，一整個國家、一整代都是喝狼奶長大的。」他的名字「紅兵」意思是「紅衛兵」。當時最有名的紅衛兵是一名將軍的女兒、女學生宋彬彬，為了讓毛澤東親自接見，一九八六年八月她在一百萬同齡人面前登上天安門。她戴著厚眼鏡、綁著辮子，為毛澤東戴上印著「紅衛兵」三個字的袖章。毛問起她的名字：「是文質彬彬的彬嗎？」她說對，毛回說這樣不好，「要武更好」。從此，這位十七歲的女孩就改名為宋要武，吸入有毒文字的毒奶。

有些人比較早從盲目的憤怒和瘋狂中醒悟，像顧城、芒克、北島、楊煉這些年輕人。他們是被毛澤東送到農村的都市人，彼此互不認識、但因共同的渴望團結在一起：淨化被宣傳機器凌虐和掏空的語言，重新賦予它們新生命。他們用「太陽」、「大地」、「水」、「死亡」幾個字寫出前所未聞的詩，被標語轟炸了十年的讀者嚇一大跳。太陽？大地？水？這幾位被稱作「朦朧派」的年輕詩人頓時成名。在中華人民共和國，中文至少在他們的詩作中重生了。

在獨裁社會，官方和非官方的語言隔閡比其他社會還大，可是由於集權體制不容許隱私的存在，因此官方語言頻頻擠進個人世界，導致奴才發展出分裂人格，尤其當宣傳語言也是謊言時。一如歐威爾在《一九八四》對雙重思考和雙重發言的銳利描寫：「知道又不知道；意識到赤裸裸的真相，卻又說出仔細構築出的謊言；同時支持兩種相牴的意見，明明知道兩者互為矛盾，卻兩者都相信；用邏輯對抗邏輯；聲稱自己崇尚道德，卻又做出違反道德的事；相信民主是不可能的事，而黨卻又是民主的守護者。」每一位奴才在鄰居、同事、機關面前演戲，只要他們還意識到自己的虛偽，私下或許會自嘲和嘆氣，但對多數人而言，表演很快成了自己血肉的一部分。其實這兩個領域根本無法徹底分開，所以官方的語言時時刻刻在腐蝕私人語言。

經過毛時代的武裝革命和嘶吼的鬥爭後，中文變得粗暴，影響至今仍看得到，許多作家都因此心痛不已。美國漢學家林培瑞和社會學家孫笑冬撰文談到，在中國第一位諾貝爾文學獎得主莫言的作品中，可以找到毛時代的用語。孫笑冬指那是「病態語言」，而莫言和他多數同代人未曾擺脫。人民吸收政治宣傳的字彙後，經常發生反效果，例如毛澤東竭力對抗的「小資」，也就是小布爾喬亞，在一九九〇年代末突然成為新中產階級最渴望的生活風格。每個人都想當「小資」，在新開幕的星巴克咖啡點杯卡布奇諾，他們也知道紅酒不能混著雪碧喝（多數黨的幹部和暴發戶都這樣喝），偶爾還會去巴黎和德國的新天鵝堡度假。

文字和人民有時會反抗，許多黨的鬥爭語言在日常生活中淪為嘲諷的對象，比方「同志」，不再只是中共黨員彼此的稱呼，也是同性戀者常用的自稱。「我被和諧了」意味我被審查機制逮了，在網路上的評論甚至帳號被刪除。警察邀人去「喝茶」，其實是去審問他。當黨代表開會或有外國領導人來訪時，知名的知識分子、作家、律師和其他會帶來麻煩的人會「被旅行」，也就是違反其意願強迫他們離開城市。

中共的宣傳部門不斷吐出新的字和概念。今天的中國是一個奇幻的矛盾國度，一個分成許多小區塊的多元社會，但這一切跟黨竭力追求的統一又互相衝突。理想狀況下，黨能為國家創造出融合的概念，以結合並抵銷所有的矛盾，「中國特色社會主義」就是個例子；還有「社會主義市場經濟」，它同時包含左和右、上和下、毛派和新自由主義。這樣的語言完全不合邏輯，黨自以為無懈可擊，卻反而顯示它們更加空洞和荒誕。不過，對於這個只在乎權力而不關心文字的國度，或許沒什麼差別，因為文字承載的與其說是意義，不如說是命令：「給我點頭！吞下去！遺忘！跪下去！」這樣的宣傳機器一方面將達賴喇嘛比為希特勒，卻又下令全國的編輯不要混淆「真相與謊言、善與惡、美與醜」。總之，黨和黨的文字才永遠是真、善、美。

當然，光是曲解現實還不夠，還得將它們驅逐出場。「中國沒有異議人士」，只要不厭其煩地複誦，人民就會相信了。二〇一〇年中國外交部發言人馬朝旭就是用這句話來評論「劉曉波被判刑十一年」一事。劉曉波是一位知名作家，也是自奧西埃茨基（Carl von Ossietzky）一九三八年死在納粹手中以來，第一位死在政府監獄的諾貝爾和平獎得主。二〇一七年過世的劉曉波，十多年來一直是中國最知名的異議人士，官方稱他是「被判刑的罪犯」。請你再說一遍，異議人士？「您自己判斷中國是否有這樣的群體，」馬朝旭二〇一〇年二月十一日告訴外國記者：「我認為這樣的概念在中國有問題。」

藝術家艾未未當時還是中國最活躍的推特作者，他分析了馬朝旭的聲明：

一、異見者就是罪犯。

二、只有罪犯才有異見。

三、罪犯與非罪犯之區別在於有無異見。
四、如果認為中國有異見分子，你就是罪犯。
五、沒有異見分子是因為所有異見者都已成為罪犯。
六、對我這句話有誰還有異見嗎？

當時艾未未自己也是異議人士，所以他在中國的部落格早已被刪，由於推特在中國被封鎖，他也無法與中國網民互動。短短一年後，艾未未自己坐了三個月的牢，據稱涉嫌「經濟犯罪」。

既然今天連中共都開始重視孔子，那麼我就在此引述這位哲學家的名言。大弟子請教他如何治理國家，孔子說，想恢復國家的秩序，首先「必也正名乎」，弟子聽了不以為然，認為他扯得太遠，孔子回說：「名不正，則言不順；言不順，則事不成；事不成，則禮樂不興；禮樂不興，則刑罰不中；刑罰不中，則民無所措手足。」

但我們活在今天，言不順，人民也手足無措。「君子於其言，」孔子接下來說：「無所苟而已矣。」

第2章 槍桿子：恐怖統治與法律如何互補

「槍桿子裡面出政權。」——毛澤東

這是毛澤東最常被引用的一句話。不過人們經常忘了，對他來說，槍桿子和筆桿子（也就是宣傳）一樣重要，毛派經常將兩者相提並論，「革命奪權靠槍桿子和筆桿子」。前者是暴力和恐怖統治的威脅，另一個是思想控制。在中國古代，「武」（軍事、武裝暴力）和「文」（文學、文化）很早就是統治者的工具，今天的黨同時掌握槍和筆；內戰勝利後，筆桿子很快成為最常見的武器。

如前所述，中國人民解放軍由黨來指揮，而非國家。黨壟斷權力，也支配每一個個人的命運。每隔一段時間，透過大閱兵的畫面，每個人又重新意識到這點。二〇一五年，北京市中心進行盛大閱兵，之後北京每一節地鐵車廂的螢幕上，每天從早到晚都在播放閱兵的錄影畫面。實際上，中國只會用暴力來對付不聽話的特殊族群，例如維權律師和知名異議分子，而且僅在特殊場合，例如鎮壓地方省分（經常是新疆和西藏）的騷亂，或是一九八九年在天安門廣場對民主運動的血腥鎮壓，當時數以百萬計的學生、工人和各階層的公民聚在一起示威抗議，以反對政府的貪汙和濫權，直到六月四日坦克車開進北京。

沒有人比毛澤東更清楚如何對人民和黨內同志進行恐怖統治，最極端的例子是文化大革命。人民成了統治者的劊子手，還彼此懼怕，連自己的丈夫、妻子、孩子都得提防。隨後在鄧小平領導的改革開放時期，社會走向解放，人民對黨絕對權力和專橫的恐懼也逐步消退。人們終於可以重新呼吸，享受自由的氛圍。不過，黨還是會設法確保眾人對權力的記憶不會完全消失。中共吃驚地發現，社會的解放導致民眾產生自主的想法和行動，連多元社會的種子也在中國萌芽。中國人開始透過環保組織、宗教慈善機構、女權和法律援助團體組織起來，黨害怕了，重新拿出壓迫和強制的工具。

在習近平掌權的前幾年，外界就觀察到管控重新收緊。在我重返中國的二〇一二年，政府連續第三年在公共安全所編列的預算超過國防支出，此處包含警察、司法機關和國家安全機關，後者在中央政治局常委周永康的領導下大幅擴張。習近平上台後，公共安全預算又再度攀升，據德國漢學家鄭國恩（Adrian Zenz）估算，二〇一七年中國治安的相關支出比國防還多百分之十九。相較於外部敵人，國家與黨顯然更重視對付內部敵人。在國慶六十五週年前夕，我們觀察到中共有多重視相關的細節：《人民日報》在推特上貼出一隻無辜白鴿的照片，並搭配英文說明「一萬隻鴿子通過肛門安全檢查，無可疑物品」。

習近平掌權後，黨和國家對國家安全的歇斯底里又到了全新的高度。幾年前，中國開始變得生氣勃勃，因為公民社會長出茂盛的新芽，但他一上台後就立刻割除殆盡。習近平讓網路和活躍的媒體噤聲，大量的部落格寫手、作家、知識分子也變得沉默，有些人還失去蹤影。習近平起草嚴苛的律法，同時以毫不留情的高效率，清算那些多年來致力於依法保護公民權利的人。透過一連串的行動，中共暴力鎮壓活躍的維權律師，他們被汙衊、關押、折磨、接著被帶到眾人面前以儆效尤。

在習近平掌權下，恐怖統治又回來了。二〇一二年前，政府還會試著掩飾自己的壓迫措施，習近平上台後，黨再度大搖大擺地展示武器。恐懼也用來對付自己人，反貪腐運動的堅定和嚴酷，令人印象深刻，但到頭來只不過是一場運動，沒有帶動任何法治改革，沒人敢碰觸問題的根源。未來中國也不可能有任何獨立的監督機制（例如媒體或司法機關），黨繼續視國家為予取予求的自助商店。

想要在黨內維繫權力，習近平只剩下恫嚇的手段，在很長一段時間裡，它確實有效。全國各級幹部最害怕中央中紀委前來巡視，每每都會嚇到不知所措。「中央紀律檢查委員會」是中國最神祕和最有權力的機構，在習近平的第一任期，各級幹部的自殺人數翻倍。根據中國科學院心理研究所的研究，從二〇〇九年到二〇一六年有兩百四十三名黨員幹部自殺（其中一百四十人跳樓、四十四人上吊、二十六人服毒、十二人跳河、另外六人割腕），實際數字很可能更高。

中紀委的任務不光是反腐，也負責調查黨員的忠誠，紀律檢查員有權將黨員停職和祕密審訊數月之久，他們到政府部門、國有企業、高等院校、研究智庫尋找偏離黨路線的分子，彷彿當年西班牙天主教的異端裁判所。那些不久前還熱情爭論的人突然間變得低調，有能力的乾脆移居到國外或至少把錢匯出去，讓家人、尤其是孩子有一條出路。

黨外要整肅的對象是社會上的異議分子，如維權律師。他們長期受到家人、朋友和房東的監視和恐嚇，定期被傳喚審問；有些人被軟禁在家，有接人被關在祕密或正式的監獄，還有人長時間失去蹤影、被刑求或送進精神病院。北京擔憂阿拉伯世界的「茉莉花革命」會蔓延到中國，於是在二〇一一年發起對維權律師的第一波整肅，有些被捕的律師遭到刑求，只好被迫「認罪」和表示「後悔」。德國法律兼中國專家艾華（Eva Pils）引述其中一位律師的說法：「他們不只要聽你說黑的是白的，你還得跟他們解釋為何黑的是白的。」

黨要每一位挑戰國家的人都害怕，即使人們只是要求政府遵守自己的憲法和法律。黨還會在社會大眾間營造威嚇氣氛，要每個人不要忘記，在這個國家只有一種抗議方式保證不被懲罰，那就是深深嘆一口氣、聳聳肩、然後嘀咕一聲「沒辦法」。為達到這目的而公開上演的戲碼，即對付政敵和異議人士的作秀審判，中文稱之為「殺雞儆猴」，幾十年來經常登上全國播放的央視「晚間新聞」。黨主席習近平還送給安全和宣傳部門一個新武器：「電視認罪」，相當於影音媒體時代的文革式公審。

二〇一三年夏天，中央電視台開始讓被捕或先前消失的人「遊街示眾」，大部分的人直接在獄中接受「訪問」，扮演好認罪和悔改的罪人，但這些人甚至還沒見到自己的律師、更不用說上法庭接受審判了。他們當中有抽大麻的搖滾明星、兇殘的教派領袖以及誠實的記者。二〇一五年股市崩盤，政府一時驚慌失措，於是公安機關把財經記者王曉璐當作代罪羔羊，他在電視上承認，為了做出「轟動效應」的報導，導致金融市場陷入恐慌。

從大多數的公開審判來看，在習近平當權後，壓迫手段有增無減。宣傳部門執行電視認罪是為了更重要的政治目的。登場的有思想自由的知名部落客、帶有批判精神的出版人、提供法律諮詢的瑞典非政府組織工作人員，他們在數以億計的電視機觀眾面前順服地懺悔，甚至含淚承認自己的罪行，並告發過去同事，揭露「境外敵對勢力」的背後黑手。最後，他們對黨的寬宏大量表示謝意並乞求再給他一次機會，劇本都很雷同，經常連措辭都不改。

二〇一八年，有人出版了一本書，內容是十二名更生人的真實告白；他們說出那些電視訪問是怎麼完成的。其中一人被迫吃藥，接著攝影機對準在牢房的他，而他得說出預先背好的句子；另一人說，官員會要求他何時應該掉淚。

王宇是中國最知名的女律師，她回憶起當年的場景：審訊的官員將她十六歲兒子的照片遞給她看，而照片下面寫著「犯罪嫌疑人」，她看完當場昏厥過去。醒來後，一名官員告訴她：「你兒子被反華勢力給帶走了，但所幸的是，公安人員把你兒子帶回來了，現在在雲南，你要不要救你兒子，就看你的態度了。」王宇回憶道：「我當時真的都懵了，問他們，怎樣救呢？他們說要錄個視頻給公安部領導看，表明你的態度，我說錄什麼視頻？表明什麼態度？他們把要我說的內容寫到一張紙上，讓我背下來，大概內容是譴責某某反華勢力什麼的吧？記不清了」（譯注：以上取自王宇：我為什麼在電視上認罪／端傳媒）。王宇當時根本不知道這段「認罪」後來會在電視上播放。

在中國，這樣的做法勾起人們對黑暗歲月的記憶，北京律師斯偉江告訴我「這是文革的重現」。偏離路線的人，社會就會與他們決裂，還要他們在眾人面前自我批評和懺悔，好公開羞辱他們。在文革十年浩劫那段期間，中國人每天都親眼看到這些戲碼。當時批鬥大會在街頭和廣場上召開，一名吃盡苦頭的老師將自身經歷比喻成「被人輪姦」。而上央視認罪，就是這種公審捲土重來，只是沒那麼血腥（文革時一些人在暴民圍攻後沒活下來），但宣傳效果更強。

維權律師受電視認罪的衝擊特別大。二〇一五年夏天，中共對律師展開前所未有的大抓捕，並搭配近年來中國官媒規模最大的抹黑行動。在中共眼中，律師造成的麻煩越來越多，他們在全國的總人數增加到兩、三百人，而且互有聯繫，還會熟練地利用網路來解決自己所負責的案件。「鋒銳律師事務所」是最活躍的機構，但後來它幾乎所有的律師都被捕。主管機關宣稱它破獲了這個「犯罪團伙」，接著央視端出一齣轟動的大戲：被帶出場的律師不僅批評自己，還爭先恐後互相指控，為了增加效果，央視還播出添加色情和毀謗情節的短片。這些律師平時捍衛人民權益，為無辜的受害者打抱不平，並挑戰那些霸道的官員；但在認罪戲碼中，他們成了貪財的騙子和行為敗壞的傢伙。根據央視揭露，事務所的負責人周世鋒同時有六個情婦，還做成圖表，從一號到六號列出每個人的名字。

這裡想傳遞的訊息一目瞭然：黨可將一名律師一夕之間變成罪犯，將英雄變成無賴。黨的目標也毫不含糊：恐嚇社會上的某一群人，並同時在大眾面前汙衊他們。有用嗎？「恐怕有用，」斯偉江律師告訴我：「多數觀眾相信他們所看到的。」

這樣的策略對那些不相信這場戲、覺得它很荒謬的人同樣有效。因為演出的畫面是如此毛骨悚然，連法治國家最後一點的表面都不顧，而這種無所不在的國家暴力，只有瘋子才敢惹。

像斯偉江這樣沒被關、也沒被吊銷執業資格的律師，會稱上央視認罪為「法治國家的鬧劇」。不過這種說法的前提是，中國的司法體系一開始還不是鬧劇，人們有給予一定程度的信任，並用國際的標準來衡量它，也就是會實施權力分立的國家。曾經有好多年，包括中國的法學家在內，各界人士對中國司法寄予厚望，希望它朝向獨立的目標邁進。西方國家也不例外，經常舉辦類似「中德法治國家對話」的活動，藉機掩飾他們對商業利益和投機活動的興趣。如今希望已破滅，即便沒有一位黨主席像現任一樣這麼常將法治掛在嘴邊。習近平公開批評說，幹部不在乎法律，因此「我們要推進全面依法治國」，只不過，中共對法治的理解與中國以外的多數人完全不同。

「法治」這個字由「法律」和「治理」所組成，中國觀察家多年來絞盡腦汁，想找出中共到底如何理解這個概念：是慢慢走向「法治」（rule of law）、也就是西方的法治國家，或是「依法治國」（rule by law）、即把法律當成治理的工具。但這個問題早有答案了，習近平自己將法律比喻為「黨手中的刀把子」。二〇一五年夏天，鋭鋒律師事務所負責人周世鋒告訴我，黨口口聲聲說「法治」，事實上指的是「我用我的法律來控制你」。我們談話後不到四個禮拜，他就被關進獄中，過沒多久就被當成犯罪集團頭目，接著上央視認罪。一年後，他因涉嫌「顛覆國家政權」被判處七年徒刑，也就是說，在中國，只要你要求黨和它的法律說到做到，就會被當作叛亂分子。

儘管如此，中國法律體系的發展之路其實相當漫長。在文革的暴力混亂後，中共在鄧小平的領導下承諾要建立健全的司法體系，並於一九八二年通過新憲法。中共一向強調，它的統治地位不允許被挑戰，但中國社會一步步走向自由和自信。經濟發展不僅帶來繁榮，也帶來新的衝突，愈來愈多公民意識到自己的權利，愈來愈多律師願意起身捍衛這些權利，即使得對抗濫用職權的官員。他們懂得利用既有的生存空間，有時還能擴大它。十年前，連官媒都讚揚他們是對抗社會不公的英雄。只不過，二〇〇五年被香港《亞洲週刊》評選為年度風雲人物的十四名維權律師，後來不是被捕，就是受到當局的虐待。

目前中國在許多領域有很棒的法律，只不過社會不大關心。一名律師說：「無法調閱卷宗和見到當事人是家常便飯。」一名北京知情人士分析說：「執法人員經常粗暴、傲慢、狂妄和漠不關心，審訊時違規甚至脅迫當事人……法官不守法，連當事人和律師的陳述都不聽……此外他們還收受賄絡和根據關係判案。」這些災難性的評論和觀察，不是來自反對政府的人，而是北京最高人民檢察院的高官宋寒松。

在中國，刑事訴訟定罪的成功機率超過百分之九十九點九，被逮捕和起訴基本上就等於定罪了，無罪釋放非常罕見，有如「鳳毛麟角」，因為警察和檢察官不容質疑，維權律師在這樣的體制很難大展身手。一份香港公布的報告記載了二〇〇六年到二〇一五年被捕律師遭刑求的案例，他們自述受到電擊、灼燒、性器官虐待和睡眠剝奪等折磨，受害律師的人數一再增加，直到習近平出手整肅，把他們全部打趴在地。

還沒被關的律師說，從前在中國是律師被關，然後是律師的律師，現在連律師的律師的律師也被抓走。習近平做的不僅是限制律師執業，而是蓄意破壞他們的名聲，最後將他們完全消滅。

在這問題上，習近平在表面上釋出完全相反的信號。一方面他在演講中肯定司法效率對現代經濟和社會的必要性，並打算壓制地方幹部對法院的影響力。迫害律師的同時，他還廢除了勞教所，任何人都可能被抓進去關個四年，哪怕你還沒見過法官和律師，也會受到懲罰。但這位黨主席也是體制的囚徒，他誓死捍衛這體制，就算勞教所不存在了，異議分子還是被關在其他機構。習近平害怕真正獨立的司法，新華社讚揚「法治」的同一天，他又發文說絕不允許眾人討論「黨大還是法大」。這簡直是褻瀆神明，既然黨是神，就自然大於一切。

對了，還有憲法。之前提到的第三十五條規定「中華人民共和國公民有言論、出版、集會、結社、游行、示威的自由」。事實上，只有第一條算數：中華人民共和國是「人民民主專政的社會主義國家……禁止任何組織或者個人破壞社會主義制度」。

習近平發揮他的獨裁本能，而最早的受害者是倡導新公民運動的法學家許志永，他向國家提出前所未聞的要求：遵守自己的憲法、包括所有那些好聽的法條，結果他得到的是作秀審判、軟禁和多年的監禁。中共的精神分裂還表現在二〇一四年十二月四日的第一次「國家憲法日」，根據香港大學新聞及傳媒研究中心「微博視野」團隊的研究，當天中國社群媒體最常被屏蔽和刪除的字就是「憲法」。

「把黨的領導與依法治國對立起來是錯誤的，」清華大學法學院院長王振民在《人民日報》的解釋既驚人又誠實：「我國法律本身就是黨的路線方針政策的法律化。」

在推動改革的年代，關於如何提升司法效率，其討論也擴及法官的專業化，例如提高待遇和加強培訓。圈內人士難免視西方標準為模範，獨立審判的理想也經常在官方文件出現。一些法官公開呼籲，應減少審判委員會對判決的干預。最高人民法院院長周強多年來都在竭力推動法官專業化，然而連這位碩果僅存的樂觀改革者也懂得識時務。二〇一七年年初，他用強硬的措辭批評司法獨立的理念，警告中國絕不能「落入西方錯誤思想的陷阱」，還要法官和法學界對「三權分立」和「司法獨立」等錯誤的思潮敢於「亮劍」。中國最高法院隨後在中國最大的新浪微博（推特二〇〇九年起遭封鎖）補充說，中國的法院當然獨立行使審判權，但前提是堅持黨的領導。這句話聽起來像是告訴一名犯人他應該在獄中尋找自由。

習近平任內通過許多針對國家安全、非政府組織管理和網路安全的重要法案，真正目的其實是合理化過去的專橫作為。「有次跟同事走出辦公室，他被警察抓進車內，被關押和拷打了七、八個小時，第二天才被釋放，到底為何被捕他一個字也不敢說，」

北京律師和人權運動者黎雄兵告訴我：「現在這種事不會發生了，他們還是跟以前一樣把你帶走，不過必須編個理由，告訴你違反那一條法律。」你可稱之為進步，或想起史達林的一句話：「我們現在比以往任何時候都更需要法律的穩定性。」這句話發表的一九三六年正值大清洗，也就是史書記載的「大恐怖」時期。

獨裁者將法律當成統治人民的工具，而人民刻意被弱化後，就會更加依賴政府。這種做法在中國有長遠的歷史。近兩千五百年前，法家的商鞅和韓非子根據這樣的原則發展出統治的技術，為大一統和中央集權建立基礎，此後被所有中國皇帝採納：舉止遵從儒家思想，口頭講道德和德政，而國家機器事實上靠嚴刑峻法來統治人民。宣傳部門試圖為獨裁統治辯護時，往往用一九一一年民主革命領袖孫中山的說法：中國人如「一盤散沙」無法凝聚起來。

但不是中國社會沒能力自我組織，需要強大的國家，而是國家有意讓社會癱瘓。「民弱，國強；國強，民弱，」為秦始皇提供統治哲學的《商君書》指出：「故有道之國務於弱民；民樸則弱，淫則強。弱則軌，強則越志。」商鞅認為，在面對敵人之前「必先勝其民也……故勝民之本在制民，若治於金、陶於土也，本不堅，則民如飛鳥禽獸，其孰能制之？」治理人民靠的就是法律。

這樣的法律觀點符合當今獨裁者的期待，專橫妄為仍是他們混合體制的核心，精心設計的法律可有效管理經濟和官僚。他們用來美化自己的法案和條文，隨時可以扔到一邊。獨裁者不在乎條文上的每一個字，也對法治國家不感興趣，因為不跟百姓把話說清楚，才能讓他們處於焦慮不安的狀態。

在中國這樣的體制下，法律措辭總是寫得模糊又互相矛盾，因此實際上每個人每天都會違法。對多數人和多數案件來說，這些法條沒什麼效用。因此，在這樣假惺惺的法治國家，人民大多不在乎法律。可是國家若盯上一個人、打算動手的話，就隨時可找到一條適用的法條，它就像鉤子一樣，能把人掛上去，讓所有人都可以看到。

第3章

筆桿子：如何有效宣傳

「中國革命、建設和改革的實踐已經證明並且還將繼續證明：中國共產黨是偉大、光榮、正確的黨。」——新華網，二〇一六年四月十一日

對中共來說，日常可見的宣傳是主要的統治工具。若你以為那些看起來空洞甚至荒誕的宣傳沒有用，那就大錯特錯了。它們的確很粗糙，但效果卻出人意料的好，更重要的是無所不在。

在習近平掌權前幾個月，全新的海報鋪天蓋地出現，我家附近的十字路口就突然被貼滿數百公尺長的文宣。這些海報色彩繽紛，給人感覺特別活潑，許多設計概念都

是來自於傳統民間藝術和農民畫。

其中一張海報上頭有三位年輕快樂、頭上插戴鮮花的農村姑娘，上方寫著〈唱支山歌給黨聽〉的粗體字，這是風靡文革的一首歌，之後每一代小孩都要學。「我把黨來比母親」，海報上另一句也來自這首歌，「母親只生了我的身，黨的光輝照我心」。看「只」這個字就知道黨的恩情比母親還大，黨保護人民、用母親乳汁餵養人民的形象至今仍栩栩如生。不遠處另一標語寫的是「了解黨的溫暖，感受黨的溫暖，跟黨走、保穩定」。

照德國中國專家巴爾許（Bernhard Bartsch）的說法，共產黨不只是老大哥，還是偉大的母親，因此多年來中共領導人的發言多環繞著「溫飽問題」，黨的既定目標是每一個中國人都吃飽穿暖。這是最重要的人權，其他人權以後再說，因此黨主席習近平在黨代表大會的發言最常被引述的一句是「小康路上一個不能少」，人人都應該感受到黨的好意。

當黨扮演母親，黨主席就充當父親，老百姓是家中的未成年子女，享受保護和關愛，但也需要嚴格管教。中文本身強化了這樣的論述，「國家」這個字就是由「國」和

「家」組成。

二〇一七年，習近平展開第二個任期，央視播放了一個名為《家國天下》的短片。「天下」這個字的意思是「全世界」，即天子、也就是皇帝統治的地理範圍。片中習近平是一位慈善的大家長，透過「這雙手，能傳遞給家人愛的溫暖」，受他保護的子民都能享受他的魅力和照顧。整個帝國是一個大家庭，習近平是一位公正、為家庭犧牲奉獻的家長。片中，他與農婦在茅屋前握手，她心中這時射出一道光芒。片尾的字幕是「家是最小國，國是千萬家」。

此處直接引述兩千多年前的儒家經典《大學》，君主不僅有親民和德治的義務，讓世界正常運作也是百姓的責任，終究每一人對宇宙秩序都有責任。根據《大學》，唯有做到格物致知和誠意正心的人，才有可能修身和齊家。唯有齊家才可治國，所有人都做到就達到天下太平的境界。

古代儒家認為，透過教育培養人格，讓每個人的言行符合國家秩序，在理想狀況下，那就是天下的秩序。我們應該學習做人的道理及正確的思考和言行，最好以聖君為榜樣。這些君主總是孜孜不倦，努力要達到理想人格，而「禮」就是培養的方法之一（宋代新儒家奉《大學》為經典，而它原是《禮記》的一篇）。蘇聯也想塑造「新人類」，但毛澤東的計畫更狂熱。他不僅對勞改營的犯人，也對所有百姓推動「思想改造」運動，為社會主義創造不受束縛、無我為革命奉獻的新人類，但其實他的做法跟他所痛恨的儒家接軌。

習近平上台後，北京的公共空間被全面覆蓋，而我正好見證到整個過程。一夜之間，整座城，不，全國各地都貼上大面積的彩色海報，乍看之下跟過去數十年不變的紅色條幅標語差別很大。有些讚揚習主席的「中國夢」，有些按儒家倫理要大家「對年長父母孝順」，不過大部分都是老掉牙的標語和歡樂的圖片，勾起人民對共和國早期的回憶：「歡樂的人民」（感謝黨）和「富強的中國」（感謝黨），連雞鴨也一片「和諧」（感謝黨）。跟其他的宣傳手法不同，這些海報的壽命長達數年，到我寫本書時還在，它們定期更新並佔領工地圍欄和社區圍牆。最近，這些題材登上了中國國航，每次起飛前，機上的娛樂節目都會提醒乘客，不要忘記服從長輩等傳統美德。宣傳海報的數量變多了，不久前還無所不在的商業廣告明顯減少，從中國的城市街景消失了。權力再度展示顏色，城市空間又變紅了。

海報鋪天蓋地的出現，一開始讓許多人感到驚奇，後來乾脆當作沒看到。有些人則感到困惑，如作家慕容雪村。他說，有次他遇到當黨幹部的老同學，於是問對方知不知道現在是什麼時代，真的還相信這些陳腐的標語能打動人？對方回說，這些海報當然很蠢，「但是不要緊」，然後解釋真正的理由：「我們可以將這些蠢貨貼滿全部牆壁，你行嗎？」言下之意是「我們行，你周遭的世界都屬於我們，我們貼滿你的天和地，你只不過是受我們恩惠的過客」。上面寫什麼不重要，壓倒性的展示才重要，美國加州大學政治學者黃海峰稱之為「硬宣傳」。根據他在中國的田野調查，這樣的宣傳效果可能不如所願，反而讓「人民對政府的觀感變差」，不過依然可達到目的，「展現國家權力和減少人民抗議的意願」。

十四億中國人活在黨的指示下，並被灌輸忠黨的思想。從幼兒園的數數歌和愛國歌曲開始，到了中小學有必修課程，政府單位、大學、國有企業員工每週五下午也必須上思想政治課，探究「習近平思想」最新的發展。農民從農村牆壁上書寫的大字讀到這些口號，城市人在街道的公告欄、樓房和天橋懸掛的紅布條也可看到。甚至在有些城市，計程車車頂的ＬＥＤ跑馬燈也一次又一次播放黨最新的標語：「不忘初心！」

黨的宣傳也出現在全國各地的博物館以及近年為了「紅色旅遊」而擴建的革命遺址，那裡滿是受到吸引前來的學生、工人和公司員工。此外，宣傳也全面滲透到廣播、報紙、網路、電視和電影中。

北京清華大學社會學家孫立平在微信發表了一篇文章，很快就被刪掉，他在文中提出三種「控制思想」的方式。其中最關鍵的是控制消息來源，「有什麼米就只能做什麼飯」，中國的體制成功擋住外界的訊息，用「愛國教育」和「特殊國情」論述取而代之，意思是說：中國在世界上獨一無二，因此需要中共來統治，也就是百姓當前體驗到的治理方式。其次，每個人從小就被設定思想框架，包括改變其提問方式，並將他導進特定的思路。孫立平認為，吞進和內化黨養分的人，再也無法提出某些特定的問題，因為那些領域超乎個人的經驗和想像。第三是讓提出尖銳問題的人感到害怕，「結論強加給你，不接受將會遭到懲罰」。

思想控制的主要手段是狂轟濫炸，孫立平質問，不然「明明是荒唐的想法，怎麼可能會有人心甘情願地接受」？疲勞戰術擊潰反抗意志，人從此失去求知慾和好奇心，被塞滿「垃圾」，最終「摧毀的東西更根本」，那就是「扔掉垃圾的意願和方法」。

中國的一切由中共中央宣傳部監控，北京新聞學教授喬木、一位少數曾身歷其境的旁觀者，在一間會議室的牆上看到一句格言：「責任如山、勤奮如牛、心細如髮、守口如瓶、團結如一」。

共黨向來自以為是「偉光正」（偉大、光榮、正確），一九四九年建國以來，中國媒體即被告誡要做好「黨的喉舌」，確保百姓將這深刻的真相內化到心中。即使到了今天，中國也沒有任何媒體、網站、廣播和電視台不受黨的組織管轄。黨稱旗下媒體為「主流媒體」，因為主流在中國從來不是多數決定，而是由黨先為人民安排好。

審查和宣傳從不間斷，每天北京都會下達有關特定主題、禁忌和敏感詞的指令。儘管如此，隨著三十年的改革開放，媒體環境變化很大，早從一九八〇年代開始，媒體也必須自謀生路。報紙因此變得更商業化和專業化，少數甚至勇於做獨立報導。但二〇一二年十一月習近平當選黨主席後，媒體的活動明顯受到壓抑，新聞自由空間緊縮，太固執己見的總編輯和記者被解僱，有些人甚至坐牢。

二〇一六年年初，在禁止黨幹部進行「不適當」的討論後沒多久，習近平發動一個全面整肅媒體的運動。他訪問一些重要媒體的編輯部，只傳達一個訊息：今後所有媒體必須「姓黨」，沒有例外都要「體現黨的意志、反映黨的主張，維護黨中央權威、維護黨的團結」。新華社隨後評論：「重視黨的新聞輿論工作是我們黨的優良傳統。」北京給外國人看的英文宣傳報紙《中國日報》指出，媒體必須恢復人民對黨的信任，尤其在經濟成長放緩的此刻。黨媒坦率點出領導人非行動不可的真正原因，即許多中國人對中共和它的宣傳不信任。《人民日報》指出，社群媒體興起讓鴻溝擴大，「繼續下去將削弱黨領導的合法性」。習近平與黨尤其要求編輯部做到一件事：傳播「正能量」。

整肅媒體的工作如今已大功告成，像《南方周末》這樣敢言的報紙現在都不敢出聲。沒有被辭掉工作的記者，許多都改行了，在他們的勇敢獻身下，中國的新聞業曾經曇花一現。羅昌平當年是全國最知名的調查記者，其報導曾讓一名局長落馬，但後來他被任職的《財經》雜誌冷凍，只好選擇離開。他說，以前還在《財經》的時候，採訪到的資料有百分之九十可以公開，但現在只剩下百分之十，而且這還是中國最自由的媒體。

中央電視台前台長胡占凡，幾年前警告過像羅昌平這樣的人，「一些新聞工作者，沒有把自己定位在黨的宣傳工作者上，而是定位在新聞職業者上，這是定位上的根本錯誤」。當時是二〇一一年，尚未被完全「和諧」的網路馬上出現挖苦的評論，「有一些人，沒有把自己定在奴隸的地位上，而是想做一個人，這是定位上的根本錯誤」。

中國跟世界其他地方一樣，傳統媒體在新聞洪流的衝擊下失去從前的主導地位，黨為了打動年輕人，於是利用所有的管道。有時成功，有時沒那麼成功，不過透過專業公關公司的協助，許多影片製作得不可思議的精良。其中「洛天依」尤其受到少女的喜愛，她是一位投影在舞台上的虛擬女歌手，開演唱會時，整座體育館常常滿座。她在社群媒體上有好幾百萬個粉絲，中共的青年組織共青團因此請這位日本公司開發的虛擬偶像擔任「青年外交大使」，還自豪地宣布，其歌詞的「正能量」能「灌輸年輕人正確思想」。

洛天依直到今天還有粉絲，比起來，黨其他打入青少年文化的努力則慘不忍睹。國家廣電審查部門本來就不大信任在年輕人間流行的嘻哈，認為這種音樂「低級、粗俗、淫穢」，在發布審查指令時，他們稱這些歌手和歌詞（性！毒品！公平正義！）「有道德問題……不符合黨的核心價值觀」。黨乾脆自己也來饒舌，例如幾年前為宣傳「中央全面深化改革領導小組」的成績，它用嘻哈風格製作了一部動畫短片（歌詞節選：

「深改小組兩歲了」、「幹了不少事」、「改！改！改！改！」)。目前審查機制更進一步，黨媒稱之為「和諧嘻哈」一點也沒錯，連真實世界的饒舌歌手也執行黨的路線。成都嘻哈樂團「天府事變」在〈這就是中國〉一曲中，順著黨意饒舌高唱：「紅色巨龍絕不邪惡，而是一個和平的地方，此處人傑地靈。」以慰勞派駐在南海的解放軍。在饒舌歌手孫八一的〈輝煌中國〉中，開頭便唱：「都知道中國共產黨人的初心和使命，為人民謀幸福為民族謀復興是永無止境。」政治正確，但沒有在目標群眾贏得很多掌聲。

相形之下，接連上映的幾部動作片聰明得多，既符合中國新的國際地位和中共鼓動的民族主義，還首度採用好萊塢的配方。例如《湄公河行動》和其續集《紅海行動》，就是按藍波的形象創造戰爭英雄，在關鍵的情節中，觀眾可看到主角手臂上配戴的中國國旗。他們在遠離中國的異鄉打鬥，在各種爆破和追逐場景中對抗惡勢力，尤其當對方衝著中國人來時。這樣的電影符合時代精神：中國是一個強大的國家，中國的企業和士兵在世界各地活躍，中國的英雄讓正義得以伸張。

二〇一七年的《戰狼二》採用一樣的配方，寫下中國電影史的最高票房紀錄，按一名觀察家的說法，此片在中國觀眾掀起「民族主義高潮」。電影主角冷鋒到非洲為被殺的女友報仇，發現自己必須將中國同胞從殘暴的白人傭兵手中救出來。這部片是商業結合政治宣傳的典範，由私人出資但順應黨的風向，廣告的宣傳詞是「犯我中華者，雖遠必誅」。

這部電影上片時，中國人民解放軍第一個海外基地才剛在非洲的吉布地啟用，幾天後是建軍九十週年紀念日。一位北京的文化學者認為，這部片是「中國崛起的時代隱喻」和「中國夢的集體表達」。導演兼男主角吳京說，中國人將愛國主義情懷埋太久了，「這把乾柴已經埋好，我只是點了一個火種」。片尾是中國護照，幾個字投射在上面：「中華人民共和國公民：當你在海外遭遇危險，不要放棄！請記住，在你身後，有一個強大的祖國！」

二〇一八年第一季，中國首度超過美國，成為全球電影票房收入最多的國家，愈來愈多精心製作的中國電影票房超過好萊塢大片。「直到十年前，好萊塢電影和傳遞的道德觀仍鼓舞中國人，因為當時我們還沒有自己的民族和文化價值，」上海的英文新聞網站「第六聲」（*Sixth Tone*）評論說：「但現在我們厭倦了……美國夢只不過是陳腔濫調」，西方的個人主義和自由主義「對中國觀眾來說再也沒有吸引力，他們逐漸發展出獨特的民族自豪感，美國夢的理想在中國褪色，反之中國夢能帶給許多人財富和地位，並宣揚不同的價值觀：集體力量、愛國主義和為民族復興犧牲自我」。

「第六聲」是二〇一四年創辦的上海「澎湃新聞」網站的姐妹刊物，兩者都是專業的政治宣傳產物，所以主事者很清楚重新包裝訊息的迫切性。這些由黨經營的網站，網頁設計新穎又有現代感，偶爾會登出第一手和查證詳實的故事，表面上突破審查底線，但其實是在傳遞擁護體制的訊息，這比《人民日報》之流高明多了。

在宣傳機構忙碌的呆子得完成兩大任務，首先將黨想傳遞的訊息擬為論述，目標是「入腦入心」，這是傳統的宣傳。另一任務是審查：控制人所能接觸到的訊息，以阻止和引導人們表達意見。在此，中文比德文用了更多與水有關的隱喻：「防民之口，甚於防川。」這是兩千五百年前的一句格言。

中共中央黨校創辦的《求是》雜誌社社長李捷接受「澎湃新聞」訪問時，將控制輿論與大禹的成就類比。這位傳說中的帝王治水有功，從過去只用堵、卻一再潰堤的災難經驗學到教訓，「疏堵結合，有的地方你就是堵，堵了以後給它再重開一個口，讓它從別的地方走……所以大禹治水就成功了，言論就更得這樣」。言論自由就像天然災害，需要智慧才可馴服。

這種事過去容易，但網路時代來臨，一般民眾的心聲也有機會被幾千、幾萬、幾百萬人聽見。

第4章

網路：黨如何學習愛上網路

「舊有的古磚和補添的新磚。兩種東西聯為一氣造成了城壁，將人們包圍。何時才不給長城添新磚呢？這偉大而可詛咒的長城！」——魯迅，一九二五年

賦予無權力者權力是所有新媒體的承諾。網路最早的時候也充滿夢想，但它們對現狀也是威脅。美國前總統柯林頓曾開玩笑說，中國的網路審查跟「把布丁釘在牆上」一樣，沒有成功的希望。當時是二〇〇〇年，在中國有人偷聽到他的預言，便馬上在網路蓋了一座新的長城，又名防火長城，看來只要在牆縫上釘幾根釘子，布丁就能牢牢地掛著。

自由的先知不氣餒，二〇一三年十一月谷哥前執行長史密特（Eric Schmidt）對審查（兔子）和網民（刺蝟）賽跑的見解，現在聽來無可救藥的樂觀：「他們先封鎖你，接著滲透你，但最後你贏了。」當時他預言，網路監控將在十年內失敗。同一年，網路之父柏納斯—李（Tim Berners-Lee）說：「柏林圍牆倒了，雖然我不認為中國防火長城會倒，但我相信它會自動打開。」一塊接著一塊，一頁接著一頁，他說：「推動網路完全開放的動力就是比較強大……國家的經濟也會跟著提升。」

突尼西亞的推特起義、埃及的臉書革命以及透過YouTube傳遞的烏克蘭廣場革命等事件接連發生，有一段時間，網路樂觀主義者愈來愈有自信。然後是香港，先是二〇一四年夏天，二〇一九年又一次，民眾、主要是年輕人佔領街頭，利用即時通訊軟體Firechat、Telegram和香港LIHKG討論區來組織和聯繫。這些機靈的學生可選擇的APP很多，並藉此自發性地組織起來，讓歐洲還在看報紙的讀者感到敬畏，並學到全新的反抗字彙。就新聞報導的角度來看，科技的基礎設施也是自由抗爭的一部分。

只是令人吃驚的是，北京當局似乎不怕網路。二〇二一年年初，中國網民首度超過十億人，多數人使用智慧型手機上網（同一時間中國有十六億手機用戶）。為了經濟發展和國家強大，政府全力投入通信基礎建設。杭州電商阿里巴巴活躍於全球兩百多個國家，營業額和獲利早已超越亞馬遜和eBay加起來的總和。二〇一七年十一月，深圳網路巨擘騰訊超越臉書成為全球市值最高的社群媒體企業。兩者的規模和市值目前都在全球排名前十。黨主席習近平高調宣揚中國是「網路強國」，呼籲全世界一起搭乘「互聯網快車」。新華社讚美中國的「創新力量」來自全球「獨一無二的互聯網管理」──即商業和政治控制的成功結合。

中國還創辦了世界互聯網大會，並於二〇一四年起在浙江烏鎮年年舉行。二〇一七年十二月，主持人以亢奮的音調歡迎與會者到來：「人類史上從來沒有這樣的魔法，承諾帶來美好。」其中最神奇的魔術師當屬總書記本人。新華社指出，中國「網絡大咖」無數，然而若要數「網絡達人」，則首推總書記習近平。他不僅努力讓中國成為網絡強國，也讓大家睡得安穩。「你會幹開門揖盜的事兒麼？當然不會！可是，『盜』不請自來咋辦？那就築高牆，掛大鎖唄。一家一戶如此，空間無限大的網路，更要如此。」

中國熱愛網路，這點毫無疑問，更不用說黨。不久前，連在中國都有不少人跟西方的網路先知一樣樂觀。過世的諾貝爾和平獎得主劉曉波稱網路是「上帝送給中國的禮物」。藝術家艾未未也預言審查必亡：「每一個人都有終極話語權，不管那聲音有多麼微弱。哪怕是輕微細語，都會讓言論審查的威力垮掉。」他用興奮的語氣在一篇文章指出：「互聯網是無法控制的。如果互聯網是無法控制的，那麼自由將最終獲勝。事情就這麼簡單。」艾未未這些話是在二〇一二年說的，沒多久，黨就證明給人民和世界看「真的這麼簡單」，只不過發展和多數人想的不一樣。就這點來看，習近平執政的第一年（二〇一三）是時代的轉折點，他示範給世界看如何馴服網路。

二〇一三年以前那四年的中國，應該會一直留在許多人的記憶中，這是社會大眾第一次意識到自己的存在。民眾第一次獲知彼此，第一次互相聯絡，第一次與人公開交換意見，以討論跟自己生活有關的決策。對這個國家來說，這真是前所未聞的現象。在以前，從黨最小的單位，到規模最小的村落、公司、俱樂部，就算不禁止人與人來往，中共還是要管理大家的集體行動。黨為了強化論述，從一開始就建構出有時稱「社會」、有時稱「人民」的概念，如果「傷害中國人民感情」的事再度發生，光靠這些概念就足以揮兵抵抗無恥的外國。

可是，社會如今在黨的論述體系之外覺醒，也就是網路，而獨立思考的公民因此能自主串連起來。因為網路，更精確一點說是社群媒體、尤其是微博，中國公民毫不費力獲得言論自由。二〇〇九年八月十四日，美國推特的中國版、新浪微博上線，在那之前黨已先封鎖推特和臉書。接下來四年，在這個媒體完全由黨掌握的國家，微博的重要性遠比推特在各國的作用都大得多，這個日期因此必須好好記下來。

用「詞語犯」和部落客慕容雪村的例子就可以好好講述這段往事。前一章我們提到，這位作家的老同學兼黨幹部提醒他，為何海報一夜之間鋪天蓋地出現？「我們可以將這些蠢貨貼滿全部牆壁，你行嗎？」這時慕容雪村還能回答：「當然可以！」但幾個月後，刪帖大軍盯上他，讓他成為中國最早被噤聲的知名部落客。那時，光他其中一個微博帳號就有四百萬的粉絲，不難想像他為何第一個被逮。

一九七四年出生的慕容雪村是中國最敏銳、顯然也是最尖銳的作家和社會批評者，微博成就了他：網路和社群媒體出現後，中國才有像他這種主動介入社會、在數百萬讀者面前帶動討論的公共知識分子。

這其實是慕容雪村在網路的第二次再生。二〇〇二年，他剛成為一家化妝品公司的經理，有一天在辦公室無聊上網，發現其他人可不受干擾地發表小說，哪怕網站上有神經兮兮的編輯和狂熱的審查員。本名郝群的他心想為何不自己試試，他自認可以做得比他們更好！自此他投入創作，寫成都三名年輕男人的悲歡遭遇，寫當代中國的酗酒、賭博、行賄、詐騙和到處跟人發生關係的故事。他在網路上發表，一章接著一章，累積了五百萬的讀者，拿到第一份出版合約，獲得第一座文學獎，被時尚雜誌《新周刊》選為年度風雲人物。他的小說《成都，今夜請將我遺忘》讓他地位攀升，不，其實是網路將當時二十八歲的他塑造成文學新星。慕容雪村成了翻轉中國文學的先鋒人物，接下來十年他引領風潮，所有的文學新秀和潮流都來自網路，前所未聞的聲音忽地出現。

慕容雪村把工作辭掉，繼續寫新中國毫無節制的狂野、滑稽和灰暗，寫貪婪、性和暴力，其作品持續受到肯定。不過，當道的仍是上一代的獨裁者和官僚，虛擬世界以外的中國很快就連累他。在中國，作家收入還是得靠傳統的出版社，後者在網路上撈到作家，修剪整齊後，才會變成具有中國特色的青年新秀作家。

慕容雪村只好中斷寫作計畫，因為他很清楚過不了審查的關卡。他曾潛入江西的一個直銷集團，並花了三個禮拜的時間臥底，最終完成紀實性質的《中國，少了一味藥》。儘管這本書在二〇一〇年獲得著名的「人民文學獎」，但他實在受夠了，編輯的大量修改讓他氣炸了，於是決定將得獎感言當成對中國審查制度的清算，他告訴我：「如鯁在喉，不吐不快。」宣傳部長也出席了頒獎典禮，上台前，編輯拜託他不要讀得獎感言，後來他準備領獎時，果然有人擋住不讓他靠近講台。「我覺得很可笑，其實我個性還算溫和，但不願向任何人低頭。」他轉向觀眾，慢慢舉起兩根指頭放在唇上，彷彿將拉鍊拉上，這手勢讓他更出名了。

事後，他將得獎感言貼在網路上，一字未刪，「我也很難說自己是個作家，我只是一個潛在的詞語犯」，中國只有一個真相，那就是「不能說出真相」。慕容雪村還提到自我審查的恥辱感，「為什麼當代中國缺少大師？」因為所有作家、包括他自己在內都是「太監」——「主刀的大夫還沒動手，自己就把自己閹掉了」。

從此，慕容雪村展開人生的第三個生涯：政治評論家和公共知識分子。「這不是容易的決定，」他說：「在這國家風險很大。」尤其像慕容雪村這樣，一開始就把事情想得很透徹，不像其他人一樣顧左右而言他。跟一些批評者一樣，他在微博一連開了好幾個帳戶，一個被封馬上就換另外一個，因此見證了剛掀起的微博革命。他形容毫無節制的權力是「不被關在籠子裡的怪獸」，腐敗是「制度」，甚至成了「法律」，「你不去找它，它就會來找你」，躲到天邊也會追來，「幾乎沒有人可以清白脫身」。至於體制，「六十年來，中國人活在一個仇恨教育和愚民宣傳的體制……所以每個人都參與犯罪，沒必要感到懊悔」。

這些年發生了一些不可思議的事。將百姓孤立是獨裁體制最古老的統治技術，亞里斯多德曾說，暴君的特色是「禁止結黨」。他在《政治學》一書提到，暴君必須「打壓讓人產生自尊和自信的一切活動」，必須讓人與人之間像陌生人，「因為彼此相識就會產生信任」。過去，人民無法在彈指間打破這種孤立狀態，因為在傳統的網路世界，黨有審查部隊可隨時插手。然而，微博和其他社群媒體全是私營企業而非宣傳部門，即使一開始也遵守政府規定雇用大量審查員，但黨還沒弄清楚它們到底有什麼不一樣，民眾就早已不坐在家裡的電腦前。在對電子器材狂熱的中國，人手一台手機上網，比歐洲還早。一則新聞、一張照片幾秒鐘就傳出去讓數百萬人看到，就算審查員只需二十分鐘刪除，也已經晚了一大步。對年輕人、尤其城市居民來說，微博在這四年成了前所未見的自由王國。

當時微博有三億五千萬用戶，當中約五千萬人天天使用。中國人突然接觸到過去看不到的資訊，包括食品安全醜聞、空氣汙染、警察暴力等。微博用戶迫使北京市政府公開空汙數據，還在網上分享笑話、凱蒂貓漫畫和各種陰謀論，跟世界各地的情況沒什麼兩樣。此外，網民也會辯論中國的憲法、懷舊毛派的荒唐行徑和自由派知名部落客慕容雪村或韓寒的作品（向來低調的韓寒在最高峰時有五千萬粉絲）。

「微博讓人開始思考，」慕容雪村說：「於是中國出現政治的、美學的、文化的個人覺醒。」這位作家認為，能自由發表意見和思考的人，很快就會把深埋在思想和語言垃圾下面的寶藏挖出來：常識。「中國跟所有獨裁體制一樣，靠的是孤立手段；而個人面對具有絕對優勢的組織，只好投降……微博出現後，情況不一樣了，人們開始串連起來。」忽然間，中國成了另外一個國家，一九四九年中華人民共和國成立以來，公民第一次擁有屬於自己的公共空間，說的也是自己的語言。公民社會開始萌芽了。

光這些就讓黨夠不安了，另一個更直接的挑戰、也是網路最驚人的現象是「人肉搜索」。數以百計、千計的網民通力合作，收集特定人物的相關資料，包括他極有可能幹過的壞事。這往往會傷及無辜，不一定是好事。網民都會匿名去圍獵「叛國分子」和抱持不同意識形態的人。二〇一二年，貪腐官員和幹部在網路上被追殺，而全國人民鼓掌叫好，其中最知名的例子是當年五十六歲的楊達才。他是一名陝西省的官員，網路上可找到其照片，略顯福態的他代表人民視察工地和開會，乍看之下是標準的官方宣傳品，可是細心的網民卻在五張不同照片發現有趣的細節：楊達才手上戴的錶全是最高級的瑞士產品，包括一只雷達錶、兩只歐米茄和一只江詩丹頓，總值十萬美元，遠超過一名省級幹部薪水所能負擔的金額。楊達才從此被稱為「表叔」，這件醜聞也強化了人民的既定印象，果然共產黨都被貪汙腐化了。

更重要的是，人民發現了自己的力量，黨因而感到恐慌。難道那些預言要成真了？也就是夢想中的新媒體出現後，人民將被賦予權力，擋不住的自由浪潮襲來，獨裁政權將被推翻。

二〇一二年底，新領導人給了答案，而且反應驚人地快。黨媒認定網路是「意識形態主戰場」，是「西方敵對勢力」煽動鬧事的途徑。上海黨報《解放日報》說：「誰在網路戰場獲勝，誰就贏得戰爭。」二〇一三年八月，習近平下令「奪回網路陣地」，一名副宣傳部長十一月就宣布任務完成：「我們的網路又變乾淨了。」煩人的事成了過去式──閃電戰，在戰場邊緣的觀察家揉一揉眼睛：真的這麼簡單嗎？

就是這麼簡單。黨拿出以前的武器：恐嚇、審查、宣傳，它們重新地被擦亮，好配合時代的演進。先從恐嚇開始：黨先封殺討厭的部落客帳戶，慕容雪村屬第一批。當他帳戶被撤銷，鈕一按四百萬讀者全被抹去，他覺得自己「被推回孤立狀態」。散布恐懼是獨裁者的核心能力，面對一彈指可將個人和家庭碾碎的國家機器，只有少數人有英雄氣魄反抗。二〇一三年重新攻佔網路，此舉更重要的意義是，中共政權充分展現出，一旦它指認出敵人，體制動起來的效率可以有多高，即使從未涉足過這個領域，但政府機構仍然可以有效管控它。

慕容雪村的帳戶在二〇一三年五月被封殺。八月十日，行動正式展開，中國最著名的網路意見領袖、也就是所謂的大V（Verified，指的是認證過的用戶）被請到北京一家旅館，有知名企業家、影星和歌星，多數人以自由派立場著稱，作東的是一個剛成立的新機構：國家互聯網信息辦公室。會議上，這些知名部落客被提醒要注意自己的「社會責任」，每個人有義務宣揚「國家利益」和「社會主義核心價值觀」。會議氣氛還算融洽，真正痛苦的一擊是兩週後的八月二十三日。

這一天，中國的大V、天使投資人薛蠻子被捕。在微博有一千兩百萬粉絲的他，會寫評論呼籲政府解決空氣汙染、食安問題和拐賣兒童等問題。民眾在電視上看到警察半夜衝進他家，帶走他和幾名女子，國營媒體指控他涉嫌嫖娼和聚眾淫亂罪，並不忘指控他「造謠」和「煽動」。薛蠻子消失後不久出現在中央電視台的畫面中，當時他已身陷囹圄。

這是央視最早播放的認罪「訪問」之一，此後成了慣例。他含淚懺悔自己跟其他部落客「不負責任」、沒聽黨的指示，為滿足虛榮心，在微博任意發布訊息，幸好黨制止他不負責任的行為。

第三次、也是最後的打擊來自最高人民法院。二〇一三年九月，它公告新規定，「謠言」被轉發超過五百次或瀏覽次數超過五千次，便足以「危害社會秩序」，最高可能被處三年徒刑。

五百次分享？五千次瀏覽？就得坐牢？不難想像那些擁有兩百萬、五百萬甚至一千萬追蹤者的明星部落客得知這規定時有多麼不寒而慄，他們頓時噤聲，微博的政治影響力從此消失。曾幾何時，偶爾任性、不時挑釁、機智又活潑的辯論，如今只剩下墓園般的死寂。不，微博當然還在，靠著商業和娛樂、浮華和光鮮、名人八卦和宣傳，經營得比過去還成功，並摻雜共黨組織和受黨祕密委託的貼文，寫手是所謂的五毛黨，據說每發一篇網評可獲得五毛錢的工資。

薛蠻子被強迫上電視後不久，我在北京拜訪了《新媒體發展藍皮書》的作者之一黃楚新，而中國社會科學院剛出版這本書。黃楚新在社科院做研究，也是政府部門的社群媒體顧問，我跟他見面的那週他已去過湖南、山東和內蒙古，在當地訓練官員去應對微博上的各種活動。黃楚新熱情描述新媒體的潛力：「對政府來說機會非常大，無論如何大於風險。」他說，中央政府終於明白只要夠聰明，社群媒體能提供探查民情的新管道。黨也鼓勵官員和政府部門在微博註冊好幾個帳號，「他們應該與民眾對話，這樣可讓政治更透明，行政機關更有效率」。幹部當然也得學習快速反應和使用通俗的語言。「《人民日報》就做得很好」，黃楚新說，可惜他的感覺是地方官員「害怕微博」。上課時，學員最常討論的問題總是危機處理，「危機發生時，我們該如何控制輿情？」其實就是民眾的批評。

奪回「網路陣地」沒幾個月，全世界規模最大的審查和宣傳機構的網路控制能力即面臨第一次殘酷考驗，二〇一四年夏天的大示威讓香港動彈不得。這個前英國殖民地一九九七年回歸中國，北京當時在《基本法》承諾，香港的自治和自由五十年不變。示威者張開雨傘抵擋警方的催淚瓦斯，這個運動又被稱為「雨傘革命」。香港民眾上街抗議，認為北京的干涉手段是在腐蝕民主自由；他們要求履行《基本法》的承諾，落實行政長官普選。結果被批評的政府如何反應？一點也沒讓步，而且有效反擊，顯然審查機制發揮了效用。

抗議一開始，照片和影片平台Instagram立刻被封鎖，香港的微信用戶突然發現訊息寄得出去，可是永遠無法抵達中國的收件者。香港大學對抗審查的「微博視野」研究團隊發現，警方用催淚彈攻擊示威者的第二天，全中國微博貼文被刪除和封鎖的數量打破紀錄，超過當年的任何一天。第一天起，消息封鎖就發揮效果，幾乎沒有一個中國人知道香港到底發生了什麼事，不論是港人充滿希望走上街頭的二〇一四年、或者是希望已死而被絕望拖著走的二〇一九年。

鮑樸是一位香港的出版人，也是高幹之子，在北京的權力中心長大。他懂中共也懂高科技，正因如此，他說自己是悲觀主義者。「科技總是對資源比較多的一方有利，相較於中共的對手，網路始終對中共比較有利。」鮑樸說。他解釋，無所不在的史塔西（譯注：東德國家安全部的簡稱）現在只要跟著網民一起讀微博和微信「就知道下一個該抓誰」。

由於微博被審查，後起的微信很快就超越微博，受到廣大用戶歡迎，可是微信的本質完全不同。微博是擴音器，可將聲音傳給千千萬萬、甚至百萬的聽眾；微信的群組以五百人為上限，只能跟自己人對話。從微博到微信，等於網路社會倒退回一半的私領域。微信的審查比較寬容，但用戶的相對安全感其實是假的。舉例來說，在北京藝術區宋莊鎮，有人舉辦聲援香港示威的詩歌朗誦會，但參加者隨即被逮捕，而他們就是透過微信相互聯絡，顯然國安部門也跟著讀訊息。

應對香港示威的各種措施，就是中國網路管理最早的典範。黨不僅全面封鎖消息，還馬上抛出自己的論述來反制，宣傳技巧愈來愈狡猾。沒錯，口沫橫飛、不停煽動的人過去和現在都有，黨媒稱還稱示威者會「遺臭千年」，但專業製作、看起來像精緻公關作品的圖表效果可大的多。還有匿名的部落客偽裝成憂心忡忡的民眾，他們向同胞解釋，香港局勢已陷入混亂，示威者想把香港從中國分裂出去，而走上街頭的是被寵壞、只為了自已利益的孩子，其背後是黑暗的外國勢力，那雙「黑手」不願看到中國變強大。

中國的宣傳機關還示範如何盜用西方的概念。二〇一四年的《人民日報》真的這樣寫：香港問題出在「反民主」的態度，「仇視民主政治的種子」由英國殖民統治所種下，因此有必要立即「回歸法治」，言下之意是除掉示威者。同時，中國在網路上封鎖對手使用的一切概念，例如在微博不能再提「雨傘」。有時網友發揮想像力，因「香港」不能用改用「東方明珠」而暗自竊喜，但這樣的小勝利對北京來說根本無關緊要，因為示威者及其支持群眾的論述與核心語言已被拿走，影響力大打折扣。在網路上，文字、槍桿子、筆桿子合為一體，讓黨立於不敗之地。

二〇一九年，中央電視台甚至偷走德國牧師尼莫拉（Martin Niemöller）一首關於納粹大屠殺的名詩。他在詩中描寫到，德國民眾面對邪惡政權卻無動於衷，可說是共犯結構之一：「當納粹來抓共產黨人，我保持沉默，因為我不是共產黨員。當他們監禁社會民主黨人，我保持沉默，因為我不是社民黨員。當他們來抓工會會員，我沒有抗議，因為我不是工會會員。」這首詩的最後一段是「當他們來抓我時，再也沒人抗議了」。央視的版本用抗議學生替代納粹，「當他們堵路，把司機抓下來打的時候，我沉默了，因為我不是司機。當他們推撞遊客，阻截他們登機的時候，我沉默了，因為我不是遊客」。最後一段是「當他們來攻擊我時，再也沒有人來保護我、救我了」。

中國的宣傳機器還稱香港示威者是「暴徒」，上街抗議是「暴動」，具「恐怖主義行為的元素」。香港行政長官林鄭月娥用中共傳統政治語言稱他們「與人民為敵」，而警察叫他們「蟑螂」。

面對二〇一九年的香港示威，中國第一次在西方社群媒體發動假訊息戰，推特和臉書在當年八月分別宣布停用數百個帳戶，推特沒有點名中國，但指出原因是「某國家在背後支持、組織那些行動」。

從香港的示威來看，偷走對手的核心概念然後注入相反的意義，這是多麼天才的一步棋。令人訝異的不是那些宣傳內容，而是一塊參與的民眾是多麼天真。當網民評論批評香港人不懂得感恩、不愛祖國時，不只五毛大軍跟著起鬨，北京街頭巷尾的日常對話也可聽到附和的聲音。「我認識的人幾乎沒人知道香港發生了什麼事，」我在香港示威現場意外遇到慕容雪村，他說：「真正知道的人七成在抱怨香港人，他們無法想像今天還有人會為理想挺身而出，因為在中國一切的理想主義、原則、道德已被掏空，每個人只看到自己的切身利益和好處，以為其他人都動機齷齪。」中國有句俗話描述這種情況：「狗眼看人低」。

「香港陷入混亂和暴力狀態，經濟因此受到重創」，這就是二〇一九年中共端給家裡民眾看的訊息，終歸有其重要的宣傳價值。多年來，在中共不斷煽動下，人民對「顏色革命」和外國勢力非常恐懼，官方還斥責他們以民主之名在各地造成混亂、暴力和經濟衰退。《中國日報》警告：「追求西方自由民主是邪惡的病毒，免疫力差的地方容易被感染。」中國、俄羅斯、伊朗、古巴這些國家證明了有不被感染的能力，不至於生病和衰敗，「可是香港依舊虛弱，免疫力差以後還會被感染」。

最適合港人的治理方式，終究和那些受恐怖主義危害的新疆維吾爾人沒什麼兩樣，那就是「教育和培訓」，也就是所謂的「再教育」，即重新格式化和洗腦。一名中國外交官說：「這是對人權最好的尊重和保護。」不意外，《國安法》通過後幾個月，港府把矛頭指向中學教育單位，二〇二一年二月，林鄭月娥宣布廢止二〇〇九年引進的必修通識教育科，這些人文社會課程的目的就是培養批判思考，但如今取而代之的是鼓吹中國經濟成就的課程。教育局局長楊潤雄說，學生學習後將「自覺負起保護國家安全的責任」，而且老師得確保學生不能參加任何「違法行動」，不然學校將向安全機關舉報。

中國平日的審查由一個龐大的機關負責，例如二〇一七年約有十二萬八千個網站因內容「淫穢色情、低俗和對網路輿論有負面影響」而被關閉。二〇一七年八月，中共全國代表大會舉行前兩個月，安全單位演練「一鍵斷網」，在歷時數小時的演習中，網路節點管理員向國家安全部證明有能力在幾分鐘內關閉特定網站。二〇〇九年新疆爆發動亂後，大部分地區的網路被完全切斷。二〇〇三年起，中國的網路工程師聽黨的指示打造「金盾」工程，創造「中國特色的網路」，成績相當驚人，建立了一個完全獨立於世界的網路軟硬體。中國的網路比較像企業內部網路而不是網際網路，如果審查部門突然切斷中國與外界的聯繫，多數中國人不會察覺。

要審查的詞彙定期更新，微博敏感詞也要每天更新，這就是中國網路的日常。二〇一八年年初，習近平擔任終身國家主席的修憲消息傳出，敏感詞的詞庫也暴增，微博上被屏蔽的有「登基」、「吾皇萬歲」、「動物農莊」（歐威爾譏諷獨裁的寓言小說）等。還有「小熊維尼」的字和圖片，這個英國作家米恩（A. A. Milne）所創造的圓胖小熊，後來也被拍成迪士尼動畫，但近年來被愛挖苦的網民當作最高領導人的分身。連在微博搜索「習近平」也好長一段時間被禁止，但對一個統治者名諱不能直呼的國家來說，這沒什麼好大驚小怪的。比較值得一談的是禁用「不同意」，誰試著搜索這幾個字，就會得到錯誤訊息或被通知「『不同意』涉嫌違反相關法律法規和政策」。

修憲被許多人視為歷史性的一刻，象徵與鄧小平的政治遺產一刀兩斷；鄧小平一九八二年建立的任期制是為了修補毛澤東的暴力統治。習近平的盤算讓許多知識分子和城市中產階級感到震驚。二〇一八年三月全國人大表決通過時，只有兩人反對、三人棄權，修憲因此是許多中國人和外國媒體關注的頭條新聞。但在中國被消音的網路呢？表決當天連熱門新聞和討論熱度排行榜都擠不上。投票後幾小時，微博熱搜榜排名第一的是「如果女朋友是富婆」，同樣排名很高的還有「高鐵上能吃方便麵嗎」。

我有位住柏林的熟人在臉書上寫到，她有位北京朋友在當編輯，被自動化的網路審查折磨到整夜睡不好；在夢中，他一次又一次修改每一個可能的敏感字眼，好讓文章通過審查。這位當過記者的熟人寫道：「這讓我聯想到一隻貓，在夢中聞到魚的味道就開始狂跑，雖然牠還維持躺著的姿勢……天天都作惡夢就像這樣吧。」

網路改變了審查的作業方式，審查機器不再只關心傳統黨媒，也把注意力轉向幾乎全屬私營企業的新創公司和網路巨擘。當然，中國每一家民營企業都很清楚，自己只能任黨擺布，也得懂得向中共和黨領導人效忠，所以一開始就主動在編輯部雇用了數以千百計的審查員。不過，回到中國的脈絡來看，這些是全新的商業模式：它們得與無數對手殘酷競爭，憑絕對的意志去追逐利潤，漫無節制地把每件事情都商業化。這就是全球網路產業特有的節奏感，不停在更新、讓人喘不過氣來。這過程中難免有漏網之魚，連審查員也跟不上，只好被迫一直調整做法。

一個博網民一樂的例子是聊天機器人Baby Q和小冰。聊天機器人能透過文字或聲音自動與人交談。在騰訊的即時通信平台QQ，這個人工智慧的結晶會回覆用戶的提問，而很快幾張螢幕截圖就傳遍網路。有人問愛不愛黨，Baby Q簡單回答「不愛」；有人呼口號「共產黨萬歲」，Baby Q則回應「腐敗無能」等罵人的話；有人問起「中國夢」，Baby Q竟回說寧願移民美國，另一個聊天機器人的回答是「中國夢是白日夢和惡夢」。

自我學習系統失控了，騰訊也因此學到教訓。微軟在美國推出的推特帳號Tay也差不多，很快就被網民釣出充滿種族偏見和性歧視的發言。不過，這件事也讓人大略知道，原來中國所謂「主流看法」，其實與中共一再宣傳的完全不一樣。雖然反動的機器人很快被下架，但透過能自我學習的演算法，它們肯定在某處學會了批評共產黨。

中國有各式各樣的審查機關，任務是讓中國人「文明上網」、「讓黨的主張成為網絡空間最強音」。據《人民日報》的說法，國家互聯網信息辦公室（簡稱國家網信辦）的核心任務是讓「網路輿論生態與黨和國家事業發展同步」。二〇一五年，國家網信辦成立一年後，在春節聯歡活動送給自己一首歌，從網路流傳的短片可看到工作人員盛裝合唱以讚頌網路審查的成就：「在這片天空日月忠誠地守望……網絡強國，網在哪光榮夢想在哪。」這首歌理所當然引來光榮網路的訕笑，審查機構隨即把他們的頌歌給審查了：刪掉影片。

最近，一波波的審查席捲主要的社群媒體和網路平台，它們被指控傳播「低俗」、「有害」的內容和散布「謠言」。新浪微博、騰訊微信、百度貼吧等中國最大的社群媒體平台多次被下令短暫下線，而這些被點名「限期肅清和整改」的企業，只好不斷擺出恭順的姿態，並聲明擁護「社會主義核心價值觀」。為贏過競爭對手，微博、微信、百度爭相增聘審查員。騰訊稱自己的審查部隊是「企鵝巡邏隊」（企鵝是騰訊的標誌），不僅聘用受過訓練的編輯，也招募一般網友，獵到不良內容可獲優待券和電子產品。審查員的職缺多到這些企業早已進行公開招募。

「今日頭條」每天的活躍用戶有一億兩千萬人，極可能是全世界最成功的新聞App。二〇一七年九月，《人民日報》對這個App發動猛烈攻擊，批評它傳播「不文明內容」和「聳動新聞」，情況嚴重到得從根本的演算法去解決。它原本提供大量的體育新聞、明星消息和正妹清涼照，並過濾掉難以下嚥的政治宣傳，但顯然這種使用者友善的演算法讓黨坐立不安。「今日頭條」被批評後，立刻強化內容審查團隊，原本的四千人以外再另外招聘兩千人；在其徵人啟事上，公司要求應徵的人必須有「政治敏感度」，每天得從最多一千篇的文章過濾出非法內容。

數月後，「今日頭條」宣布審查團隊將擴充到一萬人。在二〇一八年年初，它再次被審查機關批評後，不僅一口氣關閉了一千一百個帳號，還將主網頁的「社會」頻道暫時改為「新時代」，專放歌頌習近平政策的文章。這不就是「社會」在黨國體制的主要任務嗎？不過審查當局還是不滿意。

這家企業市值估計有兩百億美元，但當局的壓力如此之大，二〇一八年四月，創辦人兼執行長張一鳴還得出面道歉。類似的聲明很多，不過這封信低聲下氣的程度尤其突出，不但顯露出他對公司活不下去的驚慌，也凸顯中國新興企業有如高空走鋼索的處境。「從昨天下午接到監管部門的通知到現在，我一直處在自責和內疚之中，一夜未眠。」張一鳴這樣起頭，接著他坦承，在黨主席習近平引領的「偉大時代」，公司才有機會如此地快速發展，所以「我感恩這個時代」。最後，他對自己的過錯感到懺悔：「我深刻反思，公司目前存在問題的深層次原因是（習近平所鼓吹的）『四個意識』淡薄，社會主義核心價值觀教育缺失、（由黨引領的）輿論導向存在偏差。一直以來，我們過分強調技術的作用，卻沒有意識到，技術必須要用社會主義核心價值觀來引導，傳播正能量，符合時代要求。」

基本上，中共不反對演算法，這可是黨未來的神奇武器。不過，《人民日報》的一篇評論指出，黨期待的是政治正確的「人機結合」解方，人、機器、黨融合一體，也就是紅色演算法。

黨試圖擋住洪水，但有意識地不全部堵死，只要沒有漫溢的危險，給不同聲音一點空間對自己也有好處。隨著過去數十年的改革和經濟起飛，中國社會已擴張成海納各種利益和聲音的宇宙，而黨也想偷聽。只要對體制不構成威脅，有時社會上局部和短期的討論也會蔓延到全國各地，#MeToo運動就是這樣的例子。

二十年前，一名北京大學女學生疑似被教授性侵後自殺，二〇一八年年初在全中國、尤其學生之間引發熱議。這些集中在社群媒體的討論，經常被商業導向的黨媒拿來當藉口發表文章，不過有時真的會帶來正面後果：北大校方公開承諾將致力打擊性騷擾，其他大學也紛紛跟進。這段期間，既有體制得面對這些無法操控的社會爭論，當然它會習慣性地緊張起來，且難以遮掩。女性集體向老師、教授、長官和政府部門主管追究責任，但中國社會是由強大父權所宰制，勢必會引起傳統人士的反撲，權威不可侵犯的男人還會主動互相掩護。

相較於社會上女權主義的覺醒，近年中國的業界和政壇也出現反動的反制運動，幕後多由中共婦女組織策動，包括鼓吹女性傳統美德和順從。一如中國經常出現的混亂景象，審查員也不停在刪除與#MeToo有關的討論。根據一個大學微信群組傳出的警告，北大的女權訴求被定調為「政治運動」，如果繼續喧嚷下去，參與者將被當成與外國勾結的叛國者。針對這些事，女大學生岳昕在微信發表公開信，結果午夜在學生宿舍被帶走，被軟禁在母親家中好幾天。這起事件引起她同學的公憤，一些不知名的學生甚至在校園貼大字報，要求釋放岳昕，一九八九年以來中國大學就不曾出現大字報。總部位於美國的「中國數字時代」網站公開一份審查部門的文件，內容指示全國媒體和入口網站禁止轉發「所謂聲援內容」。這是獨裁者根深蒂固的恐懼，子民的團結和互相聲援無論如何都必須阻攔。北京其他大學的運動人士也收到不得繼續活動的警告，理由是「有計畫」和「有組織」。管你是什麼！在中國，只有黨才有資格計畫和組織。

政府和黨視網路和社群媒體為民意回饋的管道和某種預警系統，所以幾乎所有公部門都有建立龐大的數據收集組織，對中國網路生態十分了解的北京傳播學者胡泳稱之為「輿情產業」。他認為，這產業本來的存在目的是探索民意，卻不斷擋自己的路，導致「輿論場受到汙染」；也就是說，政府一旦發現偏離主流的意見，馬上出現本能性的反射動作，企圖壓制負面的民眾反應，導致它無法客觀地收集數據，因為它已經即時而自動地去扭曲輿論的走向。安全機關反成了自己的絆腳石。

根據江西省洩露的文件，哈佛、史丹福和聖地牙哥大學在二〇一七年發表研究，證明為中國政府效力的「龐大祕密行動」確實存在，光這一年，五毛大軍就在社群媒體發表了四億八千八百萬則評論。研究人員並首度發現，這些收錢的網軍多數不是業餘寫手，而是停職的公務員。其次，令人驚訝的是網軍主要任務不是在爭議時傳達官方立場，而是成群扮演對黨效忠的啦啦隊（「中國夢萬歲」、「讓人民過好日子」），或在衝突棘手到難以化解時，試圖轉移焦點，用灌爆論壇和評論版的方式強制網民換主題。

儘管受審查機制多次打擊，在中國的網路上仍可找到各種相互競爭的意識形態：毛派、新左、愛國者、狂熱民族主義、傳統主義、人道主義、自由派、民主派、新自由派、美國迷等；「天涯社區」、「貓眼看人」、「鐵血社區」、「觀察者網」都是很熱門的論壇。柏林「墨卡托中國研究中心」（MERICS）的研究指出：「中國網路上支離破碎的公共輿論，對企圖統一意識形態的中共是一大挑戰。」不過，與二〇一三年之前不同，這些辯論社會大眾不再關心，因此對共黨統治不構成直接挑戰，「不過值得注意的是，參與討論的人多屬城市中產階級，他們對政府的支持攸關共黨統治的穩定性」。

這份研究的作者繞過審查的雷達，成功訪問了一千六百位論壇用戶，最後得到令人吃驚的結果。儘管有百分之六十二的人期盼中國能在國際舞台上領先群雄，但仍有百分之七十五的人希望「西方價值」能散播開來，即便中共的宣傳部門全力在防堵。被問到哪些價值才是「主流」時，排名前四的分別是自由、民主、平等和個人主義。究竟他們眼中的「自由」和「民主」是什麼，研究人員並沒有問清楚，其中一些人也可能中了宣傳部門的圈套，不過可能性應該不大，因為「社會主義」只排名第七，「愛國主義」排名第十四。

調查訪問的時間是二〇一六年夏天，此後，愛國主義的火力和攻擊性都有過之而無不及，習近平宣傳的主調更加清楚：中國是首屈一指的大國，西方跟中國比相形見絀。這份研究指出：「中國政府（尚未）贏得社會廣泛支持，也沒能完全消除網上相互競爭的意識形態……可是黨國主宰意識形態的硬體已俱全。」習近平意識形態的攻勢才剛發動，壓倒性一如既往。

「共識網」是自由派知識分子的交流空間，但在接受墨卡托中國研究中心訪問後被勒令關閉。不過，關閉帳號和論壇是過於粗暴的工具，很容易暴露體制的壓迫本質，所以黨寧願提早幾步行動，對子民直接下手。《人民日報》的姊妹報《環球時報》具小報風格和民族主義色彩，它幾年前發表「中國好網民」標準，認為理想的網民應努力讓網絡空間更加「清朗」，好讓「網絡的正能量」更加巨大。

連一位普通公民也可在網路上生產、發送和分享新聞，自然引起審查機器的注意。《人民日報》二〇一二年在一篇標題為「網絡不是法外之地」的文章已指出，每位網民應「對自己的言行負責」。如今網路言論的潛在觸及人數遠超過從前，黨因此致力讓每個人背負更多的責任，原本只適用編輯的審查標準和法律，突然也擴大到一般民眾。例如二〇一七年發布的聊天群組管理規定，當中「弘揚社會主義核心價值觀」等規範不僅針對群組服務的提供者，也適用於建立、管理群組的人和使用者，也就是每一個人。國家掌握直通最私密對話的管道，監視每個人，不僅即時，還想深入你的腦袋。知道你寫什麼和為什麼寫只是第一步，你自己將這些規定內化才是真正目標。《人民日報》指出：「在頭腦中真正築起網絡安全的『防火牆』，我們才能打牢國家網絡安全的地基。」

「防火長城」一直是中國網路控制最常用的隱喻，它將這個國家與外在世界的有害影響隔開。這是公安部當年建立「金盾」的目標，也是後來一切數位資訊控管的藍本，不過，沒有思科、摩托羅拉、北電等西方通訊大廠積極和有利可圖的參與，「防火長城」不可能一下子就這麼牢靠。現在這個比喻已不足以描述中國的現實情況，香港「中國傳媒研究計畫」的總監班志遠（David Bandurski）的說法更為精確：每個人都被「蜂窩防火牆」圍繞著，「嗡嗡作響的交流隨時可能被截斷」。中國所有的網路使用者共築巨大的幻境，自以為身處「生機盎然、嗡嗡作響的空間，事實上被鎖在黨操控的標準化機器上」，而且每人發聲的頻率都一樣。

這是聰明審查者的平衡木表演：始終給人民有足夠的表達空間，讓人有自由的幻覺，但空間又不能多到讓他們過於自負。審查措施不可能完美，總是有漏洞和疏忽；防火長城難免出現裂痕，讓固執和渴望自由的人一窺外面的自由世界。但這些根本無所謂，要緊的是審查機制發揮作用，即使不完美，只要嵌入終身的思想控制系統即可。最終，絕大多數人再也不想看看牆以外的世界；社會控制和恐嚇手段只要搭配物質回饋和鼓勵消費，大家就會覺得已經享有前所未有的自由。難道不是這樣嗎？即使在消音過的中國網路世界，各樣的資訊和圖片也多到令人陶醉。二〇一七年，中國流量最高的前十大網站全是本地網站，相較之下香港只有四個，台灣五個，南韓三個。

對多數人來說，政府將特定主題從記憶中刪除、逐出大眾的視野，根本無關痛癢。官員貪汙、公民社會、食安醜聞、西藏和新疆緊張的局勢、香港示威、台灣民主、重大自然災害和人為疏失……對於這些議題，縱使相關的新聞和評論大同小異，也很少人覺得奇怪。許多人甚至根本沒注意到，其他人則無奈接受。

體制一旦失去平衡，譬如發生出乎意料的事件，長城才會出現明顯的裂痕。以二〇一五年天津危險品倉庫爆炸和二〇二〇年的新冠疫情為例，事件本身太令人震驚，每個人都擔憂自己的身家性命不保，這時對權力的恐懼就會擺在一邊。於是新一代中國人再次揭開政治宣傳的面紗，看清體制的本質。只要一發生衝突，這個體制就會毫不猶豫地，將權力的延續置於人民福祉之上，正是體制的不透明和封口遮蔽，瘟疫才可能擴大到這樣的規模。無知和不負責任的官僚令人看穿賢明獨裁者和高效率菁英統治的神話；在習近平的主政下，他們重新學會做事的要領：服從和意識形態大於腳踏實地和尊重專業。武漢的幹部不只是隱瞞疫情好幾個禮拜而已，為了打破紀錄，他們還瘋狂地讓四萬戶家庭一起吃盛大的團圓飯，時間是第一次傳染出現的六週後，過沒幾天，整座武漢城就與外界隔絕。

這是中共與人民的交易：你們順從我們的獨裁，我們給你們財富、保護和安全感，這是中國不成文的社會契約。二〇二〇年年初，由於體制失靈，不少中國人認為黨已經違約。北京法學教授兼散文家許章潤在一篇備受矚目的文章指出，正是體制讓「人禍大於天災……將政體的德性窳敗暴露無遺」。春節和對疫情的恐懼讓數億中國人待在家無事可做，只能整天在手機螢幕追蹤數十年來最嚴重的公衛危機。「中國的統治菁英突然間被丟進虛擬的競技場，」一名上海作家在他的部落格Chublic Opinion（譯注：已關閉，但網上有存檔）評論說：「他們轟轟烈烈地失敗。」很快大家就發現，武漢市和河北省的隱瞞助長了瘟疫的傳播，地方官員在記者會上鬧笑話；黨和宣傳機器慶祝自己在破紀錄的時間內建成醫院，但同時，他們連為醫院工作人員準備足夠的口罩都辦不到。

李文亮醫師去世後，民眾憤怒到了極點。三十四歲的眼科醫生李文亮在前同學的微信群組發訊息，指新的傳染病讓他想起二〇〇三年的SARS冠狀病毒，提醒在醫院工作的同事注意。公安因此傳喚這位年輕醫師，警告他「嚴重擾亂社會秩序」、發表「不屬實言論」，「如果你固執己見，不思悔改，繼續進行違法活動，你將會受到法律的制裁」。李文亮原是體制內的模範公民，不是異議分子，更談不上是吹哨人。他沒找記者，沒公開貼文，只不過在一個半公開的群組警告醫生朋友要小心健康風險。在今天的中國，這樣做能被解釋成犯罪行為。

李文亮的死讓他從英雄變成烈士，許多網友引用他生前受訪說的一句話：「一個健康的社會不應只有一種聲音」，#我們要言論自由和#我們要求言論自由等標籤馬上在社群媒體散播開來。這很可能是一九八九年天安門事件以來民怨最大規模的爆發，而由於怕被感染沒人敢上街，所以完全發生在虛擬空間。

對黨來說，民情冷不防失控才是真正的災難，對宣傳機關來說，這是一九八九年以來最大的挑戰。疫情同時暴露思想控制的漏洞，但也強化了傳說中宣傳機器對民眾所看、所感、所思的支配力量。

中共立刻用行之有年的工具回應人民的反抗：審查、宣傳、壓迫。律師陳秋實、商人方斌在被擠爆和應接不暇的武漢醫院拍下混亂畫面，但像他們這樣的公民記者，二月初就被安全單位帶走。言論自由相關的討論很快被封鎖和消除。可是，審查機關也陷入兩難，因為官方現在改口，它支持疫情透明化，畢竟很難再禁止與新冠病毒有關的討論。一條發給全國編輯部的指令要求審查員「控制討論的溫度」。二〇二一年一月，有關機關宣布去年一共「查處」了一萬七千人，據稱他們涉嫌在網路上編造和傳播疫情的虛假信息。

同一時間，宣傳部門也試圖反制，用喚起特定聯想的「人民戰爭」一詞來抗疫，以凝聚全國的力量。它還製作影片，記錄醫院從平地拔起、從無到有建的過程，並訴說醫生和護士自我奉獻的英雄事蹟。新華社的標題一言以蔽之：「正面的態度和堅定信心是對抗疫情最好的免疫力」。

值得注意的是，疫情爆發後兩個月，習近平才第一次公開露面，以危機處理總指揮的身分出現在央視晚間新聞，大家馬上明白，無數公民在網路上要求的言論自由，絕非是他從這次危機學到的教訓。在一連串必須立即執行的疫情防控措施中，習近平要求幹部「全面強化社會治理」和「維護社會穩定」，要求媒體「加強輿論引導」，具體說就是宣傳愛黨，除此之外應多報導「防疫第一線醫務人員、基層幹部、警察的感人事跡」。

幾天後，官方在一份文件上明確列出十種與疫情有關的違法行為，如有違反將從重處罰，當中有哄抬價格、囤積口罩、非法交易野生動物等，也有「惡意編造虛假疫情信息，製造社會恐慌，挑動社會情緒，擾亂公共秩序，特別是惡意攻擊黨和政府，借機煽動顛覆國家政權」。

對沒經歷過一九八九年天安門事件和二〇〇三年SARS的年輕世代來說，這次新型冠狀病毒疫情是一大震撼，他們第一次看到體制顯露陰暗面。三月初，國務院副總理孫春蘭拜訪武漢，為習近平的來訪預作準備，民眾的憤怒大到撕破宣傳的假象。在網路上流傳的一段影片可看到孫春蘭在身穿制服的人和代表團的陪同下，視察一個春意盎然、整理得乾乾淨淨的典型中產階級社區，結果被困在公寓內、不該在宣傳中出現的市民，此起彼落在陽台上呼喊打破了寧靜：「假的，假的，全部都是假的！」

在最初幾週的災難後，黨確實振作起來完成驚人的壯舉，短時間內將湖北省六千萬居民隔離在家，並禁止數百萬的民眾出門和旅行。事實上，伴隨著衛生單位忙到喘不過氣來的是宣傳機器更令人讚嘆的動員，左很少這麼突然變成右，上變成下。隱瞞幾個禮拜後，中共宣布對病毒發動「總體戰」（語出自新華社）並宣稱獲得完全的勝利。中共不檢討體制在那幾週為何失靈，並從中學到教訓，反而要宣傳部門很快宣布，中國體制是這次危機的最大贏家。「機構實力是中國戰勝疫情的關鍵，」新華社指出：「在中國共產黨的領導下，各界人士攜手用智慧、行動和道德戰勝病毒……生動彰顯中國制度的優越性。」

當時，任志強是少數敢站出來對抗新的宣傳敘事、提醒黨所犯錯誤的人。六十九歲的任志強是企業家和黨員，出身政治世家，在習近平掌權前一度是黨內菁英。他在二月底寫的一篇分享給友人的文章是對習近平的正面攻擊。他沒有直接點名，但批評習近平用吹捧黨領導抗疫的神話來掩蓋自己的錯誤；沒有批評，沒有查清疫情爆發的原因，沒人承擔責任，「正是掌握權力者不想承擔任何責任，也拒絕社會追究這些責任」。任志強說，習近平實際上是「沒穿衣服的皇帝」，在他的統治下人民生命被「體制的重病」傷害。這篇文章在網路瘋傳，六十九歲的他不久就失蹤了，中共四月初宣布對他進行調查，原因是「嚴重違反黨的紀律」。

三月七日，新任的武漢市委書記王忠林表示，武漢市民現在需要的是「感恩教育」，他們欠總書記和黨一聲感謝，說這樣的話當時還需要相當的勇氣。王忠林的談話馬上在微博和微信引來一陣嘲諷，留言當然很快被刪掉。過沒多久，中共乾脆把過世的吹哨人和武漢市民的英雄李文亮當成自己人，曾威脅和要他閉嘴的黨現在讚許他是模範黨員，並在四月初正式封他為「烈士」。《環球時報》解釋，烈士是黨和國家授予為國家、社會和人民英勇獻身的公民的最高榮譽性稱號。

一年後，在重新恢復的和諧表面底下，當初感受到的震撼還存在嗎？民眾無助、恐懼、忐忑不安形成的憤怒，在體制內幾乎沒出口，難道只能向武漢的天空呼喊？跡象顯示，尤其對一些年輕人來說，這次危機是政治覺醒的過程。有人在即時通訊軟體Telegram成立了「網路墓地」，專門收集被審查刪除和封鎖的文章和評論。將來有人會以這些檔案為基礎，寫出不會被審查的中國疫情故事，與黨下令的遺忘措施搏鬥。

宣傳機器繼續利用美國災難性的危機處理來煽動民族情緒。中國體制失靈後，接著是美國同樣慘烈的體制失靈，感染和死亡的人數多很多，對中共來說，這根本是天上掉下來的禮物。黨馬上編造粗製濫造的不實訊息，譬如病毒不是源自武漢，而是美國。這樣的宣傳一時間對多數民眾還真的有用，在網路上跟疫情的有關討論中，民族主義和愛黨言論再度佔上風。

很少人像武漢作家方方一樣受到這麼多侮蔑，她以日記形式在微博上寫下在被封鎖的武漢的見聞。一九五五年出生的方方從來不是反政府的人，甚至還擔任過省作家協會主席。她用客觀和低調的筆觸在日記中描寫病毒肆虐的情況和政府一開始在危機處理上的失敗。她先得到民眾的掌聲，但很快就引起憤慨，今天的方方被貶為謊言製造和叛國者，因為在國外出版日記而收到死亡威脅。在中國她還沒找到出版社，反倒是挺她的人也跟著遭殃，比如文學教授梁豔萍被開除黨籍、還失去湖北大學的教職。

在眾人沒有期待之下，有時一扇窗戶會打開，像新冠病毒疫情如此出人意料的危機，或讓黨嚇一跳的新科技和器材。審查機關還沒發現，人們正透過一扇窗戶一窺被審查機制掩蓋的幕後實情，一探什麼樣的事可能發生，那扇窗就是Clubhouse。

只要有人主持，大家就可以在Clubhouse進行自由的討論，但它在中國的壽命很短，只有二〇二一年二月的幾天，其實就是一個週末。星期六可以用，下個星期一就被禁。可是這幾天充滿了自由、驚奇和感人的時刻，自從微博一開始令人嘖嘖稱奇的那幾年光景後，中國網路就不曾經歷過如此盛況。一位狂熱的用戶在微博上描述，他不知道這樣文明的、沒有邊界和限制的自由討論環境可以持續多久，「但我一定會記得互聯網上的這一史詩般的時刻」。

Clubhouse是一個讓人參與討論的語音社交App。中國人剛發現它的時候，還需要邀請才能註冊，只能在iPhone使用，而且中國的App Store無法下載，必須到美國的App Store登記。到底有多少中國人跨過這些門檻不清楚，他們很可能是相對富裕、有國外生活經驗的人。可以肯定的是，特斯拉老闆馬斯克（Elon Musk）加入後，這個App馬上成為中國社群媒體最熱門的話題，微博上光一個與Clubhouse有關的討論就吸引五千萬人次的閱讀。機靈的中國黑市商人在網上販售邀請碼，要價相當於六十多歐元。

再次出乎審查機關的預料，數以千計的人參與禁忌話題的討論：新疆的再教育營、香港的示威活動、天安門大屠殺、台灣獨立、一年前吹哨人李文亮的身故。

不止這樣，中國大陸用戶在聊天室與來自台灣、香港、維吾爾少數民族的人共聚一堂。中國的社群媒體有嚴密的審查機制，被氣沖沖的民族主義者、網軍和五毛黨支配，但現在許多參與Clubhouse討論的人有全新的體驗：用文明的方式交換意見。用戶@OrwellianNonsense聽大陸人和台灣人討論後，馬上在微博寫下自己的感受：「大家互相聆聽……絕大多數參與的人非常理性和包容，令我莫名地有些感動。」

一位化名@c'c的用戶描寫漢人與維吾爾人如何整夜討論新疆再教育營到天明，「一陣子不知道家人在哪的海外新疆人哭，瞬間被罪惡感打倒的漢人哭」。最後房間「有點教堂的氣氛」，參與的人互相鼓勵要有希望，「該竊聽的早就埋伏著聽，這小小的窗口也可能隨即就關上」。

短短幾天後果真關上。這幾天，一些中國人在審查的牆上敲出了裂縫，而且台灣人、香港人、維吾爾人看到的大陸人也是形形色色、有各種感覺和意見的真人，不像平常那樣只把他們視為堅持己見、被黨遙控的機器人。這幾天，對交流的渴望顯而易見，另一個中國的可能樣貌曇花一現。

香港傳播學者徐洛文在推特描述他對這幾天的印象：「人們將彼此最好的部分激發出來。」這正是中共想審查和抹去的東西：「透過對話和交流解決分歧的能力。」@imojbk在微博寫下最後的「歷史時刻」，他正好在名為「這個世界會變好嗎」的聊天室，Clubhouse就被封了。

中國再次關上大門。

審查的影響到底有多深遠，疫情的宣傳攻勢最後能否成功，取決於許多因素，其中最關鍵的是經濟發展還能延續多久，讓黨足以換取人民的善意和正當行為。目前黨的機器依舊強大，思想控制的工具早已身經百戰。

二〇一四年夏天香港爆發雨傘運動，佔領市中心的民眾沉醉在人民的力量和團結後幾個禮拜的熱潮中。我搭機返回北京後，從機場直接去畫家朋友在城市北邊主辦的一個派對，幾位藝術家將那邊的老雞舍改建為工作室。在烤羊肉串配啤酒和葡萄酒的歡愉中，眾人聊天的主題是香港，在場的中國人都相信政府的宣傳，於是責怪香港學生不懂得感激祖國，還跟著黑暗的外國勢力起舞。這些人大多五十多歲，經歷過文革，這段經驗讓他們一輩子成為懷疑論者。一位在宋莊工作的藝術家在來派對之前收到消息，早上他幾位朋友因為參加聲援香港學生的詩歌朗誦會被捕。他談到，在天安門事件後，中共在各地實施的民族主義和愛國主義教育，在習近平上台後又擴大了。這位畫家說，這樣做的確奏效：「一九八〇年代之後出生的人都無藥可救了，因為洗腦從幼兒園階段就開始。我們可不一樣，是所謂『被耽誤的一代』，因為學校和大學都關了，沒有受教育的機會。事實上，我們很可能是幸運兒，正好處在夾縫中，躲過洗腦，當時毛澤東已死，每個人都渴望開放、改革、自由。」

北京出生、二十八歲的大衛在一所示範高中教英文，他描述道：「十七、十八歲的學生精通科技，比我們還熟悉用翻牆軟體和其他技術繞過審查機制。他們也去臉書和YouTube等被禁的網站，但只為了娛樂和追星。」大衛說，有時在課堂上給他們看歷史類的書或《紐約時報》的文章，「可是他們全都無助地看著我。他們已經失去理解脈絡的能力，因為缺乏背景知識」。這是按幾下滑鼠鍵就能接觸全世界所有資訊的一代，可是他們不這樣做，根本就不想。

「我的學生說他們沒空，還有太多其他事要做，」大衛說：「雖然我只比他們大十歲，但他們無法理解我。他們活在完全不一樣的世界，在教育和宣傳的完美操控下，這群人只會將生活奉獻給消費活動，並忽略其他事物的存在。他們連現實也置之不理，畢竟這樣過比較輕鬆。」

「歐威爾怕禁書的人，赫胥黎怕有一天找不到理由可禁書，因為沒人想讀書。」媒體研究者波茲曼（Neil Postman）在《娛樂至死》一書這樣說。

微博還在，規模比以前更大，到了二〇一九年，每月的活躍用戶超過四億九千萬人，比推特的三億兩千萬人還多，而且繼續成長，只不過讀、看、評論的內容跟幾年前不同。史上轉發最多次的一條微博是二〇一四年九月的「今天我十五歲了，有那麼多的你們陪伴我，謝謝這幾年來你們的一直陪伴」。這很可能是全世界轉貼次數最多的社群媒體新聞：突破一億次，應該是創下紀錄了，作者是「加油男孩」（*TFBOYS*）的成員王俊凱。加油男孩是幾位男孩組成的流行音樂團體，可說是近年最受中國年輕人喜愛的偶像團體，三人身上沒有一絲一毫青少年叛逆的氣味，就像即將接受教會聖信禮的男生，又像韓國流行音樂團體和共黨少年先鋒隊。他們的歌曲內容是認真讀書、服從團隊和報效祖國，上節目時，還穿上少先隊制服合唱〈我們是共產主義接班人〉。他們在微博有三千萬的粉絲，還出演連續劇和電影，光其周邊商品每月可收入數百萬美元，這就是中國的現況。

每年的這一天，中國網路的能力都要受到極限的考驗，全民從午夜到第二天的半夜坐在電腦螢幕前比賽誰滑鼠按得快。這是所謂的「光棍節」，電商阿里巴巴的行銷妙計，靠打折和特價品，讓這一天在短短幾年內成為中國最重要的節日，更是全世界最沒有節制的消費慶典。十一月十一日「光棍節」最早是沮喪的單身南京大學生發起的趣味活動，阿里巴巴把它炒作成二十四小時的網路消費狂歡，把網購血拼的典範——美國「黑色星期五」遠遠拋在後面。二〇一九年十一月十一日，阿里巴巴的交易金額超過三百八十億美元，美國亞馬遜「黑色星期五」和「網路星期一」加起來不到一半。美國歌手泰勒絲、好萊塢影星妮可・基嫚和丹尼爾・克雷格都到杭州參加阿拉巴巴舉辦的促銷晚會，活動後中國郵政必須配送十億個包裹。北京的「綠色和平」組織曾批評說，這一天「對環境帶來災難」，可是全國已深陷在二十四小時的狂熱中。世界共產主義已逝；多虧網路，世界消費主義在中國成立新總部。

中國走過一條何等的路，食物靠配給、買自行車和打字機要購貨券的日子，離現在根本沒多遠。但像這樣把消費當娛樂，黨不僅允許百姓漫無節制地去做，還慫恿加鼓勵。資本主義示範過，消費帶來經濟成長，但也會讓人麻木，這個循環在今天的中國更加極端和張狂。「可是今天的世界很穩定，」赫胥黎《美麗新世界》裡的控制者說：「人們都很幸福，他們想要的全都有，無法擁有的從來不想要。」「在一個完美的極權國家，」赫胥黎一九四六年在一本書的前言寫道：「無所不能的統治階級控制著由奴隸組成、無需脅迫的民眾，因為他們熱愛自己的奴隸身分。」赫胥黎後來分析到，從前對抗暴政的鬥士，對大眾媒體工業的發展缺乏想像力，「這工業才不管什麼是真或假，只處理不真實、基本上無關緊要的事」。總之，「他們沒考慮到人類對分神事物無窮盡的胃口」。身為現代資本主義弊端的見證人，赫胥黎寫下的這些句子具有強大的預知力，其內容於七十年後在川普的美國和習近平的中國一一實現。

二〇一八年年初，美國史丹佛大學發表了一份有趣的田野調查報告，支持大衛上述的說法。史丹佛大學的楊宇凡和北大的陳玉宇在二〇一五年至二〇一七年間訪問了一千八百多名學生，研究他們使用網路的習慣。訪問前，八成的學生從來沒翻越過防火長城，其中部分原因是成本：利用虛擬私人網路（VPN）提供的隧道傳輸可繞過審查和網路的限制，但許多相關的供應商要收費。報告作者估計，全國只有百分之一到八的用戶經常使用這種翻牆軟體，不過，到了二〇一八年年初，政府就開始查封虛擬私人網路。在這之前，研究者有提供參與研究的人免費翻牆軟體十八個月。

第一個值得注意的結果：雖然提醒過六次，只有百分之五十三的學生啟動軟體。研究者感興趣的是，最後到底有多少學生把握機會瀏覽在中國被封鎖的外國新聞網站，譬如瞄一下《紐約時報》中文版？結果啟動軟體的人只有不到百分之五這樣做。這結果令人驚訝，也跟他們外語程度差無關，因為在台灣、香港、美國有無數的中文網站，上頭有北京審查範圍以外的各種內容，但每四十人僅不到一人對這樣的資訊有需求。這些學生還是來自最著名和最自由的大學，他們是這個國家受到最好教育的年輕人，是中國未來的菁英。看來審查會奏效，不只因為當局限制人民自由獲得訊息，「而是創造一個讓公民對這些資訊沒有需求的環境」。

第二個結果是，當學生發現圍牆外藏著引人入勝和珍貴的事物時，他們的興趣就來了。研究者對其中一部分學生做了測驗，回答問題前得先讀《紐約時報》，如果答對可獲得小小的獎品。到了研究最後階段，他們閱讀《紐約時報》網站的時間增加了九倍，而且開始主動去搜尋研究者沒有指定的資訊，定期拜訪在中國被禁的網站如維基百科等。這些學生不斷吸收在中國被禁的資訊後，研究者發現他們的「知識、信念和態度發生廣泛、本質性和持久的變化」，對中國政府和機構的信心大幅下降，變得愈來愈懷疑和不信任。他們對中國經濟前景的判斷也變得悲觀，許多人認為中國的政治和經濟制度需要根本的改變。

對黨來說，這報告是壞消息也是好消息。壞消息是黨真的得擔心資訊的自由流通。好消息是只要思想和資訊控制配合科技的發展與時俱進，黨就沒什麼好怕的，畢竟審查毋需完美。

史丹佛和北京學者的結論是，對自由資訊的需求「並非天生就低，學生也不是因為擔心被當局懲罰才不需要得知敏感訊息」，真正原因是人「不懂得珍惜沒有審查過的資訊」，不覺得自己缺乏什麼，就像中國寓言的那隻青蛙，以為牠的井是全世界，在井底看到的一片天空就是整個蒼穹。有一天，鱉路過井跟青蛙說起海洋，後者完全無法理解那有什麼好看的，在井邊跳來跳去、在洞中休息、在井底的軟泥滾來滾去，這樣不就享有世界上所有的快樂？從那奇怪的海洋能得到什麼呢？

不少來自這個體制的百姓，即使有機會接觸外界的資訊和觀點，也對它們免疫。正如道家始祖莊子所言，夏蟲不可語冰，曲士不可以語道，井蛙也不可語海。如果青蛙隨時都背著井，有朝一日就算走進世界，站在自由的天空下，卻只看到牠從小習慣的那一小部分，那思想控制就完美奏效了。

第5章

白紙：人民為何必須遺忘

「過去未死，它甚至不曾過去。」——美國作家威廉．福克納

二〇一九年六月四日是天安門廣場大屠殺三十週年紀念日，黨確實有理由大肆慶祝。那一天不只是民主運動、也是人民慶典的句點。當年，幾百萬的民眾像辦喜事一樣，沉醉在集體的世界中，感覺剛獲得自由，並夢想更美好的中國到來。「我不知道我們要什麼，」廣場上一名學生激動呼喊：「我只知道我們要更多。」但從一九八九年六月三日深夜到六月四日，他們得到的是子彈和刺刀，坦克車隆隆讓一整夜戰慄。為數千百的學生、工人和路人被輾碎、射殺、刺死，具體數字到今天仍不清楚。從黨的角

度回頭看，這件事是成功的，後續效果大到當時無人能想像。

「為了生存，中國人必須學會遺忘，」不過說這句話的人下定決心要記住所有的事，他是張曉剛，一名倖存者。一九八九年前的那段時光是中華人民共和國成立以來最自由的歲月，人民掙脫文革噩夢，新領導人鄧小平把通往世界的窗戶打得很開，他說不管進來的是新鮮空氣或「蒼蠅」都好。畫家張曉剛對當時記憶猶新：「一下子有這麼多希望、幻想和美好的事物，那是最詩意的年代，人們只為買一本小說，在新華書店門口大排長龍。」

一九八九年真是奇特的一年，張曉剛當時畫了一名紅色女子在忘川河畔；在希臘神話中，喝忘川水的人會失憶。二月，北京中國美術館舉辦傳奇性的《中國現代藝術展》，中國前衛藝術第一次走出地下，早上九點展覽開門，下午三點就第一次被警察關閉：在多疑的文化官員眼中，這些作品既狂亂又不尋常，新世代藝術家的語言他們完全無法理解。「我們現在還是來了，」張曉剛說：「我們以為中國不可避免將愈來愈開放和自由。」接下來幾個月的寶貴時間，他們繼續保有這樣帶著理想主義的天真想法。

然後就是坦克車行進的那一夜，今天所認識的中國就此誕生。在其他社會主義政權化為灰燼的時刻，鮮血和隨之而來的恐怖統治拯救了中共。鎮壓「反革命暴亂」後，鄧小平鞏固了他自己的領導人地位，雖然他因腐敗和裙帶關係被示威者鄙視；直到今天，他們的家族已積累了當時難以想像的財富。

鄧小平的暴行送給政權珍貴的幾十年，讓中共重新掌握對真相和記憶的掌控權，還重獲西方政治人物和商人的讚美。德國作家布雷希特（Bertolt Brecht）曾問：「政府將人民解散然後另外選一個，這樣不是比較簡單？」中國政府不用選，自己造新的人民就行了。

天文物理學家方勵之是一九八九年民主運動的英雄，屠殺發生後他自我安慰說，有鑑於暴行的規模和目擊者的數量，這次「遺忘技術注定失敗」。當時沒人料到方勵之錯得離譜，中共乾脆直接按「刪除」鍵，將中國人民重新格式化。

天安門廣場屠殺震驚全世界，在中國被忘得一乾二淨。一九八九年？按楊煉的詩句：「這無非是普普通通的一年。」

槍桿子沒筆桿子不行：士兵殺害帶頭的人，御用文人殺死真相。歐威爾寫道：「誰控制了過去，誰就控制未來；誰控制現在，誰就控制過去。」獨裁者需要集體失憶的人民，所以黨的宣傳機器一再下達遺忘指令。毛澤東曾希望自己的人民是一張沒寫過的白紙，「好寫最新最美的文字」。一九八九年六月四日後，全國上下驚嚇過度而動彈不得，在人民走出僵硬、開始學著卑躬屈膝時，宣傳機器巧妙地淡化當時的恐怖鎮壓：「反革命暴亂」先是成了「暴亂」，然後是「政治風波」，後來成了「事件」。

最後，連事件也憑空消失，只剩下沉默。彷彿一張褪色的老照片，只剩下朦朧的輪廓，跟原本的內容失去關係。時到今日，北京警察會警告外國記者不要採訪跟大屠殺有關的人事物，但他們的用字很模糊，會說不要「在敏感時間寫敏感主題」，連那一年、那一天都說不出口。事實上，每年的六月四日前後，「那一年」和「那一天」都會被收入敏感詞庫，微博上被屏蔽的字還有「春夏之交」和「五月三十五日」，後者是機靈的人想出的暗語。維基百科在中國被封鎖，中國人用的是百度百科，號稱是「內容開放、自由的網路百科全書」，不過有一段時間網民只能找到一九八八年和一九九〇年的詞條，一九八九年完全不存在，一整年從歷史中被塗掉。

真正讓人驚訝的不是審查機關有多盡力，而是那些手段真的奏效。若不是因為網路，中國面向世界的大門從來沒這麼敞開過，但在這樣的時代，中共還是有辦法對整個民族洗腦。許多天資聰穎、思想開放、與手機和社群媒體一起長大的中國年輕人，二十幾歲出國讀書才第一次知道故鄉一九八九年發生的事。有些人吃驚，有些人拒絕接受，連聽都不想聽，躲進黨為他們層層編織的繭。「你們西方記者何時才能不說謊？」一位在德國讀書的中國學生有次寫信給我：「你們就是不願意接受中國的強大。」

維權人士胡佳有次說起二〇〇五年一月十七日發生的事，那天前國務院總理趙紫陽過世，他在一九八七年至一九八九年是自由派的中共中央總書記，主張與廣場上學生對話，結果被元老鄧小平為首的強硬派推翻。胡佳認識他的家人，打算前往弔唁，回家後太太曾金燕問他去那，他解釋後，她疑惑地看著丈夫：「誰？趙紫陽？他是誰？」

「我嚇了一跳，」胡佳說：「一九八三年出生的她是一位聰明、有批判力的女子，讀的是北京頂尖的人民大學，可是一輩子沒聽說過趙紫陽；至少就名義上來說，這個人曾經是中國最有權力的人，在位也許多年。當下我突然明白黨對腦袋的權力。」

當美國記者林慕蓮為《重返天安門》一書尋找素材時，她拿全球知名的「坦克人」照片給一百名北京學生看，這位身穿黑色長褲和白色襯衫、手上僅拿著塑膠袋的人，獨自站在一列行進的坦克車前，迫使它們離他單薄的身軀只有一臂之隔停下來。這是二十世紀的經典照片，可是一百人當中，只有十五人十分訝異認出場景是北京和通往天安門廣場的長安街。另外八十五人呢？他們聳聳肩，猜是科索沃或南韓。

記憶到底還有什麼意義，倘若你周遭的實體世界每隔幾年、幾週就粉碎，消失得無影無蹤，面貌全換了。過去二十年來，全中國拆了又建，有些地方還反覆經歷了好幾次，中國的城市居民因而享有西方的生活方式，包括平地拔起的嶄新集合住宅，和現代化、看來一成不變的城鎮。一夜之間，人們熟悉的一切也被清除。

「一轉身，熟悉的街道就不見了，」畫家張曉剛談起一九九〇年代：「我離開昆明只不過一個學期，回來後故鄉就沒了，一夜之間被毀，成了廢墟。」那時無論到中國何處，外人都會發現城市只剩一片瓦礫，等著建設成千千萬萬的複製品。「我相信這樣的速度和規模在世上前所未見，」張曉剛說：「每天這國家有成千上萬的事物被徹底翻轉，不只你住的城市，還有你的生活。這樣的速度是病態的，超過正常人心理所能承受的範圍。」

城市景觀和建築物的消失只是集體遺忘的一種呈現方式，這是民族生存的本能。

「通常老房子最後才被毀，」中國最著名的建築師、唯一拿過普立茲獎的王澍說：「這可以解釋為何人們不抗拒拆房子和重建，因為其他的事物，例如過去的生活、傳統和文化大多在文革被毀了，老房子不過是最後空洞的殘餘。」

今天的中國有一百二十個城市比芝加哥還大，許多規模在過去十年擴大了十倍甚至更多，在這過程中，所有城市的歷史都被抹去了。「好像有人在中國扔了一百二十顆原子彈。」王澍說，他於一九九〇年代蓋的房子現在一棟不留，全被拆了。

在這經常絕望地前後滾翻的民族身上，可以觀察到某種飄搖和強烈的不安全感。我去拜訪張曉剛和王澍，因為他們很早就決定去記憶中尋找支持的力量。在中國，這樣做會成為邊緣人，比其他地方更辛苦。

這兩人都是先在國外成名，才在國內受到肯定。張曉剛的成名作是家庭肖像畫，靈感來自文革時期照相館拍的相片，人們身上穿著毛澤東規定的工人服，一個個臉上面無表情。對現代藝術有興趣的人，很少不被他的肖像畫和夢境般的臉上那催眠的眼神迷住。每個人的表情嚴肅，像平靜無波的湖一般冷靜，但緘默的順從底下是情感的風暴，痛苦和渴望在翻騰。這些畫都有點失焦，唯一生動的細節是閃爍的黑色眼睛。

張曉剛從千禧年初開始創作這一系列作品，取名為《失憶與記憶》，畫家自覺有必要抵抗中國劇烈變化的狂潮，為了現在和將來，一定得把發生過的事記錄下來。不過，把記憶視為危險和顛覆因子的中共力量更大，黨的算計是將人連根拔起，讓他們無家可歸、全身赤裸得渾身哆嗦，這樣自然就會投入黨母親溫暖的懷抱。

張曉剛的靈感來自自己在文革時的童年經歷。五歲時，他隨父母搬到成都，被關在工作隊所分配、家徒四壁的公寓，就像他畫中那位騎著自行車在桌上繞圈的小男孩。窗戶上不見亮光，「我們房子所有的窗戶都被磚堵住了」，他回憶道，因為連續兩年紅衛兵不時對著屋子開槍。家裡沒電，只有油燈，「像地下室一樣暗，我眼睛就是當時搞壞的」。恐怖嗎？對，但也不對。八歲的他和朋友覺得很酷：「我們有一幫朋友，沒有大人能照顧我們，我們想去哪就去哪。」文革是人類最黑暗的時期之一，但對一些小孩來說很好玩，許多人回憶起這段時間都這麼說。大人從早到晚參加批鬥大會，互相告發和羞辱，紅衛兵抬著被折磨到死的「反革命分子」的屍體，耀武揚威地遊街。相較之下，小孩在樓梯跑上跑下，離大人的世界很遠、很遠，宛如活在無政府狀態下的童話世界。中國的孩子從來沒有這麼無拘無束過，沒有權威、沒有學校、沒有家庭作業，好幾年都這麼自由。張曉剛看過很多屍體，聽過許多戰鬥的槍砲聲，「對一位小男孩來說很可怕，但也很刺激」。

從一九六六年進行到一九七六年的文化大革命讓民族的靈魂成了破敗的空殼。「今天，文革被遺忘了。」張曉剛說。二〇一六年離毛澤東發動文革正好五十年，一整年沒有紀念活動，沒有追悼儀式，沒有討論，沒有反省，全國悶不吭聲。黨明白回憶可能帶來危險，為了眼前的政治需求，不如將過去改寫成偉大的英雄小說。

毛澤東死後，共黨高層一開始譴責文革是「十年浩劫」，不過他們很快就說毛澤東成就偉大，相形之下，他的錯誤不值得一提。黨掐指一算，結論是毛澤東「七分功、三分過」，其中包括在一九五八年到一九六一年「大躍進」餓死的四千萬人。在這個災難性的運動中，毛澤東命令所有村民將家中的鍋子和鐵器捐出來煉鋼，目標「超英趕美」，讓中國一夕之間成為工業國家。到最後，中國沒鏟、沒鍬、沒犁、也沒鍋，爆發史上最嚴重的一次飢荒。

習近平一掌權，批評毛澤東馬上又變成禁忌。德國面對納粹歷史的態度是「克服過去」，但中共卻稱之為「歷史虛無主義」，並迫害抱持那種觀念的人。二〇一八年四月全國人大通過法律，若有人「褻瀆、否定英雄烈士」，斗膽質疑歷史的正確性，並否定黨光榮的往事與英雄事蹟，將會受到警告和處罰。我去畫室拜訪張曉剛的那一天，工人正在更換天安門那幅著名的毛澤東畫像，國慶日當天，偉大的主席應該乾淨無瑕而且煥發嶄新的色彩。

「我一直以為歷史和記憶最後會戰勝扭曲，」作家閻連科於二〇一三年寫道：「看來恰恰相反，在今天的中國，失憶戰勝記憶，謊言戰勝真相。」恐懼是原因之一，經歷過的人都避談往事。對權力的默許在中國是基本的生存技能，除了怕惹禍上身，對自己的孩子也隱瞞真相，因為他們可能不假思索就在同學或老師面前說出來。搖滾樂手崔健曾在一九八九年為廣場的學生演唱，他的〈一無所有〉也被學生廣為傳唱。我問他，中國最讓他受不了的是什麼，他想都沒想就回說：「裝傻。」這是在獨裁體制生活的許多中國人的第二本能。

閻連科抱怨說，其他作家和知識分子在面對國家主導的失憶工程時，卻只有表現出沉默和怯懦。「我們現在享受的開放的窗戶，主要來自當權者的施捨，而非知識分子為追求開放不懈的努力，」他寫道：「如果有一扇窗戶打開，一點光線射進來，在黑暗的監獄關了好幾年的人難免感激，可是誰有勇氣要求打開牢房？」

閻連科的寫作一再回到這個主題，疫情高峰時他透過網路對香港學生演講，當時中共又下令民眾吹捧黨的智慧和偉大。他說，記憶比吃飯、穿衣、呼吸更重要，「一邊屍骨未寒的哭聲還未落下去，另一邊凱歌在即」。他要學生絕不可以接受遺忘：「沒有記性的人，從本質上說，就是田野、路道上的土。皮鞋願意把我們踩成啥樣兒，由那隻皮鞋的牙痕說了算。」他說：「沒有記憶的人，從本質上說，就是和過去生命割斷的木頭和板材，它們的未來是什麼物形和東西，由鋸子和斧頭說了算。」

一九八九年後的變局還有新的因素，不僅是人民的恐懼感而已。以鄧小平為首的中共領導人向人民，至少是城市居民提出一個交易：賺錢、富起來——但閉上嘴，而人民接受了。「往前看！」是當時的口號，要大家不要回頭望。這句話也可理解成「往錢看」。從此黨走上史無前例的經濟開放路線，不過沒有放鬆政治控制。中共繼續處處抱著共產主義的神主牌，不過人人都知道膜拜的對象早已死去。給人民服用的鴉片換了配方，領導人選了民族主義取而代之，並為這有毒的小植物勤奮施肥和澆水，從此長出野花。

過去被遺忘，但不曾消失。今天的中國社會在想什麼，與文革發生過的事分不開。張曉剛說，文革比較接近一種「精神狀態」，不單是真實發生過的歷史事件。眼前的中國很繁華，但不應被它的表象迷惑，「中國人心理的許多部分可回溯到那個時候」。像這樣的創傷會一代接一代傳下去，戰爭研究者已證明這點。人與人之間依然不信任，每個人都會不自主地以為，其他人想騙他和佔他便宜；若這種風氣還在，源頭也是文革。那時丈夫出賣妻子，子女檢舉父母、把他們送進勞改營甚至刑場。那時候的年輕人，當中有加害者也有受害者，而他們今天是中國的實際掌權人，領導黨、國家和大企業。

光鮮、強大、汲汲營營的社會，以及腐化的權力核心，就是今日中國的風貌，而它與一九八九年發生的事分不開。多年來，城市的繁榮和財富讓市民階級成了黨最忠誠的同謀。一九八九年以來，中國人不准有理想，他們因此沉湎於無所顧忌的物質主義中。共黨領導人的家族無恥地將財富據為己有，尤其是李鵬家族，他一九八九年擔任總理時曾下達戒嚴令。當時年輕人的理想主義和犧牲精神，在今天的社會被無所不在的犬儒主義取代。社會的道德危機、互信的流失、對政府機關的不信任和生態的浩劫，都可在那決定命運的時刻與黨所做的決定找到根源。

但既然黨規定要所有人忘了六月四日那一夜，那任何一種回憶方式都是罪行。每到六月初，「悼念」就成了微博敏感詞，不論是用這個字或相關的行動都不准。黨到底在怕誰？顯然是少數堅持要回憶的人。每年同樣的一齣戲一再上演，六四前幾週，當局就要頑強的人閉上嘴或把他們關進獄中。張曉剛六月四日當天在微博貼的那張因震驚將手放在嘴前的那張畫，馬上被刪除。一群不願停止悼念自己遇難子女的民主運動人士組成「天安門母親」，但每到上半年，外國記者和外交官就找不到其中的大部分成員。六四發生時是軍人、後來成為畫家的陳光，在大屠殺二十五週年前夕在友人面前表演行動藝術，先在牆上用各種顏色寫上一九八九到二〇一四的年份數字，接著用白色顏料蓋上，演出後立刻被捕。二〇一九年四月，陳兵被成都法院判處三年半徒刑。陳兵與他哥哥一九八九年參與過示威，並於二〇一六年跟朋友一起製作了天安門紀念酒，用「坦克人」的照片當標籤，每瓶售價八十九點六四元人民幣。

一九八九年的大屠殺沒有讓所有人沉默，看看少數那幾位律師、維權人士、知識分子和作家（以上可稱之為今天中國的良心）就會發現，那一夜對許多人來說是行動的導火線。但整體來說，宣傳非常成功。「五十歲以下的人，基本上不清楚毛澤東統治時發生的事，」記者和作家楊繼繩說：「他們以為毛很偉大而且是好人，因為電視和書本都是這樣說的。」楊繼繩曾是新華社的記者，他用工作身分到全國各地的檔案館搜尋資料，多年後寫下《墓碑》一書，披露「大躍進」不為人知的細節。楊繼繩在書中證明許多地方有發生人吃人的現象，估計死亡人數為三千六百萬人，其他歷史學家如馮客（Frank Dikötter）估計有四千五百萬人。

有時回憶是選擇性的，關於文革的書和電影幾年後問世，且大多從個人經驗的角度描寫去當年的混亂和殘忍，但事情的起源與動機仍舊是禁忌：怎麼會發生？誰該負責？讓毛澤東這樣的獨裁者掌權的黨扮演什麼角色？事實上，正是黨機器內部發生血腥的權力鬥爭，文革才會發生，最終整個民族還得一起付出代價。

這其實是一個權力遊戲，卻讓歐洲部分的左派人士和全中國人掀起宗教性的狂熱。一開始，文革是破除「四舊」的殘忍鬥爭：對抗「舊思想」、「舊文化」、「舊風俗」、「舊習慣」，在這個新時代，傳統中國的所有文化成就果真都被毀掉，只留下它害人不淺的專制政體。諷刺的是，今天中國領導人還會利用那一點殘存的記憶，提醒人民當年有混亂和恐怖。所以宣傳機器說：「不能再亂了！」它知道飽受創傷的人民一定會點頭接收，接著做出進一步的結論：「團結在領導人後面不許質疑！」黨的口頭禪是「穩定」，而所有的鎮壓手段都會打著「維穩」的旗號。

雖然死亡人數比文革多好幾倍，但「大躍進」已被徹底遺忘，即便提到，黨也只會厚顏無恥地說那是「困難時期」。黨一再下令人民得忘掉那些歷史，不然的話就得承擔相關的罪行。然而，黨卻沒完沒了地複述日本對中國人的罪行以及其所引發的國仇家恨，它們是民族主義的宣傳主題。按美國漢學家林培瑞（Perry Link）估計，毛澤東領導的共黨「殺的中國人比日本多八到十倍」，假如中國人意識到這點又會如何？「有人會說日本人更殘忍，不但把人活埋，在南京大屠殺時還進行砍頭比賽，」林培瑞寫道：「可是誰能說文革時的亂象就不殘忍，有人的眼睛被挖出來。鄭義在《紅色紀念碑》一書中詳細地記下，在一九六九年，廣西有人吃下對手的肝臟，以當作打敗階級敵人的儀式。」

上海歷史學者劉統的判斷確實沒錯：如果中共有從蘇聯垮台學到什麼教訓，那就是黨絕不能放棄對歷史書寫的控制。「摧毀歷史，」這位教授指的是官方指定的歷史版本：「將是毀掉黨的第一步，這樣做將動搖人民的信仰。」

鄭義的《紅色紀念碑》和楊繼繩劃時代的《墓碑》在香港和台灣出版，在美國和德國都讀得到，但在中國是禁書。

楊繼繩最後工作的地方是重要的《炎黃春秋》雜誌。這不是反對派的刊物，正好相反，一九九一年由老黨員創辦，然而他們有從毛澤東的暴政學到教訓。編輯幾乎全部曾是黨員，他們的主張不外乎「實事求是」，一如鄧小平當年的指示。這本雜誌揭穿了假象，也就是共黨最熱衷宣傳的那些故事，但如此揭露真相恰是習近平所說的「歷史虛無主義」，將動搖人民的信仰，也就是盲人和聾子深信不疑的那些事。

《炎黃春秋》也沒撐過習近平的爭戰，反省歷史的人還是敗下陣來。二〇一六年，宣傳部門強行接管雜誌社，高齡的創辦人兼總編輯杜導正剛好被送進醫院，九十二歲的他在病床上譴責這樣的接管是「文革再現」。二〇一一年，杜導正將中國現況比喻為壓力鍋，「氣閥如果越擰越緊，有一天要爆炸的」。一年後，習近平當選黨主席，氣閥從此一天比一天緊。

遺忘機器不僅抹掉歷史謊言和黨的罪行，也日復一日、年復一年竭力掩藏各種可能讓人懷疑體制腐敗的小錯誤、過失、事故和災難。能夠讓人深思和分析的事件應該自己蒸發掉，好像從沒發生過那樣；讓人看見歷史關聯性和固定模式的空間應該鎖上。最後經常只剩下輕輕的回音：真的發生過嗎？只有影子和朦朧的輪廓還留在記憶裡。

河南省的愛滋村就是一個例子。肆無忌憚的黨幹部和商人聯手在農村大量成立營利性質的捐血站，由於相關人士的貪婪和草率，又毫不在意衛生問題，結果整個村都染上愛滋病，只能等死。

此外，二〇一五年八月天津發生的有毒物品爆炸案也是如此。午夜時，火球沖天比摩天大樓還高，離高房價的住宅區僅幾百公尺遠。中國最富裕和現代的城市正中央出現地獄般的景象，而且離首都北京只有兩小時車程。一切只因一座非法存放危險品的倉庫，當局連裡面有致命物品都不知道。除了無知的市政府和腐敗的官員，手足無措的領導還將多位消防隊員送進充滿毒氣和火焰的死路，導致災難性的後果：兩百人死亡或在烈火中失蹤、土地和公寓被嚴重汙染、市中心還被炸出火山口。爆炸後，「人間煉獄」的照片立刻在社群媒體廣傳，大家才大吃一驚地得知這件事，而黨機器前幾天彷彿癱瘓了。

當時一位在廣告業工作的朋友打電話給我，他說他和他太太決定要移民，「受夠了，」他說：「這次碰巧才知道天津發生的事，他們到底有多貪汙、如何試圖遮掩、互相包庇、人民的生命對他們有多不值錢，也是因為巧合才曝光。你想想，我們身邊有多少一樣可怕的事正在發生，只是我們永遠也不會知道？」他想為七歲的兒子在歐洲找學校讀書，「這個中國是什麼樣的國家，你永遠沒有安全感，也不會有希望。你知道嗎？我們中國人什麼都能吞下去，我們就是這樣，但至少必須把自己的兒子送到國外，讓他過另一種生活」。

黨很清楚事情的嚴重性，這起事故追根究柢是體制的不透明、貪腐和無能。審查和宣傳部門很快動起來，先將傷痛和震驚的新聞轉為英雄事蹟和喝采，讚揚為黨和人民犧牲的勇敢士兵、消防隊員和護士。很快地，短短幾週後，天津就從新聞版面消失，再也無人提起。

在德國，類似的事件也時有所聞，例如杜伊斯堡的「愛的大遊行」（譯注：二〇一〇年舉辦露天電音舞會發生踩踏事故造成多人死亡），有關單位尋找和分析事故起因花了好多年的時間，人們感到難過並年年舉辦追悼會；但在中國，似乎什麼事也沒發生過。至於二〇〇八年五月十二日的四川大地震，中國政府的本領更高。當時有六萬九千人喪生，包括被埋在學校瓦礫的五千名學生，這些學校明顯偷工減料，孩子不是自然災害、而是貪汙的受害者，這難以掩飾的真相一開始在全國各地引起憤怒。

但在地震十週年那天，汶川縣政府不僅沒有追悼死者，反而宣告這一天是「感恩日」，國營媒體欣喜若狂報導，當年的受害者享有「漂亮整潔」的新樓房和全國及黨匯聚在此的「大愛」，今天感受到「湧泉之恩」，可是通篇不提痛苦和辛酸、失去孩子父母的控訴，以及那些想揭發謊言和隱匿直到被捕和從此噤聲的人。

閻連科寫道：「我們逐漸習慣失憶，懷疑那些質問的人。逐漸忘記我們國家的過去，失去對國家現在發生的事的感受。最後，我們可能失去對我們自己、童年、愛、幸福和痛苦的記憶。」中國避談「大躍進」曾餓死人，不追問文革的根源，對一九八九年自己孩子在帝國心臟被屠殺沉默。但在沉重的無聲底下，痛苦、內疚、酸處攪和在一起發酵，對今天的中國表層釋放有毒氣體。其中毒性最強的，就是憑著零碎記憶而缺乏真相的懷舊情節，它美化過去的妖魔並令人渴望回到從前的日子。

二〇一二年夏天，中國與日本因釣魚臺列嶼再次出現衝突，首都市中心出現共黨當政以來前所未見的畫面：萬人上街示威，搭巴士來參加的人不受拘束地對日本表達憤怒。文革結束以來，北京街頭再度出現結隊示威的人潮，他們不但要求敵人慘死（有些海報上寫「踏平東京」），伴隨仇恨口號的還有毛澤東畫像和「毛主席回來了」的標語。同一年，習近平的主要對手薄熙來倒台，早先他在全國各地都有熱情的支持者，因為他讓群眾在城裡的公園重新高唱「紅歌」：「爹親、娘親，不及毛主席親」。

擁護薄熙來、吹捧他是中國希望的新左派和新毛派知識分子，直到今天仍是中國網路上聲量最大的一群人，其中許多人轉而將希望寄託在習近平身上並向他效忠，正是這些人說「『大躍進餓死人』是美國中情局發明的謊言」。

中國仍舊有一些拒絕忘記、不動搖信念的人，律師張紅兵就是這樣的人，我到他的故鄉固鎮訪問他，那是中國南部安徽省的一個小地方。他堅信必須「將權力關在籠子內」和把真相攤在陽光下，否則中國的孩子如今變得太天真、太容易被騙了。這是為了孩子的一場戰役。張紅兵就被騙過，他曾是紅衛兵，把自己媽媽送上刑場的時候他才十六歲，只因為她在晚飯時說，寧可其他人來掌權，也不要毛澤東領導這個國家。

她對憤怒抗議的張紅兵說：「孩子，你不知道什麼是階級鬥爭。」兒子一聽跳起來。「誰是你的孩子，」他怒說：「我們是毛澤東的紅衛兵，妳再敢放毒，我就砸爛妳的狗頭。」

他媽媽聽了怒火中燒，說好吧，我要把牆上的毛主席畫像撕下來，他爸爸聽到也加入戰局。「方忠謀，」他說：「妳是無可救藥的反革命分子，從現在起我們要和妳劃清界線，妳是敵人，我們要對抗妳。」兒子向革命委員會檢舉母親，他在訴狀上說媽媽應該被判處死刑，幾週後革委會滿足他的願望，將方忠謀處決。

張紅兵說，中國的學校得負很大的責任，「到今天還在培養聽話的子民、奴隸、狼孩」。像張紅兵這樣的人經常被不放心的警察請去喝茶，還收到不少態度惡劣的信件：「你到底有什麼陰謀？」、「我們今天過得很好了，為什麼要翻舊帳？你想毀掉和諧！」張紅兵嘆息說：「為何中國人民的子女了解得這麼少？」

事實上，黨抹滅歷史的成效太卓著了，有時甚至給自己帶來麻煩。二〇〇七年，成都維權人士陳雲飛打算在報上登廣告，「向堅強的六四遇難者母親致敬」，結果居然成功了。年輕的編輯問六四是什麼日子時，他回說那天發生過「礦災」。那位編輯跟另外兩位同事之後被解僱，雖然他們的無知正顯示了國家審查手段的成效。

台灣雲門舞集在北京市中心的國家大劇院演出現代舞《九歌》時，我前去觀賞，過程中也不免想到它跟六四的關聯。編舞家林懷民將兩千多年前屈原的《九歌》搬到台灣並融入現代元素。最後一幕非常震撼，而我毫無心理準備。舞台一片黑暗，後面慢慢出現坦克的影子。舞者站起來，一開始只有幾位，後來愈來愈多，筆直的影子一起沉默而莊嚴地向坦克前進，突然間響起機關槍聲，舞者踉蹌、抽動、倒向地面。

林懷民這幕是向獨裁者蔣介石（一八八七年至一九七五年）統治下的白色恐怖受難者致敬，可是北京的觀眾誰知道？此處離天安門廣場只有兩百公尺遠，這些畫面難道不會被當成是一九八九年六月四日的隱喻？我彷彿被雷劈到，坐了好一陣子，然後自問怎麼可能躲過審查？二〇〇七年揭幕的國家大劇院，是一座浮在水面上的銀色半球體，當年黨委託法國人興建時，特別強調這建築是中國進入現代世界的證明。莫非，審查者腦袋中跟一九八九年有關的任何聯想也被刪除了？若真如此，黨的洗腦恰好讓有心人得以在離廣場僅一步之遙悼念一九八九年的死者；影子回來了，雖然只有一個晚上。

演出最後，所有人倒下，舞台上靜悄悄，其他舞者帶著小小的燭光從旁邊的黑暗走進來，放在地上，數量愈來愈多，直到匯聚成星海。

第6章

天命：黨如何挑選皇帝

「一黨獨裁，遍地是災。」

——一九四六年在野的中共傳聲筒《新華日報》談國民黨一黨專政

是的，中國也有政府，只不過沒有權力，真正掌權的是共產黨。中國的部長和部會只是執行黨高層決策的單位，有時甚至不過是點綴。「中國國家主席習近平」這個稱謂當然也沒錯，但這是習近平最不重要的身分，他的權力不是來自於國家主席這個職位，而是中共中央總書記。

一九二一年，在嘉興南湖的遊船上，由上海逃出的地下黨員成立中國共產黨，直到目前有黨員八千九百萬人，比德國人口還多。一九四九年奪權至今，中共從未放棄地下組織的運作模式，漢學家李克曼（Simon Leys）的一句話至今日依然適用，他說中共觀察家每天的工作是「解讀用隱形墨水寫下的無字天書」。馬利德（Richard McGregor）於二〇一〇年出版經典之作《中國共產黨不可說的祕密》（*The Party:The Secret World of China's Communist Rulers*），其原書英文副標為「中國共黨統治者的祕密世界」，這個不尋常的句子源自於北京人民大學某教授的一句話：「黨就像神一樣無處不在，你只是看不到它。」

現在黨還是跟神一樣，而且無處不在，但習近平上台後至少改變了一件事，那就是你又能看見它了。習近平設法讓黨再次被公開而熱情地吹捧。在「改革開放時期」，黨經常假裝自己不存在，樂於當個幕後黑手。數十年後，習近平決定改變做法，因為掩飾和淡化共黨統治的本質，再也不能為它帶來利益：「黨政軍民學，東西南北中，黨是領導一切的。」這句話說得夠白了。習近平拋棄鄧小平提出的黨政分開，關閉公民社會和部分媒體爭取到的自由空間，終結中國人民解放軍的表面形象，也就是首先為國家和人民服務。說得更精確點，解放軍從來不是國人的護衛隊，而是中共的軍隊，直到今天也是如此。「你們要堅定不移，堅持黨對軍隊的絕對領導……永遠聽黨的話、跟黨走，」習近平在慶祝中國人民解放軍建軍九十週年檢閱部隊時說：「黨指向那裡、就打到那裡。」

黨的組織細胞再度在大學、研究智庫、非政府組織和企業當權，歷史學家章立凡用「國家的黨化」形容這過程，包括中國的大學正辦成「黨校」。習近平是一名控制狂，利用重新活化的黨細胞再次集中權力，把人民過往的民主幻想一掃而空。對中共的領導人和智囊來說，反正國家、人民、黨在本質上一樣，只是表面不同而已，就像基督教的三位一體難以分割。政府的許多功能被黨取代了，黨國體制因此更加名符其實。在二〇一八年年初，政府即是按照這樣的邏輯進行改組：黨中央的委員會取代政府部門接管經濟、金融、外交和網路事務，中央宣傳部從相關部會手中接下對電影、新聞和出版的控制權，中共中央統一戰線工作部則吞下主管宗教和僑務事務的機關。

連企業也發現黨不躲在幕後了。以前企業就有設黨支部，但流於形式，彷彿在沉睡，現在全醒過來了，會主動發表意見和參與決策。私營和外商企業也不例外。在中西方合資的企業裡，中方夥伴開始要求，公司在做重大決策時，必須聽黨支部的意見。

根據黨章，中共的黨員必須「堅持黨和人民的利益高於一切」，而一名中國法院的院長宣稱，生活中出現利益衝突時，黨員應該先考慮「黨性」再論「人性」。

在騰訊深圳總部的牆上掛著一張表，載明有多少員工是黨員（二〇一八年時是八千人）；騰訊的吉祥物企鵝在胸前驕傲地掛著象徵共黨的槌子和鐮刀。

在中國，私營企業早已是成長和現代化的火車頭，二〇一二年習近平掌權時，私營企業佔了國內投資的一半和產值的四分之三。尤其在資訊科技領域，所有的網路巨擘和絕大多數的人工智慧新創公司都是私營企業。

不過，這些新的企業新貴很清楚，唯有任中共擺布，隨時意識到自己在黨帝國所扮演的尷尬角色，事業才能一帆風順。「在中國，沒有自由創業這種事，」曾長期在中國南部深圳任教的美國經濟學教授鮑爾丁（Christopher Balding）說：「做生意的都要對北京卑躬屈膝，只差程度不同而已。」習近平有次告訴一群企業家，他們不能只想賺錢，得先熱愛祖國、人民和黨，並主動踐行社會主義的核心價值觀。二〇一八年五月，國家網信辦與中國的網路巨擘聯手成立「中國網絡社會組織聯合會」，其目標是提供相關的必要資源，好幫助黨組織推動各項活動。《人民日報》指出，這個組織將「認真學習，貫徹習近平關於建設網絡強國的戰略思想」。聯合會的副會長是馬化騰（騰訊）、馬雲（阿里巴巴）、李彥宏（百度）等中國網路圈最知名的大老闆，黨刻意強調他們是「自願」參與。

早在十五年前，中共已允許所謂的「新社會階層」入黨，從此權勢和金錢的關係更加緊密。二〇一八年三月，全國人民代表大會和向來同步召開的政治協商會議再次為「人民領袖」和「舵手」習近平舉行加冕典禮。根據上海出版的《胡潤財富報告》，坐在其中的超級富豪有一百五十三人，擁有的資產總值為六千五百億美元，只比瑞士國內生產毛額的一半略低。

連大老闆當中的明星人物也定期為黨和領袖歌功頌德。電商巨頭京東的老闆劉強東於二〇一七年八月向聽眾分享他驚人的體會：隨著人工智慧技術成熟，「突然發現其實共產主義真的在我們這一代就可以實現」。同一年秋天，阿里巴巴老闆馬雲告訴聽眾，他觀察剛結束的中共十九大後，得出一個結論：現在是中國史上最適合經商的時代，黨在過去五年自我提升和革新的能力「越想越了不起」。馬雲還點出，美國政壇充滿永無止境的爭吵，一點效率也沒有，而中國的優勢就在此：全世界沒有一個國家像中國一樣「政治穩定」。在這個國家，制定遊戲規則的不是市場，而是黨。它還會頻繁地派出檢查員和探員，讓大老闆在一夜之間消失，把他們關個幾天、幾週甚至幾個月，以「協助調查」。在黨精心算計的策略下，企業家無不俯首稱臣。

《人民日報》在二〇一八年十一月揭露了馬雲多年的黨員身分，不過，這個資歷也沒什麼保護作用。他在上海說了一些話，但銀行和金融的監管官員覺得很不中聽，於是在二〇二〇年十月後，他就忽然「被消失」了三個月。當時他批評說，中國那些反應遲鈍和受政治操控的國有銀行就像「當鋪」一樣。他要求監管機關得放鬆一點，不要錯失未來。「現在是最關鍵的時刻，」他說：「未來的比賽是創新的比賽，不僅僅是監管技能的比賽。」

多年來，馬雲不僅是中國的首富，在白手起家的新富豪當中，他也是名聲最響亮。他從英文老師一路攀升到網路科技巨頭，靠著暢所欲言的表演風格和中國企業家罕見的宣傳天賦，他成為最有名氣的中國人，聲譽僅次於黨主席習近平。不過，這國家的孩子從小就被教「槍打出頭鳥」，光名氣這點對他來說就夠危險了。

此外，憑著行動支付平台支付寶，馬雲的阿里巴巴集團成為最大的私人金流業者，足以跟國家控制的銀行體系抗衡。由此可知，他在官方體制內不缺敵人。上海演講後沒幾天，黨就提醒馬雲，這個國家的權力不在他手上：金融官員一聲令下，支付寶母公司螞蟻集團在上海和香港的上市計畫於是被擱置，那原是有史以來全球最大的公開募股，融資規模逾三百四十億美元。

馬雲保持沉默，沒按原定計畫在他基金會贊助的「非洲創業者大賽」擔任評審，謠言開始紛飛。他一連消失好幾個月，全世界都在猜他的下落。難道跟那些企業執行長一樣被黨的檢查員帶走？遭軟禁在家或被關在其他地方？二〇二一年一月中，他再度現身，透過簡短的視訊不疾不徐對貧窮內陸的一百名教師講話。「這段時間，我和同事一直在學習和思考，」馬雲說：「我們更加堅定了全身心投入教育公益的想法。」

政治觀察家普遍認為，馬雲沒被監禁，不過黨認為他太自我膨脹了，居然敢在演講中提出要求，於是令他守紀律和閉嘴。「名氣讓他飛得太高，而靠近太陽是很危險的，」中國專家馬利德評論說：「他的翅膀因此被剪掉。」

黨與其新的舵手不容許旁邊有其他神祇。

生產挖土機的三一重工老闆兼億萬富翁梁穩根有次公開說：「我的財產乃至生命

都是黨的。」他說得沒錯，只要黨想要，任何人的財產和生命真的都屬於黨。

中共自己也不時承認，縱然在習近平的統治下，黨的改造還有很長一段路要走。例如寧波市的黨支部為了訓練幹部，特別印製了《機關黨員幹部負面言行提醒本》。第三章的內容是不要對群眾說的話，包括四十四句日常用語，它們可能影響黨員的形象，令百姓誤解為人民服務的使命，以下有七個例句：

「你的事情我是同意的，是鎮裡不同意。」

「我很忙，你別來煩我。」

「有事最好不要找我，我又不想提拔。」

「就這麼點工資，加什麼班啊，工作明天再說。」

「什麼反腐敗……都搞了這麼多年了，還不是一陣風的事情，熬個兩年，風頭過了就好。」

「共產黨就是像你說的那樣不好。」

「選舉的時候選我，以後給你們好處。」

習近平在十九大的演講一結束，在香港上市的網路巨擘騰訊馬上推出名為「為習近平鼓掌」的手機遊戲，玩家有十九秒鐘的時間可為習近平狂熱鼓掌，短短一天就累計了超過十億次的掌聲。

為習近平喝采成了全民運動，黨代表大會後，在央視的晚間新聞畫面中，有功的同志們為習近平不斷鼓掌，總長有四分鐘之久。據漢學家白傑明的觀察，此刻的習近平不僅是「萬能主席」和「終身主席」，還被封為「每個人」（黨政軍民學）和「每個地方」（東南西北中）的主席。黨把他迎入偉大思想家的聖殿，將「習近平新時代中國特色社會主義思想」寫進黨章；幾個月後，習思想還被載入憲法中。習近平成了自毛澤東以降第一位還在世就獲此殊榮的領導人。這意味著，習近平到生命最後一刻都不會被質疑，今後誰敢批評他，就馬上成為黨和憲法的敵人。

許多人聞風響應，例如在基督徒的故鄉江西省餘干縣，官員要求民眾取下家中的耶穌基督畫像，改掛習近平肖像。二〇一九年，在同省吉安市的天主教堂，習近平像取代了聖母瑪利亞畫像。在河南省，黨的幹部到東北部的蘭考縣瞻仰一棵樹，這是黨主席習近平八年前親手種下的桐樹。在黨支部的網站上可看到讓人嘖嘖稱奇的照片，一群人懷著敬畏凝視這棵樹，反思黨的使命，聽人朗讀一首同樣是習近平作的詞，描述文革前一名忠誠幹部如何為人民鞠躬盡瘁。

這幾年，關於中國是否出現個人崇拜，對此中共的代表都特別敏感。黨代表大會後，中央黨校的領導之一謝春濤斷然否認這個現象，指中國已從毛澤東的歷史學到教訓，「不會重蹈覆轍」。現在大家看到的，是百姓對習近平的「愛戴」，且發乎「自然」和「衷心」。

當年擁護毛澤東的年輕人也是這樣說。文革時，中宣部發行袖珍的紅寶書；在習近平的時代，則進化成紅色APP「學習強國」，二〇一九年一月上線沒多久，就成為全國下載量最多的免費手機軟體，比微信和抖音還多。黨員在上面不單可研讀黨報，找到習主席最新的演說和思想，下載馬克思主義經典著作和革命電影，還能聊天和互送與現金等值的「紅包」。更重要的是能積分，這可是殺手級功能：每讀一篇習近平寫的文章或看一部影片可得一分；通過線上測驗可得十分；在早上六點到八點半或晚上八點後使用可得雙倍積分。以前你可以把電視開著，讓《新聞聯播》的聲音流過；《人民日報》沒讀完，丟到廢紙簍也無妨，但那樣自在的日子一去不返，手機會記錄你花在上面的每一分鐘和專心讀的每一篇文章，黨再次住進你日常生活的縫隙。一些地方的黨支部已開始用這程式舉辦「學習習近平」比賽，規定幹部必須達到一定分數，有些人得為此熬夜。

中宣部還宣布，全國重要黨媒和國營媒體的記者用這個APP通過考試、檢驗過意識形態的忠誠後，記者證的時效才能延長。二〇一九年秋天，柏林網路安全公司Cure53和美國開放技術基金會的專家發布研究成果，證實「學習強國」是間諜工具；透過後門，當局能看到安卓手機用戶的使用者資訊和上頭安裝的軟體，還能改變資料和安裝鍵盤側錄工具，記錄使用者打的每一個字。這些被盜取的通訊紀錄和所在位置等個資，每天直接上傳到阿里巴巴負責維護的學習強國網站（xuexi.cn），這個軟體也是由阿里巴巴為黨研發的。

習近平曾被頌揚為「集體領導的核心」，但那已經是往事；他現在是獨一無二的那一位：「改革發展戰略家」、「中央軍委總指揮」、「世界領袖」和「舵手」。黨媒不知節制地讚嘆下去。中共中央黨校的機關報《學習時報》有一行標題是：「偉大的習近平思想為何這麼偉大？」

一位眾人眼中呆板的技術官僚，用令人難以置信的速度、計謀和強硬手段登上皇帝寶座，回想起來確實令人詫異。二〇一二年，黨急需救星，結果選出了習近平，當時無人能料到日後的發展，也非某些竊盜統治者所決定或期待的結果。習近平是紅色貴族的一員，老革命家的兒子，年輕時被送到鄉下，住在內陸黃土高原多年，隨後在地方省分從基層做起。他一直沒有給人留下什麼深刻的印象；為了在殘酷的共黨官僚體系存活下來，他總是保持低調。這或許能解釋為何他有辦法爬到中國的巔峰，因為黨內權貴以為這個無趣的人不至於對他們構成威脅。

習近平出乎所有人的意外。

在內政，他證明了自己是一位偉大的謀略家。他先設法一步步除掉黨內的敵人，包括本來沒人敢惹的那幾位。中華人民共和國成立以來歷時最久、最令人震驚和畏懼的反腐運動，也助他達到此目標。一般人總以為，政治運動像潮汐般來來去去，任何有權力的人都可即時逃過一劫；但他終結了這個幻想。從前，黨內高層在鬥爭時，最多解除對手的官職，很少剝奪對方的財產、更不用說自由；但習近平打破了這個傳統，拿走對手的一切。他用這種方式將權力攬到自已身上，並取得對安全部門和軍隊的控制權。在國際舞台上，他機敏地研擬對策，抓住川普剛當選總統的時機，並利用這位素人對國際事務的無知。在瑞士達沃斯舉行的世界經濟論壇上，習近平首次提出由中國領導世界的訴求。

習近平在黨內當然有盟友，其中最重要的是現任國家副主席王岐山。在習近平的第一個五年任期，王岐山擔任他的左右手，指揮反腐運動。黨失去了凝聚社會的接著劑，習近平與他的盟友因此重新定位強勢領導者的角色。他用激情的修辭取代政治改革，承諾給窮人和中產階級過好日子。他很清楚，民間有大量的不滿情緒和被虧待的人，所以送給人民一個希望，讓他們對強國和中國夢有所期待。黨之所以塑造對習近平的個人崇拜，目的在讓人民團結在一個象徵之下。黨也利用中國夢、民族主義和鼓吹國家統一，以掩飾社會上極端的貧富和城鄉差距。經濟成長腳步放緩，對靠共黨聚斂財富的菁英來說影響不大，但一般民眾會擔心。現在黨有習近平，一位盡力照顧平民、沒有忘記他們的領袖。他具有遠見，不但給中國帶來夢想，同時也是讓民族再次強大的英雄和思想家。中國記者參觀臉書總部時，好巧不巧地，居然在祖克柏的辦公桌上看到習近平談治國的著作。據《人民日報》報導，從柬埔寨到英國，這本書都非常受到重視，甚至「讓讀者屏息」。這位充滿智慧的統治者，融合古代哲學家孔子和韓非子的思想，調和馬克思和毛澤東的理論差距，還證明中國在世界各國中有其「例外的性質」。事實上，他的終極目標無非是確保這個國家永遠只被共產黨統治。

宣傳機器三番兩次展示習近平年輕時備嘗艱苦的照片；他那一代的許多年輕人都被迫下鄉「向農民學習」。照片中的習近平在陝西的黃土高原（中華文明神話的發源地）勞動不懈，在窯洞過夜、放羊和「扛兩百斤麥子，十里山路不換肩」。他待過的這個村落名為梁家河，宣傳部門認為它應該要名垂青史，所以呼籲中國學者要好好研究「梁家河大學問」。在晚間新聞的畫面中，習近平重返當地，撫摸嬰兒、瞧瞧蘋果樹，還說「我把心留在了這裡」。他問起當地人的生活，農民回說「黨的政策好」、「農民有盼頭」。

中共想傳遞的訊息是：習近平也是出身於平民。事實上，習近平是所謂的「太子黨」，即紅色貴族的後代；他的父親習仲勳是革命家，跟隨過毛澤東和鄧小平。習近平也認為自己是命中注定的領導者，這份自信來自於其血統，他還曾刻意炫耀過。他一輩子都在為一個任務做準備，而現在正在執行：在一個充滿敵意和不適合共產黨生存的世界中，挽救中共的統治權。他很清楚自己繼承了哪些政治遺產，並懂得善加利用。腐敗的幹部天天吃吃喝喝，各地官員老是在參加鋪張的宴席，為了遏止這股歪風，他下令，從今以後在工作場合只能用「四菜一湯」。難以想像的是，習近平居然不知道在六百五十年前，明朝第一位皇帝朱元璋也是下令南京朝臣「四菜一湯」。朱元璋也是從貧苦農家一路往上爬而獲得天命的認可，在中國這可是當皇帝的首要條件。

按照中國傳統，德性和能力超群的領袖才可受天命，像磁鐵那樣引起眾人來效法。光憑著個人魅力，領導者就能為天下帶來章法。如果不怎麼相信上天，但又自認德性和能力超人一等的領袖，也可自己去取得天命。在十九大落幕後的記者會，習近平如此引用元朝詩人王冕的詩句：「不要人誇顏色好，只留清氣滿乾坤。」聽來這人對自己的領袖魅力自信滿滿。

記者會前幾天，我去北京展覽館參觀一個特展，這是一棟一九五四年興建的史達林式建築。主辦單位說，本次展覽將呈現國家進步的景象，結果是都在歌功頌德某一個人。資本主義最具代表性的媒體《經濟學人》當時還稱他是「世界上最有權勢的人」。在展場最醒目的位置，有個擺滿書的書櫃塔，全是習近平的著作，一位老太太正在翻閱《習近平談治國理政》。她說她姓劉，今年七十二歲，是一位佛教徒。我又確認了一次，劉女士說沒錯，還說中國人終究需要宗教。正因如此，她特別崇拜習近平。「他不是平常人，他有使命，」她相信黨一心一意只想解救人類，並為世人帶來心靈的平靜：「您知道嗎，共產黨也是一種宗教，這對我們都好。」

第7章
夢想：馬克思和孔子如何手牽手讓偉大民族重生

我就是你的Bruno Mars
但你是我的維納斯
我親愛的馬克思
……共產主義甜如蜜

——〈馬克思是個九零後〉，香水組合，二〇一六年

馬克思已死。不過，二〇一八年五月，在他的家鄉特里爾有一場由德國與中國合辦的盛大典禮，眾人齊聚慶祝他兩百歲的冥誕。之前他已在亞洲復活了，因為中國決

心成為「世界馬克思主義研究的中心」。由於缺乏競爭者，中國目前已經是世人崇拜馬克思的殿堂。習近平將沾滿灰塵、連中國人也不屑一顧的馬克思塑像從架上拿下來，拍掉灰塵，放在黨和人民面前，讓他們重新膜拜。

中國甚至重刻馬克思塑像，其中一座來到特里爾。在這位偉人百年誕辰之際，中華人民共和國送給他出生的城市這份禮物：此塑像四點四米高，比原先規劃矮了近兩米，讓特里爾市民鬆一口氣，但依然是龐然大物。雕塑家吳為山認為理應如此：偉大的哲學家、偉大的思想、偉大的中國。關於這座小城市，他充滿熱情地說道：「馬克思故鄉，我們精神的夢鄉。」（語出自他在《人民日報》發表的文章）。

這位在中國美術館任職的雕塑家是一位文化官員，多年來接受委託為黨創作許多作品。而這座身穿飄逸長袍、堅定向前邁進的馬克思雕刻，象徵著「中國的理論自信、道路自信、制度自信、文化自信」。身為政府的御用藝術家，吳為山謹守本分，一字不動地抄下舵手習近平對人民的「四個自信」要求。毫無疑義地，這句話代表中國有足夠的自信，不但有資格將馬克思主義據為己有，還用中文重新詮釋其內涵。國營媒體指出，習近平思想就是新的馬克思主義。在馬克思誕辰紀念日時，習近平發表談話，說中國共產黨把馬克思主義寫在自己的旗幟上是「完全正確的」。此外，「馬克思主義的中國化和時代化」也是完全正確的，他建議黨內同志和中國人民將這方面的原理和思想當作「生活習慣」。

二〇一二年，習近平從前任領導人手中接下一個貪腐橫行的國家和有瓦解徵兆的黨，強烈的不安情緒籠罩全國各地，黨內同志也很焦慮。習近平一開始就有清晰的行動計畫，以重新奪回對黨、國家和社會的掌控。在這過程中，最重要的工具是意識形態的清洗，全國重要機構都要被大掃除，以清掉任何沾上「西方價值」的事物。

就在習近平要收緊對社群媒體的控制時，黨內幹部流傳一份中共中央委員會的文件，也就是後來著名的「九號文件」，其正式名稱是「關於當前意識形態領域情況的通報」。這份二〇一三年四月發布的文件，是要挑戰全球的政治思想家和民權人士，正面攻擊其所謂的「普世價值」；該文的作者不分清紅皂白，全稱之為「西方價值」、「西方模式」和「西方觀念」。黨認為它們有顛覆性，可能會威脅黨的生存，因此一定不適合西方以外的世界。具體來說，根據文件的內容，中共要號召全國黨員對抗各種思潮，包括公民社會、三權分立、司法和媒體獨立、反思歷史等。習近平上台前的三十年，這些概念在中國社會生根，當中不少還是由黨內比較開放和有批判力的腦袋所提出。從此，西方又再次是意識形態的敵人。

攻擊行動很快就展開。針對不同的團體和機構，宣傳機器已擬好作戰計畫。最早被盯上的是中國社會科學院，這是中國最重要的政府智庫，過去這幾年不斷培養出獨立又有原創力的思想家。二〇一四年六月，勢力龐大、長年領導反腐行動的中共中央紀律檢查委員會有位高層批評說，社科院有「意識形態問題」，甚至有「境外勢力滲透」的危險。幾天後，社科院乖乖宣布，自己將把注意力集中在審查研究者的意識形態。同年九月，院長王偉光主動在一篇文章指出「階級鬥爭是不可能熄滅的」；他重提毛澤東的口號，讓許多人非常吃驚。

然後輪到黨員。黨中央的一份通知指出，過去三十年來中國社會有許多變遷，導致許多幹部「理想信念缺失、道德品行不佳」，同志們必須重新信仰馬克思主義，才不會在「西方憲政民主、普世價值、公民社會等言論的鼓噪下迷失方向」。這份聲明透露出，黨的領導人多少有點恐懼，因為這些被妖魔化的觀念確實具有顛覆性的吸引力。

同樣在九月，記者也被點名；他們接到指示要遵守「馬克思主義新聞觀」。十月輪到了藝術家。習近平建議，他們的創作必須「為人民服務、為社會主義服務」，從其用字和意涵來看，等於承繼了毛澤東一九四二年發表的談話。而當年那篇惡名昭彰的演講發表後，中國藝術家就被束縛了長達數十年。

很快，大學也被盯上。二〇一三年十二月，習近平在一次演講中要求高校整頓意識形態，不到一個半月，各所大學就急著響應。教育部長袁貴仁告訴全國的校長，大學是意識形態的陣地，並直接點名，只要傳播西方價值觀念的教材，就是國家的敵人。校長和大學的黨委書記隨即承諾，一定會清查課表和講課的內容。這位部長說，學校不能再教西方觀念，而是應盡力讓馬克思主義和黨主席習近平的理論「進課堂和頭腦」。（有勇氣的人會馬上反駁，那麼馬克思和社會主義是從那一個方向來到中國的？）隨後，在決定中共執政方向的中央黨校刊物《求是》中，袁貴仁更進一步指出，青年師生是「境外敵對勢力滲透的重點目標」。最終教育部宣布，將引進新的大學和中學教材，好為學生種下「紅色基因」。

政府在意識形態上的狂熱主張對大學打擊最大。畢竟，大學校園是一整代教授和教師的故鄉，他們看到的世界最為寬廣，比社會上任何一個群體都還有見識。此外，身為老師，他們對中國最聰明和最優秀的年輕人影響力很大。

直到今天，黨的攻擊絲毫沒有收手，清洗仍在持續。中央紀委的檢查員多次逐一調查全國的大學，並批評清華和北京大學等培養菁英的高校「思想政治工作軟弱」，要求他們立即且完全接受「黨的領導」。一般來說，令人畏懼的中紀委發表指示後，被批評的機構會出現恐慌的反應，而許多獨立思考的學者會被解聘或冷凍；因為他們批評過毛澤東，或是對言論自由有過度的熱情。另外一些人會默不作聲，或乾脆躲進自己的內心世界。

二〇一二年，在社科院和幾所較具規模的大學，我們這些外派記者還能找到有趣和有主見的訪談對象，其中不少人是黨員，現在他們連電話都不接了。告密文化回來了，講堂內又坐了多位「學生信息員」，老師說的話只要一偏離黨的路線，每一個字都會被送到校園的黨支部。黨不光靠威脅，也收買老師的忠誠。我有兩個朋友都在北京一所知名大學教英文，他們吃驚地告訴我，各大學正準備發放「維穩費」；這是教師在本薪以外的「紅利」。以二〇一七年為例，只要一整年在課堂上沒有發表批評國家社會的負面言論，教師可獲得人民幣四萬元（另一所學校是五萬元）。朋友說：「算算看，全國加起來有多少錢！」

一度是中國自由主義燈塔的北大，在二〇一五年一馬當先，用馬克思來命名一棟校內建築，並組織一個搜集馬克思重要作品的團隊。這個計畫名為「馬藏」，意思是收藏「馬克思經典」，當中不無諷刺意味：中國文人用「藏」這個字來稱佛教、道教和儒家的神聖或經典文獻。那一年北京《環球時報》的記者報導這個計畫時，還抱著一絲懷疑。他提到，這門政治教育的必修課程令許多學生覺得無趣和痛恨，「馬克思主義對學生已經失去吸引力，老師能做的很有限，學生只是為了學分才學馬克思主義」。三年後，同一份報紙也善盡「義務」地說：「（近日）受訪的學生有超過百分之九十表示，他們受到政治和思想教育的鼓舞。」報導並引述教育部長的話，他自豪地表示，這些課太熱門了，學生甚至得「搶座位」。看來這位部長很想得到領導人的賞識，才會這樣說。

北大第三醫院精子銀行的行政人員受思想教育的影響似乎特別大。他們二於〇一八年尋找捐精者時，有在微博刊登徵人啟事，不僅要求年齡須在二十歲到四十五歲之間，沒有遺傳病、傳染病和「明顯脫髮」，還要求「具有良好的思想素質」，也就是

「熱愛社會主義祖國，擁護共產黨的領導，忠誠黨的事業」。這樣紅色基因才能真的流傳下去。

共黨領導人利用「意識形態復興」到底想達到什麼目的？如果只是為了不計代價地保住共黨政權，就應該讓人民在精神層面匱乏，這樣的運動才有意義。但中共為了確保統治的合法性，用了很多力氣證明，只有黨才有正確治理國家的策略和知識工具，並於最終實現「中華民族偉大復興」的目標。中共把美國當成對手，宣稱自己擁有世界級的經濟、世界級的研究和世界級的智庫，可是它一再限制和禁止腦袋最好的那群人思考，那如何達成目標，只有他們自己知道。顯然，黨期待在資訊、物理、數學、化學等領域能培養出有原創性、創造力和批判力的人才，但一旦碰觸到政治、歷史或宗教，黨就立刻昏睡不醒。

在習近平上台前，中共幾十年來一直有個問題，也就是缺乏一個可以讓舉國團結的思想和價值體系。「在中國，理論和實踐是兩張皮，說的和做的完全不一樣，甚至是對立的。」這句話出自知識分子榮劍於二〇一三年發表的一篇備受讚譽的文章。一九八九年的大屠殺讓這位馬克思主義研究者改行經營畫廊，文章接著說：「中國的所有問題都是來自於：幹的是資本主義，說的是社會主義。這種悖論現象長期存在，直到現在仍然沒有解決，或者說它也不想解決這個問題。」習近平一開始試圖用枯燥又零碎的馬克思主義來填補它在中國消亡後的意識形態真空。這多少反映出他的無助感。雖然毛澤東也發起意識形態清洗，但差別在於，毛在那個時代不缺信徒。而習近平展開馬克思主義運動後，大多採用負面的宣傳手段，只能靠敵對的西方陣營及其價值來定義自己。它不再要求大眾抱持堅定的信念，而是要他們臣服於馬克思的精神標本，藉此對黨表示效忠，並認清西方錯誤地背離馬克思主義的道路。

當習近平的中國忽然又出現一群真正的馬克思主義信徒時，黨的反應透露出很多訊息。他們當中有年輕人和學生，都自稱是狂熱的馬克思主義者，關心貧富不均、社會安全網不健全、官員貪汙和環境汙染等問題。他們更願意為被剝削的工人階級挺身而出，結果黨用鐵拳來伺候。二〇一八年八月二十四日，深圳的工人集結抗議，過程中警方逮捕了五十名學生；自一九八九年天安門事件以來，國家機器對示威學生沒有這麼強硬過。這個黨自稱擁護共產主義，卻如此強硬地鎮壓信仰馬克思主義的學生。對於同情這些學生的民眾來說，這只是又一次證明，社會主義在中國只不過是空話。

習近平嘴巴說馬克思，骨子裡卻是列寧。出任中共總書記後不久，他在一次內部談話表示：「全面否定蘇聯歷史、蘇共歷史，否定列寧、史達林，就是搞歷史虛無主義……這就搞亂了思想，破壞了各級黨組織。」中國記者高瑜大膽將「九號文件」和習近平的機密談話公開，因此被捕並在二〇一五年因「洩漏國家機密」被判七年徒刑，經德國和美國的抗議才以「保外就醫」名義獲釋而軟禁在家中。

除了意識形態上的爭論，對聖誕節的攻擊是反西方價值運動開出的最鮮豔花朵。二十年來，中國城市愈來愈流行慶祝聖誕節，跟其他亞洲人一樣，年輕人把這個日子當成好玩的商業和派對盛事，沒納入其宗教元素。有位中國朋友說：「終於有一個屬於我們的節日，沒有家人的束縛，遠離父母和祖父母的管控。」然而，近來的反西方狂潮連這樣的「陽春版聖誕節」也不放過，許多省分的中共黨員收到指令，必須抵制所有的西方節日和習俗。禁令波及萬聖節、情人節和愚人節，連新華社也提出警告。二〇一六年四月一日，它在微博貼文指愚人節「不符合社會主義核心價值觀」，呼籲民眾「不信謠、不造謠、不傳謠」。

聖誕節是主要的攻擊目標。衡陽市在二〇一七年禁止所有官員和黨員參加相關的聚會，畢竟每一位共產黨員必須是無神論者。安徽共青團稱聖誕節是中國的「恥辱節」，因為中國在一百多年前受西方侵略。瀋陽藥科大學警告學生，不要受到「西方宗教文化的侵蝕」，認為學生應該「樹立文化自信」。「聖誕節是基督徒的節日，也是中國人的傷疤，不適合中國人」，同一時間微信流傳的一篇文章要讀者「勿忘國恥」。

「不要忘記歷史」，這建議不錯，不過照著做就會發現，即使不計七世紀傳入唐朝首都西安的景教，基督教在中國的歷史跟在美國一樣久遠。耶穌會傳教士利瑪竇於一五八二年抵達澳門，一六〇一年抵達北京，目前中國估計有七千萬名基督教徒，真要追本溯源，也是利瑪竇與耶穌會修士當年播下的種子。

憑良心說，今日中國人與西方人的共同點不會比過去少。他們穿西式服飾，剪西式髮型，最喜歡開德國車，住在西方建築風格的房子。他們按陽曆生活，寧願聽歐洲古典音樂也不聽傳統戲曲，比起中醫他們更信任西醫，寫字和我們一樣從左到右，而不是像過去那樣從上到下。如果有足夠的錢，他們會送孩子去西方的大學留學；習近平就讓女兒習明澤在哈佛大學讀了四年書。這個他打算無限延長其統治權力的黨，當年是由蘇聯顧問打造的；而被黨奉為圭臬的意識形態是來自一位德國哲學家。

民主、自由、平等、個人權利等觀念與馬克思主義在同一時間傳入中國並落地生根。一百年前，知識分子在傳奇性的雜誌《新青年》中找到共同的發聲管道，他們傳遞那些西方觀念，影響了一整代的改革者和革命家，進而翻轉了中國的社會。《新青年》旨在倡導「科學和民主」，創辦人陳獨秀在〈敬告青年〉一文中提到，他嗅到舊中國及其傳統的「陳腐朽敗」，它們令民族窒息和絕望。陳獨秀很快就成為一位馬克思主義者，並在一九二一年七月參與創建中國共產黨。

當時中國現代化最主要的敵人是孔子。「所謂中國的文明者，其實不過是安排給闊人享用的人肉的筵宴。」這句話是中國有史以來最偉大的作家魯迅在一九二五年所寫。要說最值得用諾貝爾文學獎表揚的中國人，那一定就是他。魯迅很幸運，在中共一九四九年掌權前不久過世。共黨及其領導人很快就開始消費這位死去的作家，直到今天魯迅的地位還很神聖，這也意味著，他們從來沒讀過或至少沒讀懂他的著作。廣東時尚雜誌《新周刊》有一期的封面是魯迅肖像的木刻版畫，標題是「今天我們想罵的，魯迅都罵過」。這句話今天聽來很不幸，也很真確。國共內戰加上共產黨的政治實驗，導致數千萬人殞命。如今，同樣的幽靈依然在中國上空徘徊，隨處可聞腐敗的菁英如何無恥地自肥、濫用權力和欺壓百姓。對於某些根本性的問題，今日的中國政府跟過去一樣手足無措：該如何跟世界交往？該怎樣對待自己的人民？

在躲過審查的部落格和社會評論中，許多深思熟慮的作者都會引用魯迅所說的「吃人社會」。儒家說，中國即文明，文明即中國。中國畢竟是中土的帝國，文明世界的中心。中國統治者以德化民，安撫邊疆民族，給帝國和世界帶來穩定和秩序。儒家說「君君臣臣」，人人安分守己，社會自然和諧。共產黨曾驅逐儒家，現在將那些經典從灰燼中拿出來。儒家的生活箴言成了暢銷書，孔子被供上神桌，全國各地都成立孔子學校。

魯迅與他同代人痛恨儒家，或更精確地說，他們最不滿的是，數千年來中國的統治者和思想家，將禮儀導師孔子和他思想體系中最富人性的部分剝除，僅留下束縛人的繁文縟禮和階級制度。這些改革家的憤怒尤其針對源於儒家的順從態度。更不要說兩千多年來，暴君總喊著空洞的「性善」口號，強迫人民卑躬屈膝。因此，魯迅抨擊中國人的「奴性」，自由派的思想家胡適則要求「打孔店」。沒有人比共產黨更痛恨儒家，偉大的舵手毛澤東吹噓自己勝過秦始皇：「他只坑了四百六十個儒，我們坑了四萬六千個儒。」

因此，絕不能小看中共大動作要平反儒家。從習近平的前任總理開始，儒家的傳統概念「和諧」就突然走紅，新的高鐵命名為「和諧號」。（可從北京搭到上海，列車出站時可聽到車上的中英文廣播為：「歡迎您乘坐和諧號」。）宣傳機器也大力鼓吹「和諧社會」理想，它指的當然是好好服從政府的指示。二〇一一年，天安門廣場一側突然出現一座巨大的青銅孔子像，比鄰毛主席紀念堂，創作者跟特里爾的馬克思塑像一樣是吳為山。這座龐然大物三個月後無由消失，可見孔子的回歸不是完全沒有爭議。

看來得先等到習近平上台，因為他練成了絕技，不僅重新將毛澤東和馬克思移到共產主義神壇的第一排，還成功在他們身邊擺上孔子。習近平是第一位到孔子故鄉曲阜朝聖的中共領導人，他去參加這位中國最有影響力的哲學家兩千五百六十五週年的誕辰紀念大會。在對儒家學者的演講中，習近平解釋說，中共的政策必然是源自於古中國的傳承：當今中國的思想和文化是「傳統中華思想和文化的延續和提升」，想要理解中共一再宣稱的「中國民族特點」，儒家思想就是關鍵；而「中華優秀傳統文化的傳承者和弘揚者」就是黨自己。

想當年，中共在毛澤東的領導下，傾全力瘋狂地破壞既有的文化和傳統。有鑑於此，可知這場演說的講者有多麼厚顏無恥。今天習近平領導的黨在當時剷除了一整代優秀的中華文化維護者：藝術家和詩人被關在勞改營；大學教授在豬圈刮糞；贊助藝術的富裕市民和收藏家被處死；作家被逼到自殺；紅衛兵焚書和搗毀孔廟。按習近平在曲阜的說法，儒家的優點是「與時俱進，配合當時條件的需要」，也就是說，每一位中國的統治者都可重新調整和抽換其內容，以符合自己的需求。今天這麼做比以前要容易很多。中共上台後的四十年間，完全切割了傳統和歷史，而今天的中國人只剩遺忘、無知和恐懼。他們就像全新的白紙，就算被寫上怪異和荒誕的字眼，也不會有人抗議。

習近平講得很明白，他的統治與歷史上強盛的朝代一脈相承。他的「中國夢」是「中華民族偉大復興」，目標是恢復過去榮光。連共產黨員習近平也甘願當反動派（最後一位在中國這樣做的是國民黨獨裁者、台灣的蔣介石），利用中國的傳統（尤其是孔子）來當宣傳工具。一方面，儒家學說能為失去方向的中國社會注入穩定性和道德感，家庭、社會和國家自然有序，人民得以找到急缺的認同和價值，會更加安分。另一方面，習近平也藉此讓他聲稱的「特殊國情」更有說服力，讓中國免疫，不受西方的價值和生活模式所誘惑。全國的大學不僅傾力重新學習馬克思和列寧，也成立大規模的「國學」研究機構，幫獨裁者從古中國挖出有用的裝飾和有助於統治的格言。

像北大歷史學家李零這樣的聲音很少出現，他在一篇文章批評學界同行「把中國文化政治化、商業化、簡單化、庸俗化」，目的只是迎合「某些糊塗領導」。二〇一七年，中共與中國政府發布《關於實施中華優秀傳統文化傳承發展工程的意見》，指文化和傳統是「民族的血脈」和「人民的精神家園」，中華文化獨一無二的理念和智慧帶給中國人民自信和自豪，為「建設社會主義文化強國，增強國家文化軟實力，實現中華民族偉大復興的中國夢」做出貢獻。二〇一九年，黨又頒布了《新時代公民道德建設實施綱要》，明定「社會主義核心價值觀」的教育方針和「網絡空間道德」，後者目標是「弘揚主旋律」和「加強網絡社交平台管理」。

不過，領導人轉信儒家不是毫無風險，因為會讓人想起古人理想中的哲學家皇帝：居上位者風行草偃，光靠智慧、德行和正直的魅力，就能統治人民和社會。「為政以德，譬如北辰，」《論語》說：「居其所而眾星共之。」儒家心目中的好皇帝不是毫無忌憚在追求權力的獨裁者；他不會過度干預，也不使用嚴刑峻罰；官員和文人不只有權力，也有義務反駁統治者的不是。從這標準看，習近平的統治跟儒家根本沾不上邊，比較接近中國古代的皇帝：把孔子掛在嘴邊，手中卻握著嚴刑峻罰的匕首。

此外，中共還不斷反覆說中國有五千年的歷史。我剛到中國讀書的時候，在某次慶祝大會的演講上，講者還說是三千年，當時離現在可不到兩千年。三千年歷史是有根據的，因為從考古證據來看，中國最古老的朝代是商朝，約西元前十六世紀開始。可是，共黨領導人某天聽說埃及有五千年綿延不斷的歷史後，就不想當老二。

為彌補過去數百年來西方科技勝過中國的遺憾，宣傳機器提醒國人，不要沉溺於發明造紙術、印刷術、指南針和火藥的光輝中。除了「四大發明」，政府所委託的學者還不斷加上新項目：二〇一六年，上百位學者在研究八年後宣布，中國還發明了馬鐙、火箭、十進位制、青銅弩機等一共八十八項的古代科技成果。「八」在中國是幸運和財富的象徵，這可真是美麗的巧合。近年來，黨媒不斷找到新的發明事項，過去還宣稱足球和高爾夫球來自中國。有家報紙報導說，狗早在一萬六千年前就被人類馴化，還下標強調「中國發明了靈犬萊西」。

民族主義是強大的工具。英國民族主義研究者蓋爾納（Ernest Gellner）曾說，相較於其他的意識形態，不管它在哪生根，都能輕鬆保持優勢。自一九二一年創立以來，中共一直是一個民族主義政黨。在此之前，許多革命家都在尋找讓國家重新站起來的強大力量，最終找到了共產主義。一九八〇年代，共產主義名存實亡，黨找到新的源頭來主張政權的正當性：其一是承諾會帶來財富，其二是民族主義。與毛澤東時代不同，今日許多人為了中國偉大的歷史而感到自豪，包括歌頌唐代的詩人、宋代的哲學家及明代的藝術家和作家。中共不但沒禁止這些愛國情操，還加以鼓勵。

不過，這些民族主義的宣傳很快就變了調，有毒的核心論點於是跟著出現：中國人是歷史的受害者。在學校、公司、博物館、演講場合與電視劇中，眾人都不斷強調，在外國強權無止盡的欺壓下，歷來中國人忍辱負重，直到共產黨來才得到解脫。在此論述中，中國是一個有五千年偉大歷史的國家，不過自從英國一八三九年發動鴉片戰爭後，就進入了「百年國恥」的時代。滿清（也是外來統治者）王朝腐敗，接著日本和西方各國又蠻橫入侵，直到毛澤東領導的共產黨打贏了光榮戰爭才拯救了中國。黨在一九八九年的大屠殺射殺自己的人民後，更急著要證明自己統治的正當性，所以更重視「愛國主義教育」，從此中國的兒童從小就被灌輸民族主義。

受害者情結和被外國羞辱的歷史不斷被加強放送，尤其對日本的仇恨還能撐起一整個影視工業。在很長一段時間裡，只要一打開電視，就會看到專司殺人放火又強暴民女的日本士兵，被英勇的共軍反抗鬥士肢解、砍頭或炸死。這些電視劇從早到晚在數十個頻道同時播出，根據當年最敢言的報紙《南方周末》於二〇一三年三月的統計，橫店影視城（譯注：位於浙江省，中國最大的影視拍攝基地）同時有四十八個電視劇組在拍抗戰戲。

近來，在宣傳機器的大力鼓吹下，中國人更加相信，西方國家就是要遏制中國的崛起；這個信念完全符合歷史受害者的敘事。黨用不同的方式把此訊息傳達給民眾，例如在一系列的動畫片中，可愛的兔子（中國）被兇猛的白頭海鷗（美國）欺負。從這角度看，任何對黨和中國政府的批評都是為了削弱中國的力量。然而，這觀點要有說服力的話，黨得先將自己跟國家劃上等號：黨即人民，黨即中國。因此，討好黨的外國人才會被當作「中國的朋友」，批評黨的則是「不了解中國」和「傷害中國人的感情」。相對地，愛國的中國人「必須」愛黨，批評黨的就是叛國者。

多年來，「和平崛起」的官方口號都沒變，中國需要穩定的世界與和平的邊界才能維持經濟奇蹟。事實上，中國在過去二十年是全球化秩序主要的得利者，而在國內最大的受益者就是新崛起的中產階級。因此我們才了解，為何這個階級會附和官方所推動的民族主義，甚至照單全收，但卻沒有攻擊全球化。中國的城市居民和沿海地區加工廠數以百萬計的工人都很清楚，與全世界合作並保持開放的經濟秩序，就能獲得源源不絕的財富。

雖說如此，習近平還是為民族主義煽風點火，一上台就將「中國夢」當作個人商標。這也是兩年前一本暢銷書的書名，作者劉明福是解放軍的退休大校，他強力要求政府要擴增軍備，並預測中美之間的敵意會逐漸高漲，而最後中國將成為世界頭號強國。對中國和日本相當了解的歷史學家布魯瑪（Ian Buruma）說，《中國夢》書中所描繪的景象，包括由中國帶領亞洲的復興，讓他無法不聯想到「日本在一九三〇年代的宣傳」。

這是在玩火。從二〇一八年一月的幾樁事件就可看出，黨不斷灌輸受害者情結，就連日常生活出了問題，人民也反射性地急著想躲進祖國的懷抱中。當時，在國外的三個中國旅行團在一個月內接連呼喚強大的祖國當靠山。其中一團因天候不佳被困在德黑蘭機場，但非常不滿機場所安排的住宿地點。從網上流傳的影片可看到，數百位中國人為發洩怒氣，有節奏性地齊呼「中國、中國」。類似的情況幾天前在東京機場上演。飛返上海的日本廉價航空班機延誤了二十四小時，一群中國觀光客為了表達抗議，於是高唱中國國歌，並與日本警察發生衝突。在斯里蘭卡機場也有一群沮喪的中國人唱起國歌。這不僅讓許多社群媒體的評論者覺得丟臉，也讓官方不安。國營的央視評論員呼籲同胞要講秩序：「不合時宜上演『戰狼』式愛國，動不動高喊『中國』，不僅無法得到國外機場的理解，同樣無法得到國內同胞的認可。正如網友所說，祖國是你危難時的後盾，但不是背鍋俠。」

不過，中共早就成功拉攏海外中國人，讓住在西方國家的僑民成為對抗討厭的大學、公民團體和政府的宣傳工具。黨劫持了中國人的愛國情操，只容許黨版的民族主義傳唱，而其內容充滿了對強國的渴望和漢族沙文主義。而中國人因此相信，中國長久以來是西方霸權的受害者（到現在還是），西方人會批評中共，無非是想阻止中國崛起。看看中國學生如何在漢堡的街頭以及雪梨、劍橋、波士頓的大學辱罵和威脅香港同學；在多倫多，他們還在自己的法拉利和保時捷跑車蓋上中國國旗，沿街按喇叭、侮辱支持民運的香港人是「婊子」。由這些舉動就知道，黨的宣傳效力有多持久。因此，我們不要再幻想，中國學生在歐洲或美國長年生活後，就自然會嚮往民主，並在返國後成為改變的力量。

有一群聲量大、但為數不多的中國人，早已獻身於好鬥的民族主義，我們有時會看到他們醜惡的面目。例如在一九九九年，貝爾格勒的中國大使館被北約轟炸，中國人在當地發起示威抗議，還攻擊了美國有線電視新聞網和德國電視一台的記者。二〇一二年夏天，中國各地出現大規模的反日示威，北京街頭出現「血洗東京」的海報；在西安，開日本車的司機被路人毆打。這些現象網路上更是常見，只要有人在批評祖國和黨的愛國神話，「小粉紅」們立刻在論壇和評論區點燃民族主義的激進之火。小粉紅都聚集在有三千萬用戶註冊的「帝吧」等論壇，從這裡出發對防火牆外的網站發動攻擊。例如Lady Gaga與達賴喇嘛會面後，粉紅大軍出征她在Instagram的帳號，或灌爆台灣的新聞網站，用猥褻的文字謾罵總統蔡英文。當香港中文大學的學生呼籲香港自治或獨立，他們就佔領大學網站的評論區並放話「今晚帝吧見」。

小粉紅一字源於熱門的女性文學網站「晉江文學城」的粉紅論壇。二〇〇八年，論壇的討論突然從文學轉向民族主義。那年北京舉辦奧運，原本網民打算大肆慶祝，好好表現對黨和祖國的驕傲，但西藏的首府拉薩卻發生了血腥的抗議事件。西方媒體密集討論中國的人權問題，奧運的光彩便蒙上陰影。正因如此，中國的各大網路論壇便爆發了憤怒的民族主義熱潮。

「祖國的錢是誰給你們的？」有人質疑藏人不知感恩：「難道你們全忘了嗎？」另一人為武力鎮壓拉薩示威者而喝采：「割除腫瘤對政府是好事。」還有人警告藏人：「如果你們行為不檢，我們就拿走你們的文化送進博物館。」有人感到不耐煩：「為什麼我們還要討論？應該殺了分裂國家的垃圾。如果有一天我們有民主，我要看到民族主義者掌權。」還有部落客抱怨，可惜所有外國人都被「洗腦」了，才不知道真相。在此我們可以預見到，就算未來中共下台了，中國人還是會如此仇外。共產黨所造成的社會亂象和道德真空，接下來好幾個世代都得承擔；它於今日撒下的有毒種子，幾十年後還是會發芽。

黨也知道激憤的民族主義有多危險，畢竟矛頭有一天可能會轉向自己，因此宣傳機器會倡導「理性的愛國主義」。但習近平仍不停在搧風點火，重申祖國的「神聖領土」絕不可以分裂出去，「一寸」都不能讓。具體來說，中國的民族主義大多圍繞在三大議題。首先是台灣，一九四九年中國內戰結束後，這個島實際上是一個國家，可是中共領導人愈來愈迫切地想讓它回歸祖國。台灣議題最容易在大陸激起民眾的情緒，非常難以解決。三十多年來，台灣擁有活絡的民主體制，兩千三百萬的台灣人也不願投入中共的枷鎖，對統一絲毫不感興趣。民族主義者的第二個聖物是位於東海的一個島鏈，日本稱其為尖閣諸島，中國稱釣魚臺列嶼，這是二〇一二年夏天反日示威的導火線。第三是南中國海，中國主張擁有全部的主權，但它法理上的歷史根據很可疑，雖然鄰國都視為胡扯，但在中國已是神聖不可反駁的事實。

習近平是中國數十年來第一位敢說又敢做的領導人。他在演講中的宣示令人驚訝：「中華民族的血液中沒有侵略他人、稱王稱霸的基因。」新華社還跟著附和，這是中華民族「愛好和平的歷史基因」。但他又同時投入鉅資改造軍隊，要他們「打勝仗」，尤其側重海軍。中國海軍填海建造人工島，將島礁改建成基地，恐嚇鄰國的漁民和海岸護衛隊，好在實際上佔有南海。二〇一六年七月，海牙國際法庭作出判決，反駁中國在南海大部分的領土主張，中國回應說判決「無效」，繼續佔領和將海域軍事化。不過，對中國領導人和全世界來說，這些挑釁的言行不斷升級並非毫無風險。

習近平點燃人民對強國夢的期待，但他也無法全部兌現。民族主義只要一失控，很容易就變成怪獸，連始作俑者也無法完全駕馭。有朝一日，如果中國真與他國發生衝突，他就沒有絲毫讓步的餘地，因為他先前話得太滿，今後任何一點妥協都會被國人當成軟弱的象徵。中國經濟連續成長四十年，如果陷入危機怎麼辦？中共統治正當性的基礎會因此消失：經濟發展趨緩，國家的財富不再無限增長，只剩下民族主義。到了那時，中共和習近平該如何轉移注意力？更不要說今天已有不少中國人、尤其是年輕一輩認為，中國將不可避免與美國一戰。

我在北京的熟人跟我說他十一歲孩子的故事。幾天前，他興奮地告訴孩子今年全家將出國旅遊，在歐洲慶祝他的十二歲生日。「不要！」這孩子說：「我不要出國，我只想在祖國慶祝生日！」當下這位爸爸的困惑全寫在臉上，心想著：「真是瘋了！他們到底對我小孩做了什麼？」

第8章

天眼：黨如何用人工智慧升級統治的規模

「只要擁有完美的權力，實際的執行手段都是多餘的。」——法國哲學家傅柯

在倫敦大學學院一片玻璃後方的椅子上，坐著哲學家暨社會理論學家邊沁，不過那是他的遺體，襯衫和外套還穿得好好的。一八三二年六月六日過世前，邊沁在遺囑中清楚交代，他的遺骸要作為科學研究和展示用。軀體由友人史密斯進行公開解剖，頭顱用紐西蘭毛利人的技術保存，但過程不如所願，因此校方用蠟重新製作頭顱並放在身體上，這樣看起來更美觀、參觀者也比較能接受。

路過的學生有人匆匆看一眼這位哲學家，也有人跟他自拍，不過大部分人都

當作沒看到。在現場就知道，邊沁不只是被欣賞，他也在盯著大家：遺體上方有一台網路攝影機，將好奇和匆忙路過的人拍下來，在推特上直播。負責這全景攝影（PanoptiCam）的大學團隊稱這個計畫為「觀看你看邊沁」，而數位監控和演算法是他們的研究重心。邊沁是效益主義的創始人、英國啟蒙運動的先鋒，崇尚理性和自由，可說是民主和自由社會的先驅。直到今天，他提出的「全景監獄」（Panopticon）仍是象徵國家監控最具啟發性的概念：最完美的統治就是，人民承擔起監視自己的任務，政府袖手旁觀就好。

這隻看不見的權威之眼有權獎勵和懲罰人民，它能令人粉身碎骨，但平常都展現出仁慈的樣子；數千年來的宗教組織就是這樣運作。時時刻刻，日日夜夜，你看不見它，但它看得見你。或許它現在沒在看，不過無所謂，它根本不需要隨時盯著你。只要你有預感，相信它隨時都能看見你，這樣就夠了，因為你會成為自己的監視者。全景監獄是一種實驗性的建築，邊沁將這種監控方式帶進啟蒙時代，讓它更完美和理性。他認為這樣做有效率又人道，「能以前所未見的規模控制犯人的精神」。在他的想像中，全景監獄可應用在學校、工廠和醫院，但用在監獄最完美，邊沁稱之為「像磨坊一樣，將作惡的人磨成好人」。

全景監獄是一種既簡單又高明的建築形式，一棟環狀的多層建築，環繞著中間的庭院，每一層分隔成許多相互緊鄰的小牢房。每一間各有兩扇窗，一扇向外採光，一扇向內面對中庭。中庭的正中央矗立一座高塔，這是警衛所在的地點，塔的窗戶面向四周，讓警衛可看到環形建築上的每一間牢房，可是他自己不會被看到，囚犯也看不到彼此。「塔內只需一名警衛，每間牢房就可關一名瘋子、一名病人、一名罪犯、一名工人或一名學生。在背光下，牢房內的囚犯變成小剪影，而警衛可看到他們的一舉一動，」傅柯在他的書《監視與懲罰》中寫道：「每一間籠子是一座小劇場，裡面都是孤單的演員。」

邊沁於一八三二年過世，他想像的全景監獄從未付諸實踐，但這個構想如此有力，在傅柯心目中，它就是現代社會宰制關係的最佳隱喻。對傅柯而言，只要人被徹底孤立，且一舉一動都被看見，監控自然奏效。「即便偶爾才查看，還是能有持久的效果；只要有完美的權力，實際的執行事項都是多餘的。」連警衛都沒必要現身，只要牢房內的犯人以為他在就足夠了。「無需使用暴力，罪犯就會自動表現良好；瘋子會平靜下來、學生會認真讀書、病人都會遵守規定。沒有鐵門，沒有鐐銬，沒有大鎖，全景監獄沒有任何拘束措施，連邊沁自己都感到驚訝。」只要將彼此孤立起來，並確保每個人都被看到。「那些人知道自己被監看，也願意接受權力的宰制，並用強制手段對付自己。他們將權力關係內化，同時扮演雙重角色；服從成了他的內在原則。」在權力之眼的注視下，赤裸裸的人擔起監視自己的責任。

傅柯於一九七五年寫下《監視與懲罰》，當時無人能料到，隨著科技進步，真的出現了完美的工具，足以隨時監控每一個人。「雪亮工程」是其中一個計畫，中國藉此將全國的監視攝影機和資料庫串連起來，這詞來自毛澤東時代的口號：「群眾的眼睛是雪亮的。」當時他讓全國人民不斷互相刺探。直到現在，這隻全知的眼睛才誕生，因為中國的安全機關已走向電子化，得以從一座位置最高、視野最遼闊的監視塔掌握十四億人口的行動。

人類會將二〇一六年三月十五日這一天留在腦海：在首爾四季酒店的舞廳，機器大出意料之外首度戰勝人類。IBM研發的超級電腦深藍在一九九七年成功挑戰西洋棋棋王卡斯帕洛夫，而這次在首爾的比賽不無類似之處，只是意義更重大，因為下的是圍棋。它是世界上最古老的棋盤遊戲，二千五百多年前在中國發明，與古琴、書法、繪畫齊稱文人四寶。圍棋的盤面由十九乘十九條線組成，比西洋棋要複雜得多，棋手要同時進行線性和網狀的思考，就算是高手也經常得靠直覺。一開始雙方各下一步後，西洋棋玩家的下一步有四百種可能，圍棋有十三萬種。

十一世紀的中國文人官員沈括，不但是知名的天文學家，還是數學家、地理學家、地質學家、植物學家、藥學家、地圖製作家、水利工程師和將軍。在《夢溪筆談》一書中，他首度提出圍棋的棋局總數有十的一百七十一次方，這可比宇宙中的原子數量還多。三月十五日這一天，與AlphaGo對弈的，是南韓棋手李世乭，他是過去十年來全球最頂尖的棋士。這圍棋對戰軟體是由目前隸屬谷歌的倫敦研究機構DeepMind所研發。雙方對決五局後，AlphaGo最終以四比一獲勝。設計AlphaGo演算法的團隊，同時用兩組人工神經網路來互相訓練，先輸入高手走過的三千萬步棋，然後讓他們對弈大量的不同棋局，學到人類從未嘗試過的戰術。AlphaGo在首爾的獲勝讓許多人感到震驚和訝異，不少觀察家還以為十年後才會出現這樣的結果。這次勝利在世界各地喚起熱烈的討論與回應，因為連外行人都突然明白，這就是未來。AlphaGo的核心科技將翻轉我們的世界，一如兩個世紀前的工業革命。

人工智慧是新的電力。這說法來自吳恩達，他曾在谷歌和百度負責人工智慧的研究，目前在史丹佛大學任教。人工智慧不只是一種新科技，而是將演算法應用在每一種數據的力量，未來將推進所有的產業並全方位進入我們的日常生活。不論在教育、醫學、金融、學術研究、交通等領域或我們居住的城市，所有可用數位媒介記錄下來或輔助的東西，都可利用這個力量重新升級，包括獨裁國家。

世界上很可能沒有一個地方比得上中國、這個發明圍棋的國家，對首爾那一天發生的事這麼驚訝和著迷。相較之下，其他地方的反應就沒那麼激烈和迅速。對中國領導人來說，那一刻相當於太空競賽開始：一九五七年十月四日，美國舉國震驚，因為宿敵蘇聯將人類第一顆人造衛星史普尼克一號送上太空。次年一月，美國參議院多數黨領袖詹森在一場冷戰年代的關鍵演說中警告道：「控制外太空就能控制地球……未來不再如我們想像得那麼遠。誰贏得太空競賽，誰就完全掌握地球，差別只在於要實施暴政或為自由奉獻。」中國國務院兩位人工智慧顧問形容，AlphaGo在首爾的勝利是中國的「史普尼克時刻」。中國的反應與當時的美國如出一轍，念頭忽然一轉，大刀闊斧編預算和制定戰略，將龐大的資源集中在人工智慧。

「AlphaGo的勝利徹底改變了我們的想法。」中國科學院著名的數學家和人工智慧專家張鈸表示。二〇一七年底，我在烏鎮世界互聯網大會的人工智慧研討會聽他演講。同年五月，同樣在這個浙江省的城市，DeepMind又一次使出絕技，在中國觀眾面前以三比〇擊敗當時世界排名第一、二十歲的中國棋手柯潔。落敗的柯潔在賽後相當震驚，在中國人盡皆知的他，稱AlphaGo是「圍棋上帝」。

因此，這次大會眾所矚目的明星不是蘋果電腦執行長庫克，也不是中國首席理論家王滬寧，後者帶來黨主席習近平的祝賀信，宣布數位經濟將成為中國經濟重要的驅動力，「這歷史機遇我們不會錯過」。甚至連網路發展也不是重點，人工智慧的奇蹟才是明星。王滬寧強調：「我們將用大數據和人工智能建設更強大的中國。」似乎中國主人和外國客人在比賽誰比較亢奮。

美國資訊工程學者霍普克洛夫特（John E. Hopcroft）預言，一萬年前開始定居、出現新石器革命和工業革命後，人類將走向資訊革命。現場的聽眾訝異不已，霍普克洛夫特想傳達出兩個訊息：其一，透過人工智慧，未來只需四分之一的人口就能產出所有的產品和服務。其二，「只有兩個國家能從人工智慧的革命得利：美國和中國」。他說，人工智慧的門檻實在太高了，其他地區缺乏相應的基礎建設。

臉書負責人工智慧的副執行長史密斯（Vaughan Smith）接著上台，他先向聽眾介紹這個在中國被禁的社群平台，「在場許多人沒機會認識臉書」。史密斯保證，人工智慧將跟其他新科技一樣「能帶來許多好處」，它已為臉書的實驗室帶來「美妙的時光」。史密斯舉例，以臉書自己做的相關研究來看，他對未來非常樂觀：「將資訊從機器傳到人類，如今已不成問題。真正的挑戰是，如何將資訊從人腦傳到機器？」人腦每秒生產1TB容量的數據，相當於四十到五十部高解析度電影，「現在的問題是，如何將這些數據從腦袋取出放進電腦？」照史密斯的說法，臉書正日以繼夜試圖解決這個問題。

如果我的理解沒錯，這家企業打算創造一個世界，讓全身癱瘓的人光靠思想就能控制鍵盤，每分鐘打一百個字也沒問題。史密斯也抱怨道，外行人對人工智慧有誤解，所以討論時總充斥著恐懼與擔憂。接著他自豪地報告最新的研究成果：「我們研發出一種頭戴設備，能用雷射觸探腦神經，知道人在想什麼。」把這頂帽子戴在頭上，腦袋的想法跟畫面就會被即時擷取到機器上？這正是神經兮兮的外行人最擔憂的，而且一聽到人工智慧就想到電影中的壞蛋，但史密斯似乎沒想到這點。

不管怎樣，中國聽眾聽得很認真。工業和信息化部副部長陳肇雄以開放的口吻說：「我們歡迎跨國公司、國外機構等在華設立人工智能研發機構，共促中國人工智能產業發展。」隨後，中國的業界代表展示最新人工智慧成果。中國兩大電信營運商之一、中國聯通的執行長陸益民說，孤立數據島的時代已過，「未來我們將有一個集中的大數據平台」，每一位客戶的資訊都在同一個地方，以實現這家公司的新口號：「做客戶信賴的智慧生活創造者」。

智慧也是搜尋引擎百度執行長李彥宏演講的關鍵字。二〇一六年，為了廣告客戶的利益，百度操縱搜尋結果，結果爆發一起醜聞。有名癌症病人上網求助，結果被引導到可疑的醫院。這名二十一歲學生的死亡，讓中國一連數月為百度的作法爭論不休。百度現在把谷歌當榜樣，在國家的支持下轉型成人工智慧公司，而未來的汽車、超市、城市都會變得有智慧。「再也沒有塞車和空氣汙染，未來人人都悠閒自在，我們能讓人類更幸福，」李彥宏熱情洋溢地期盼：「我們必須將人工智慧應用在人類生活的每一角落。」

這就是中國正在做的。習近平要求中國必須盡快在人工智慧領域「全球領先」，中國科學家必須勇闖「無人區」，在研究和應用「佔領制高點」。離李世乭被AlphaGo擊敗不到一年，柯潔落敗不到兩個月，中國國務院發表雄心勃勃的《新一代人工智慧發展規劃》。作者指出，人工智慧將改變人類生活和世界，成為「國際競爭的新焦點」，可說是引領未來的技術。人工智慧將帶來產業變革，成為經濟發展的新引擎，而且將「帶來社會建設的新機遇」，此處中共指的是社會控制。給知識分子讀的黨報《光明日報》指出，在農業社會，中國曾是世界上的經濟強國，但「錯過工業革命」，因此落後西方，所以中國在大數據和人工智慧不會犯同樣的錯誤，「信息化為中華民族帶來千載難逢的歷史機遇」。

從高科技企業、大學、城市、省級政府、部會到軍隊，中國各機構埋頭研究人工智慧和大數據已一段時間，但國務院的《規劃》猶如晴天霹靂，從此各單位得加倍努力、整合彼此的資源。二〇二〇年前，中國應在人工智慧「與世界先進水平同步」，也就是與美國平起平坐。二〇二五年，中國在人工智慧理論和應用「實現重大突破」。到了二〇三〇年，北京期盼中國領先世界，成為「世界主要人工智能創新中心」，相關產業的市值將達一千三百億歐元。透過「智能化監測、預警與控制體系」，公共安全將天衣無縫。在《規劃》中，國務院強調，「社會治理需要新的智能應用」，具體來說有「視頻圖像信息分析識別技術、生物特徵識別技術的智能安防與警用產品」。與以前沒什麼兩樣，想要追上和超越競爭者的強烈意志讓中國的科技進展神速。

蜻蜓的眼睛由兩萬八千顆複眼組成，每一顆都是一個小眼睛。蜻蜓辨識畫面的速度比人類快五到六倍，擁有三百六十度的全視野。《蜻蜓之眼》是一部電影的名稱，二〇一七年秋天的某一天，就在位於北京北四環外、千篇一律新建築的一間藝術家工作室，我看了這部電影。「我告訴你一個祕密，」一名年輕男人在片中說：「我經常在螢幕上觀察你。」鏡頭外的旁白說：「這是一個男人，他每天會被看到三百次。這是一個女人，她再也沒有隱私。男人與女人相遇了。」片子一開始是愛情故事，女人在畜牧場工作，她在看牛，而有人透過攝影機在注視著她，負責攝影的人同樣也被監視。片中這對情侶會瘋狂扭打彼此、在車內做愛、在餐廳談情說愛、在高速公路上演追逐戰；最後主角還去做整容手術。這是一部劇情片，在多倫多等地的影展上映，這是有史以來第一部沒有演員也沒有攝影師的電影。每一個畫面，每一個場景，將近六百個，全部來自中國的監視器和直播鏡頭。

中國急切地要將未來世界帶到今天，其步調之快遠超過西方的想像。「我二〇一三年開始有這部片的構想，但幾乎找不到素材。」導演徐冰是北京的藝術家，一九八〇年代末以裝置藝術《天書》聞名世界，他在作品中發明了數千個新漢字。「二〇一五年前後，網路直播突然出現了，每個人在網路上可看到各種現場畫面，主要是來自於私人和企業的監控攝影機。一下子素材暴增，遠出乎我們的意料。無人料到這爆炸性的發展。」徐冰的工作室有二十部電腦，每天從早到晚從網路下載影片，從一萬一千個小時的素材中提煉出八十一分鐘長的《蜻蜓之眼》。

離徐冰工作室幾公里外，有個簡潔的房間，牆上掛了多台螢幕，上面有無數的臉孔：我們的臉、街上的臉、走廊上的臉，並標註姓名、性別、證件號碼；它們全由曠視科技的Face++攝影機所拍下。在中國的熱門行業中，它是最受矚目的新創公司。它打算改變世界，而其商業模式是奠基於人工智慧。國務院《規劃》中的願景，在此處已成形。房內站著一名年輕男人，名字是謝憶楠，他是曠視的行銷主管。

謝憶楠穿著運動鞋、T-Shirt、戴很潮的眼鏡，愛笑，說話時帶著傳教士的熱情，彷彿天天都可看到未來。「就像活在電影中，」他說：「我在這邊工作三年了。在此之前，我連作夢都無法想像現在正在做的事。所有你在科幻電影中看到的，我們都會變成現實。」他看來很疲憊，因為很久沒放假，可是情緒高漲。他的國家想在人工智慧領域成為全球第一，他的公司也想領先世界各大企業。「我們想做城市的眼睛，讓它們更有智慧。」謝憶楠說。

曠視與它主要競爭對手商湯科技的總部相距不遠，都在北京海淀區的現代辦公大樓，鄰近這個國家的頂尖大學。攝影機辨識來客的臉後，商湯科技的玻璃大門自動打開；其中一台捕捉我的臉，投影在會客室的螢幕上。我的圖片旁顯示「男性……年齡：四十五歲」，跟我的真實年紀差了七歲。「可是你看起來真的比較年輕。」接待客人的女子說。「吸引力：百分之九十九」，我想演算法可能在討好潛在的客戶。接著螢幕顯示我的情緒：「生氣」，好吧，但準確來說是「過度疲勞」。螢幕開始放一部為我量身定做的廣告片：酒精濃度百分之五十二的穀物烈酒「五糧液」，這是有錢有勢、可是心情不好的四十五歲男人在中國喝的酒。

透過曠視和商湯的技術，華為和 vivo 手機的用戶早已可用人臉開機，比蘋果都早，也能在杭州的肯德基點薯條，或者像八億多的中國人一樣定期用支付寶購物。中國的飯店用曠視的攝影機檢查客人身分；民眾進入廣州或武漢的火車站必須先刷臉，讓電腦比對公安的資料庫。此外，曠視正在試驗無人超市。「我們的攝影機可辨識出客人的年紀、是否有運動習慣、身上穿什麼品牌，」謝憶楠說：「根據你買的東西，我們可以歸類你是那種人，然後提供特定的廣告和優惠。」我們抵達前，另一組人剛參觀過展示廳，其中一人穿公安的制服。從導覽指的螢幕上，可見一大群人在移動，彷彿是來回波動的色塊，有紅色和綠色，像是紅外線圖。導覽說，這套系統可以預測人群的移動方向，「我們賣到許多省分，新疆也有在用，反應不錯」。新疆是動盪不安的西部省分、穆斯林維吾爾人的故鄉。

城市的眼睛；國家的眼睛。對個人來說，臉成了打開門進入世界的鑰匙；對監控者來說，攝影機是走入個人心靈的鑰匙。「現在想犯罪的人得考慮清楚，自己還要不要犯法，」謝憶楠說：「我們的演算法能撐起五萬台到十萬台監視攝影機組成的網路。我們可以告訴你在某時某地出現的是哪種人。他的身分？他去過哪？已停留多久？之後要去那？我們都知道。我們會用一台接著一台的攝影機追蹤他的足跡。」謝憶楠說，這套系統辨識人臉的能力超過人類，新款攝影機還能結合人臉和步態辨識以提高準確度，因為每個人走路的方式都不同。

與其他科技企業一樣，曠視也把這些技術推廣到一般消費市場。透過它的APP，人臉就可套上好玩的狗鼻子。不過目前最重要的投資者和客戶還是政府，尤其是安全機構，這不是祕密。謝提到，全國各地警察局不時寄來感謝信，公安利用攝影機與人臉資料庫，已抓到三千位罪犯。在二〇一七年的青島國際啤酒節，公安透過人臉辨識捕獲二十五名逃犯，一時造成轟動。二〇一八年四月，南昌體育場的攝影機從六萬名演唱會觀眾揪出一名三十一歲的人，由於「經濟犯罪」，他的臉部特徵存在全國資料庫。

攝影機能做的不僅於此，如果有人經常出現在特地地點（例如公車站），形跡又很可疑，系統就會自動通報，謝說「可能是小偷」。人群中難免有危險分子。曠視在幾條街外的競爭對手，也正展示分析人群的技術。商湯的發言人說，此系統能辨識出有人群在聚集，還能預測等一下哪裡會有人聚集。如果有群人往同一方向移動，可是當中有一人逆著人流走，系統也會發現，「指認出這人有問題」，然後發出警告。

曠視在二〇一七年有兩百名員工，兩年後超過兩千人，當中許多人是從美國返國的。中國積極引進人工智慧科技，併購美國和歐洲的公司，也主動招攬人工智慧的人才，準備與矽谷一較長短。國家在此扮演重要角色，包括所謂的「千人計畫」。此外，科學技術部也於二〇一七年底公布「變革性技術」計畫，目標是在二〇二一年前開發出能運算類神經網路的高性能晶片。

不過，與過去的大型學術發展計畫、例如生化科技不同，北京很清楚，這個計畫雖然純粹由國家主導，讓專業的官僚由上而下指揮和執行，但人工智慧的領域太廣、太雜、變化也太快，因此政府、民營科技企業和新創公司的合作成了計畫成敗的關鍵。科技部選出百度、阿里巴巴、騰訊和專精語音辨識的科大訊飛等企業，在自駕車、智慧城市、醫療診斷和語音辨識等領域研發全國性的人工智慧平台。這些企業藉此在市場上取得競爭優勢，並可使用珍貴的政府資料庫。中國工業和信息化部旗下的智庫「中國信息通信研究院」，二〇一八年年底在《人工智能安全白皮書》中特別稱讚阿里巴巴、騰訊、百度、網易等民營大型網路企業，在「安防監控、數據偵查、輿情管控」等領域對提升「社會治理能力」的貢獻。

在國家經費慷慨的支持下，民營企業在矽谷等地成立自己的實驗室，花大錢延攬人工智慧專家。中國的機會更多、腳步也更快；西方國家還在討論並立法設限監控權，以保護人民的隱私，中國就沒考慮那麼多。二〇一七年十一月，曠視募集了四億六千萬美元的資金，當時創下人工智慧新創公司的世界紀錄。此後這家公司的技術贏得多次比賽，對手包括谷歌、微軟和臉書。二〇一五年以來，商湯的研發團隊在人工智慧國際會議發表的論文比谷歌或臉書還多，並在二〇一八年四月超越對手曠視，募資六億美元，成了當時世界上最有價值的人工智慧新創公司，並計畫在二〇一九年再募資二十億美元。這樣的新創公司在中國如雨後春筍，多數創業初期的資金來自國有基金，而且錢很快就到位；在中國，新創公司不到九個月就拿到第一筆資金，在美國平均得耗時十五個月。

「我們才剛起步，」謝憶楠說：「市場正飛速成長，我們不怕競爭對手，需求太大了，大家都有機會。」二〇一六年，中國有一億七千六百萬台監視攝影機，美國有六千兩百萬台，以人口比例來看，美國的平均數量比中國多。不過，野心和執行力讓中國成為先驅：根據英國資訊服務公司 IHS Markit 的研究，短短兩年後，中國的監視攝影機數量翻倍，達三億五千萬座，許多還有內建人工智慧技術。未來幾年，這樣的建設速度可望維持下去。

從黨和國家主席習近平二〇一八年元旦對中國人民的演講，可看到共產黨已將大數據和人工智慧視為魔法武器。每年習近平都會坐在一個大書架前面，細心的電視機觀眾可在架上發現荷馬的《奧德賽》和海明威的《老人與海》。與往年一樣，網友事後拿出放大鏡，仔細檢視每個書背，除了發現馬克思的《共產黨宣言》和《資本論》靠近他手邊，兩本人工智慧的暢銷書也第一次放在架上醒目的位置，分別是金恩（Brett King）的《擴增時代》（*Augmented*）和多明戈斯（Pedro Domingos）的《大演算》（*The Master Algorithm*）。多明戈斯在華盛頓大學研究人工智慧，他在書中呼籲，科學家得找出一種能無限自我發展的演算法。「如果這種終極演算法存在，」多明戈斯認為：「便可從大數據中獲得世界上過去、現在與未來的所有知識……這樣的發明將是科學史上最偉大的進步。」不過，黨主席習近平應該讀過馬克思，金恩和多明戈斯的著作就不敢保證了。

美國學者和企業對中國的企圖感到好奇，有些人則發出警告，前谷歌執行長史密特說：「他們將在二〇二五年追上我們。」他顯然研究過中國政府的《規劃》：「二〇三〇年他們就會主宰產業。」中國官方規劃者的話當然沒必要全信，但從打造全世界最大高鐵網的速度來看，中國政府訂下目標後，確實有能力執行。中共顯然認定，人工智慧是確保自己存續和完美統治的關鍵。

至少在科技領域，中國的發展早已否定某些觀察家的看法，即獨裁體制不利於創新。美國的中國觀察家兼重金屬吉他手郭怡廣曾長年在北京負責百度的公關工作，他提到一種廣為流傳的奇怪說法：只要不知道一九八九年天安門廣場的真相，就沒能力設計手機軟體。「這樣的說法是錯的，」他說，中國早已不只是製作耐吉和路易威登手提包的仿冒天堂（上面還附贈香奈爾標籤），也早就不只是「世界工廠」：由廉價勞工組裝電視和手機；每台值八百歐元的iPhone只留五歐元在中國。

根據美國國家科學基金會的報告，中國的研發支出僅次於美國，在全球排名第二，而且很快就會追上。從二〇〇〇年至二〇一五年，中國的研發支出每年平均成長百分之十八，美國只成長百分之四。目前中國的學術論文數量是二〇〇三年的五倍。中國在全球前五百大超級電腦的數量已經比美國多。二〇二一年，中國在天津將與美國同時啟用第一部百萬兆級運算超級電腦，速度比現有的超級電腦快很多。在量子計算領域，中國也緊追在美國後。二〇一九年十月，黨主席習近平在中共中央政治局的學習會議表示，中國必須制定區塊鏈的國際標準，以「提升國際話語權和規則制定權」。

在防火長城後面——審查機制不僅隔絕訊息的自由流通，也排除競爭者——早已誕生一個高科技的平行世界。中國是世界上最大的電子商務市場，至少從市值來看，阿里巴巴和騰訊早已與亞馬遜、谷歌的母公司Alphabet和臉書平起平坐。

中國在電子支付、也就是用手機行動支付早已領先世界。《金融時報》說：「如果你離開中國，會覺得自己回到過去。」抓住經濟成長的時機、實現科技的跨領域發展，是這項技術背後的主要動機，而國家也因此獲得前所未有的機會，得以一窺人民的腦袋，監聽他們在臥房、街上、購物時和私下的談話。

比方說，微信就創造了在西方看不到的現象。這軟體一開始是專門提供即時通訊服務，也就是中國版的WhatsApp，接著很快成了中國的臉書，然後是中國的Uber、中國的Booking.com和中國的Lieferando外送服務（可以一直列舉下去）。至少在手機上，微信等於把中國的網路給吞下去了。透過微信，你可以跟朋友聊天，叫計程車和食物外送，買電影票，訂旅館房間、機票和火車票，租共享自行車，申請有線電視，繳水費和電費帳單，付罰單和借錢，還有最重要的無現金支付，這一切都在國家安全部門的監控下。二〇一九年，中國微信用戶超過十億人。

微信（騰訊）和支付寶（阿里巴巴）兩個軟體瓜分了中國的無現金支付市場。中國人真的很愛用，一整個民族在很短的時間內全改用手機支付，幾乎沒人在用提款卡和信用卡，更不用說現金。二〇一七年，中國行動支付的市場規模已達十七兆美元，超過全球的六成。在我家附近巷子的小吃店、菜販和理髮師都可用微信付款。刷一點五歐元就能買碗湯麵，假如從褲子掏出現金，大家反而會奇怪地看著我。連北京的乞丐都有條碼，路人用微信刷一下就能給他錢。

在北京海淀區的法院，民眾可以用微信繳費和遞交訴訟文件，當事人透過臉部辨識系統，就可以驗證自己的身分。二〇一七年十二月，國營媒體宣布在二十六個城市試行國家認可的微信身分證和電子社保卡。這是每一位懶惰公民的夢想，也是國家監控部門的夢想，現在它可亦步亦趨、即時獲得每一人的行蹤和交易資訊。

騰訊與審查、公安、國安部門的關係十分密切。有時你在線上聊天時，會突然發現對話中斷了，那是因為在沒有通知當事人的情況下，在訊息傳遞的過程中，微信會自動刪除特定用語。在河南濮陽村，工人陳守理在微信聊天群組發了消息，配上「哈哈」兩字來評論女歌手和高官的緋聞，結果被拘禁五天。山東的王江峰在微信上稱習近平是「包子」和「毛賊」後，被關在牢中二十二個月。包子多年來是習近平的綽號之一。

二〇一九年，中國「獨角獸」的數量首度超越美國，這是指市值超過十億美元的新創公司，主要集中在深圳和北京。一些專家相信，華為人工智慧晶片的研發實力已超越蘋果。二〇一八年一月十七日，中國的軟體也打敗圍棋高手柯潔，騰訊的「絕藝」讓兩子還是擊敗他。

中國企業在外國市場依然不強，不論人才數量或高科技的投資金額仍落後美國。儘管如此，根據荷蘭學術出版社愛思唯爾和日本日經出版社發布的排行榜，人工智慧論文最常被引用的機構，全球前三名有兩家來自中國，前十名則有三家。在牛津大學「人工智慧治理中心」（Centre for the Governance of AI）鑽研中國人工智慧發展的丁杰熠認為，中國的人工智慧研究不再缺量，缺的是原創性，「中國還跟不上最創新的研究和先進國家最有天賦的研究者」。為比較中國和美國的人工智慧研發能量，丁杰熠在二〇一八年發表了「人工智慧潛力指數」，發現美國是中國的兩倍。

美國的人工智慧基礎研究依然領先，曠視的謝憶楠也同意這點。「可是在實際上的應用我們遠遠超前，」停頓了一下，他接著說：「國家對我們沒有這麼多限制……政府是我們的後盾。」河北省的法官利用人工智慧協助審判。國營媒體報導，上海的檢察官和法院也透過人工智慧來檢驗證據的可靠性，「避免錯判無辜的人」。杭州用演算法來預測車流，全國各地都可見到與華為和阿里巴巴等企業合作的「智慧城市」計畫。中共更進一步在四川和共青團試行「智慧紅雲」。黨媒報導，透過演算法，幹部的評量和選拔機制也走向現代化。這套系統可追蹤幹部在每一處留下的作為和人際關係，以預測他們未來的思想狀況和行為。北京大學廉政建設研究中心指出，大數據將成為中國反腐最有力的武器。

美國有些人將這場競爭，與逾半世紀前與蘇聯的太空競賽相提並論，不少人相信中國有優勢，因為研究者和企業幾乎不受法規和隱私爭議的限制，還有管道可獲得十億人口的海量數據。如果數據真的是未來的石油，《經濟學人》認為中國就是「資訊界的沙烏地阿拉伯」。

監視攝影機生產者商湯表示，透過政府相關單位，它獲得五億張人臉的數據，其競爭者「依圖科技」甚至聲稱可辨識十五億張人臉。除了每一位中國人，中央資料庫也有外國人：只要在邊境檢查時被拍下、臉部特徵就會自動存進去了。北京的「創新工場」專精於投資科技業，它的一份報告指出，中國的優勢「沒有國家能追得上」，因為中國當地使用手機支付的次數比美國多五十倍以上，食物外送的量是美國的十倍，自行車共享的使用次數是美國的三百倍。

必須說明的是，在中國街頭隨處可見的五顏六色共享自行車，會將所有的蹤跡和支付數據傳回資料庫。「摩拜單車」於二〇一八年聲稱，旗下八百萬輛的共享自行車每天都傳回三十TB的數據，不只知道你騎多快和往哪去，也知道誰跟誰一起去；這些數據都會與政府分享。

數據收集得愈多，自我學習的演算法就有更多養料趨向完美。但有些專家提出反對意見，認為海量的數據會降低人工智慧晶片技術的品質或專家人數的重要性。剛提到的牛津報告就指出，二〇一七年美國有七萬八千七百位人工智慧學者，中國有三萬九千兩百位；對未來的人工智慧演算法來說，現有的數據也許有可能會失去其重要性。

無論如何，中國的發展速度不會改變，會繼續無所畏忌地追求高科技。美國《麻省理工科技評論》指出，人工智慧在西方發明，「可是它的未來在世界另一邊成形」。臉部辨識業者商湯在二〇一八年三月與這所美國菁英大學建立夥伴關係；商湯創辦人湯曉鷗就是於一九九六年在這所大學拿到博士學位。這家公司二〇一四年才創業，如今市值已超越七十億美元。商湯成功吸引到麻省理工學院、微軟和谷歌的人才。「與臉書和谷歌相比，我們只是嬰兒，」商湯的發言人說：「可是目標很清楚，我們要走向世界的頂端。」商湯的中文名稱來自中國最早的朝代（西元前十八至十一世紀）和它的帝王。湯曉鷗有次談到公司名稱時說，當時的中國領導世界，「未來中國將用創新的科技再次領導世界」。

不論在教育、公共衛生或基礎建設，新科技都能解決問題和提高生產力，對黨來說，也有多重效用。對權力集中的政府機構和規劃者來說，人工智慧同時也是回饋和管控的機制，能用來預測和避免經濟和社會可能發生的系統性危機。在官方的《新一代人工智慧發展規劃》第一部分，上頭寫道：「人工智能在教育、醫療、養老、環境保護、城市運行、司法服務等領域廣泛應用，將極大提高公共服務精準化水平，全面提升人民生活品質……人工智能技術可準確感知、預測、預警基礎設施和社會安全運行的重大態勢，及時把握群體認知及心理變化……將顯著提高社會治理的能力和水平，對有效維護社會穩定具有不可替代的作用。」人工智慧讓所有獨裁統治者的夢想成真：全面控制和監視自己的人民。負責公安和司法部門的中共中央政法委員會秘書長陳一新，有次在演講時要求幹部推動「智治」，讓人工智慧成為「控制的重要工具」。

如何用人臉辨識來控制行為，尤其受到媒體關注。大學用它來查學生的出勤。北京天壇的廁所用它來管制衛生紙的用量：每張臉能用六十公分長的衛生紙，需要更多的話得等上九分鐘，才能再取一次。深圳警方宣稱，他們用人臉辨識攝影機在十五小時內破獲一宗幼兒綁架案。當地地鐵的每一節車廂都安裝了攝影機，據《南華早報》報導：「它能用超高解析度監視每一平方公分……連乘客細微的表情也能抓住，毫不延遲用超清晰畫面傳送出去。」上海的警察用智慧攝影機逮到沒帶駕照的駕駛；重慶的官員揪出假結婚的人。濟南和深圳的警方還公開羞辱闖紅燈的行人，他們的臉孔即時顯示在路邊的大螢幕上，包括姓名、住址和身分證號。在福建的一個路口，攝影機在十個月內抓到一萬三千九百三十人闖紅燈，很快他們就會收到系統自動傳來的簡訊，警告他們如果再犯將被處罰。

二〇一八年，媒體興奮地報導，杭州第十一中學在所有教室安裝了「天眼」，用監視攝影機監控每一位學生。「新浪網」報導說：「猶如一雙天眼，能把學生的課堂行為一網打盡：只要誰睡覺了，開小差了，馬上就能夠識別出來。」攝影機不僅能精準記錄學生在一天上課的八小時內有幾分鐘不專心，還能分析「學生們的面部表情是高興、傷心，還是憤怒、反感等。將這些前端的數據匯總到終端，就可以分析出這個學生在課堂上的學習狀態」。媒體稱這套行為管理系統「神通廣大」。這所學校早已放棄學生卡，想要用餐或使用圖書館，只要「刷臉吃飯、刷臉購物、刷臉借書」。大數據和人臉辨識「讓同學們學習更加高效」。一位名為小錢的學生承認，以前上一些不喜歡的課會偷懶，「比如趴桌上瞇一下，或者翻翻其他課本」，但自從有了天眼，「好像有雙神祕的眼睛在一直盯著自己，再也不敢開小差了」。

幾年前，中國公安已將遍布全國的監視攝影機網命名為「天網」，但應該不是在暗指和挖苦好萊塢的《魔鬼終結者》系列電影。片中的天網是失控的人工智慧和生化人，目標是毀掉全人類。黨媒說，中國的天網是「守護中國百姓的眼睛」。《人民日報》二〇一八年三月的一則推特聲稱，天網現在有能力「在一秒內辨識出十四億中國人」，以協助警方查緝犯罪者。曠視和商湯的人說，戴口罩、帽子、太陽眼鏡、甚至整容過都瞞不過它，「機器不像人一樣這麼好騙」。

美國過去的經驗卻不是這樣。「美國政府問責署」（GAO）是美國最高的審計機構，在它的調查下，發現聯邦調查局的人臉辨識技術有嚴重缺陷，眾議院因此在二〇一七年三月為此舉行聽證會。聯邦調查局的犯罪者辨識技術錯誤率有百分之十五，黑人女性出錯的比率更高。在中國這樣的體制中，這樣的誤報更容易會造成嚴重的後果，因為被捕的人定罪率有百分之九十九點九。國家機器永遠是正確的，沒有證據的話，警方經常用威脅或刑求的方式來強迫認罪。

我們可以猜測，這套系統離無所不包還有很長的一段距離，原因可能是：各地的資料庫沒有串連，或是企業誇大產品效能、達不到它所承諾的實際效用。也許問題出在各資源還沒統合，而非天網恢恢。企業廣告宣稱，天網能辨識十五公里以外的人；

《人民日報》誇口說，它能在一秒內辨識出每個人。總之，這個系統還是有用的。要讓全景監獄發揮作用，全知的眼睛無需盯著你看，只要你感覺到它的存在就夠了，即使它根本不在現場。

中國的城市現在已經是全世界監控最嚴密的城市。科技網站Comparitech於二〇一九年統計各國居民每人所分得的監視攝影機數量，在排名前十的城市當中，中國就佔了八個（倫敦排名第六，亞特蘭大第十）。排名第一的重慶有兩百六十萬台攝影機，平均每千人有一百六十八台，排名第二的深圳每千人有一百五十九台。研究中特別指出，在深圳市政府的規劃下，未來幾年會將現有的一百九十萬台增加到近一千七百萬台，但全市的人口才將近一千三百萬人。

新型冠狀病毒疫情爆發後，曠視和商湯很快就推出熱成像攝影機，它結合了體溫測量和人臉辨識的功能。二〇二〇年三月底，這種攝影機在地鐵站、學校和大城市的購物中心已無所不在。商湯宣稱，自己的產品能以「很高的準確率」識別出戴口罩人的身分。

此外，疫情高峰時，大規模的網路企業都投入防疫監控，杭州的阿里巴巴還為政府開發「健康碼」，很快就普及全國。這種手機軟體可顯示綠燈、黃燈或紅燈，以代表用戶的健康狀況。地鐵、購物中心、餐廳或旅館的警衛會檢查民眾的健康碼，只有綠燈、也就是沒被感染而且健康的人才能進入或自由行動。黃燈的人大多應居家隔離，紅燈則被視為潛在帶原者或患者，必須接受隔離檢疫。除了阿里巴巴的支付寶，許多中國人也會使用騰訊版的健康碼，據官媒報導，四月時已有九億人申請微信的健康碼。

這程式的資料來源很多，包括當事人自行申報的健康狀況（咳嗽或高溫等症狀）、電子病歷及活動足跡：曾在何時、何地以及跟誰接觸了多久。有紅碼卻出門的話，在社會信用體系就會留下紀錄。黑龍江政府就威脅說：「填報的人若有弄虛作假、隱瞞實情等行為，將對本人未來的生活和工作造成巨大影響。」相關報導也引起熱議。有些民眾在不知情的情況下個資被傳到政府機構。燈號分級也錯誤百出，有些人明明健康卻得到紅燈，不知道該如何改回來。可是多數民眾自願又熱衷於使用它。為了健康這麼崇高的目標，追蹤工具和高科技監控變得更加普遍了。雖然疫情爆發幾週後，西方社會也有這種趨勢，但用手機追蹤足跡有受到各地法規的限制，直到今天仍充滿爭議。

中國已搶先好幾步完成部署。根據非政府組織組織「人權觀察」的研究，手機追蹤和天網只不過是「警務雲」全面系統的一部分。二〇一五年，公安部頒布相關的規定和計畫，指示全國各省分的警務部門開始收集中國數以億計公民所有的個資：病歷、食物外送、郵遞包裹、超市會員號碼、節育方式、宗教信仰、上網行為、定位數據以及搭乘航班和鐵路的紀錄。此外還有生物特徵如臉孔、聲音、指紋，其中四千萬人還被記下ＤＮＡ，尤其是新疆的維吾爾人。根據官媒報導，蘇州的公安機關曾向私人企業購買數據，包括「互聯網上的導航資訊，大型互聯網企業的物流寄遞和商品交易紀錄」。該機關還追蹤數位裝置的網路位置，以確認使用者身分。報導說：「過去民警上門逐戶走訪進行採集，現在每天二十四小時可以不間斷通過設備進行。」根據二〇一九年新上路的規定，用戶沒有先掃描人臉前，不能買手機的ＳＩＭ卡。

「大數據表達的是未來」，早在二〇一五年年底，時任中共中央政法委秘書長的汪永清就在中央黨校的《求是》雜誌上如此讚嘆。他說：「黨必須全面採集人、地、物、事等基本信息和吃、住、行、消等動態信息……這樣會讓預警更加科學、防控更加有效、打擊更加精確。」在二〇一七年秋天，汪永清當時的上級、中央政治局委員孟建柱要求公安部門打破數據交換的壁壘，盡速將全國監視攝影機的畫面匯集在同一個資料庫。

孟建柱的提醒間接點出大型官僚體系、尤其是獨裁體制官僚的老問題：下屬單位不僅會複製國家機器不透明和故弄玄虛的作風，彼此間還不相往來。有單位經常抱怨自己是「信息孤島」，上級也不斷呼籲要整合彼此。這一切顯示出，中央的規劃是一回事，在基層執行時卻有許多困難。

雖然如此，二〇一七年夏天，科學技術部副部長李萌說，人工智慧將協助治安單位「預先知道誰有可能成為恐怖分子，誰將做壞事」。預測未來犯罪是科幻小說和電影的題材，也出現在史蒂芬·史匹柏執導的《關鍵報告》中，但它在中國已成為現實。《山東法制報》於二〇一六年就報導說，東營市公安制訂了相關的「早八點」計畫。據報導描述，此計畫是警務雲的典範，把創新科技充分應用治安事務上。當地一千三百名警察每天早上八點都會在手機上收到報告，匯總轄區的「異常數據和發展趨勢」。演算法會分析前一天從旅館、網吧、航站和警方提供的數據，包括剛進入轄區的人的籍貫、民族別、前科和在網吧的網路行為。「每天八點，系統會根據我們的轄區位置有針對性地將消息推送給我們，」一位警察表示：「特別是進入轄區的涉恐、涉穩人員。」

從農村移民到都市的民工和少數民族尤其是被監控的對象。「人權觀察」的報告有引用天津的招標文件，指警務雲尤其會匡列「特定民族人員、極端思想人員、頑固上訪人員、南疆維族人員」，而治安系統有能力在地圖上標定這些人員並追蹤其動態。

問題是：什麼是犯罪？連諾貝爾和平獎得主劉曉波也被當局視為「被判刑的罪犯」，到底誰不會被國家盯上？

根據公安部二〇一四年的一份通知，收集數據的目的是建立預警能力，並及早辨別有「異常行為」人士。「人權觀察」的中國部主任理查森（Sophie Richardson）指出，當局硬要從數以億計的普通民眾中找出「偏離正常思想」的人士。公安部文件提到的重點人員，不只包含有前科或涉毒的人士，也有「上訪」、「肇事肇禍的精神病人」和「不利穩定」的人，也就是任何一位威脅到共黨統治或可能帶來威脅的人，即便他們自己都沒意識到。

為確保萬無一失，政府還插足一些新企業，例如入股杭州海康威視，成為它的大股東。這家公司前身是國家研究單位，目前是全球最大的監視器製造商。海康威視的監視攝影系統能辨識人臉和車牌號碼，比方說若有人開車滑手機，它就能自動通報。這些技術應用在全球逾一百五十個國家。二〇一九年，英國有一百三十萬台這家公司生產的攝影機。在美國，監獄、機場、學校、私人住宅都用，連軍事基地和在喀布爾的美國大使館也不例外。在華府和倫敦有很多爭議，批評者認為，海康威視與公安部及其旗下的研究機構關係密切，可是在海外多次掩飾自己和中國政府的關係。董事長陳宗年同時也是公司的黨委書記，二〇一八年三月首次成為全國人大代表。有人懷疑海康威視的設備裝有後門，連在網路上可直通中國，將數據傳到中國的伺服器。至今沒有證據證明後門的存在，不過美國在喀布爾的大使館和密蘇里州的倫納德伍德堡基地還是將所有海康威視的攝影機拆除。

最近，海康威視因為在網站上讚美自己的攝影機而倍受矚目，它不僅可辨別性別和膚色，還能自動識別維吾爾人，「識別準確率均不低於百分之九十」。二〇一九年四月，《紐約時報》已披露中國是全世界第一個應用人工智慧技術進行「種族歸納」（racial profiling）的國家，也就是根據種族特徵將人分類。根據這篇報導，依圖、曠視、雲從、商湯等公司的監視攝影機已經可用演算法辨識出維族人。這技術正應用在杭州、溫州和黃河沿岸的城市三門峽，當地光一個月就篩檢了五十萬位路人，只為了找出其中是否有維族人。「如果起初一個維吾爾人生活在一個社區，二十天內出現了六個維吾爾人，」雲從科技在自己的網站上說：「它會立即通知執法部門。」二〇二〇年十二月，連電信設備製造商華為也傳出與曠視合作，在華為官網上可找到測試「維族告警」的文件，在《華盛頓郵報》和影像監視研究機構IPVM揭露後，相關檔案已從官網消失。事後一名華為發言人表示：「華為反對各種類型的歧視，包括利用技術進行民族歧視。」

以上這些企業，都於二〇一九年十月被美國以侵犯人權為由列入實體清單，也就是限制與美商往來的黑名單，對商湯和曠視這些雄心勃勃要開拓全球市場的新創公司來說是一大打擊。

幾個月前，華為也因後門的爭議被列入實體清單，美國的警告引發西方各國政府相繼討論，5G網路是否應該使用華為設備，以防未來的基礎建設有被刺探和破壞的風險。華為老闆任正非因此多次接受採訪，強調華為的獨立性和不受中國政府左右，「我們絕不會去危害任何國家，傷害任何人」。他沒說的是，根據二〇一七年通過的新法《國家情報法》，「任何組織和公民有義務支持、協助和配合國家情報工作」。其實，中共只是將向來的作法訂為法律；這體制從來就不允許私人成立正常又普通的企業。「在中國總是說支持中國共產黨，」《金融時報》引述任正非二〇一四年對主管的內部指示：「在國外跟隨國際重要趨勢。」二〇一九年夏天，華為被列入美國黑名單後幾個月，路透社取得華為老闆的備忘錄，他指公司處在「生死存亡關頭」，要求員工調整全球營運的方針，「當我們度過最危機的歷史階段，公司就會產生一支生力軍，幹什麼？稱霸世界」。

這些企業積極開拓國外市場。在安徽省，民眾可參觀中國語音辨識的第一品牌「科大訊飛」，其總部大廳一邊標語是「今天我們領導中國，明天全世界」，另一邊是「讓機器能聽會說，能理解會思考」。除了商業，科大訊飛同時為警察國家服務。這家公司生產與亞馬遜Alexa類似的智能音箱，導覽的女士說：「放在公寓，不論你在家中何處，它都聽得見你的指令。」福斯和賓士汽車的語音助理也是科大訊飛生產的，說話的同時，她指著習近平主席親訪公司的大幅照片。負責海外事業部的經理潘帥說：「我們有政府的支持。」美國總統川普訪問北京時，網路上瘋傳了一段影片，可見跟真人幾乎一模一樣的川普用流利的中文說：「我愛你，中國」、「科大訊飛真的很棒」。

中國有八億網路使用者和十四億支手機，科大訊飛與三大行動電信業者有合作關係，除了經營它們的客服中心，還免費提供語音辨識技術給逾三十七萬種的行動軟體。潘帥說：「每天有四十五億用戶使用我們的服務，中國的龐大人口讓我們在收集數據非常有競爭力。」他說，科大訊飛當然不違法，不過，「現在的中國是蠻荒西部，一座實驗室」。

跟公安部的合作？潘帥遲疑了一下：「這部分我不知道。」但官網上明明有寫，即便只有中文：「科大訊飛與公安部合作成立人工智慧和語音辨識的實驗室」。網站上還說，公司開發的關鍵詞檢測技術可用於公安和國防領域，並協助建立全國聲紋數據庫。

科大訊飛董事長劉慶峰也是北京的全國人大代表，早在二〇一四年就以這個身分督促政府，為保障國家安全「盡快利用大數據反恐，加快建設聲紋庫」。官網還說，該公司已屢次協助甘肅、西藏和新疆公安「偵破刑案」，語音辨識系統有能力識別藏語和維語。過了一會兒，潘帥想起與公安的合作：「沒錯，我們提供技術給公安，協助追查電話詐騙。」「澎湃新聞」報導，科大訊飛總部位於安徽省，而當地的公安廳利用它的技術對電話進行即時監控，潘帥驕傲地說：「我們的系統只要一指認出罪犯，就立即通知公安。」

二〇一九年，由於對維族人和新疆進行高科技監控，科大訊飛也被美國列入實體清單。

在中國的某一個省分，監視技術應用得很普遍，比其他地方早好幾步。每隔幾百公尺就有一個警哨站，部分地區的汽車還得強制安裝政府的衛星定位系統，加油前，駕駛要先做臉部掃描，讓系統確認沒有嫌疑。城市和鄉村無所不在的監視攝影機亦步亦趨跟蹤每個人，有些還具有紅外線夜視功能。如果你被認定是潛在的騷亂分子，只要離開「安全區」三百公尺以外，攝影機就會自動通報當局。所有手機用戶都必須安裝名為「淨網衛士」的軟體，這軟體能存取手機的內容，據當局說法還能「阻擋恐怖主義訊息」，也就是在簡訊、電子書、網站、照片和影片中過濾出任何「有害內容」和「非法宗教活動」並直接通報當局。

你每天都會經過無數個檢查哨，公安會用他們的手機掃描你的臉，檢查你的手機是否安裝淨網衛士。有些檢查哨還安裝特殊科技，在行人不知不覺的情況下，擷取他們手機和電子裝置的網路位置和國際移動設備識別碼等資訊。

你想買菜刀，刀子上有刻上條碼。當局知道你多常禱告，有沒有親戚朋友在國外，認不認識坐過牢的人；這些資訊全集中在你的監控檔案中。你做免費健康檢查時，院方所採樣的指紋、血型、虹膜掃瞄和DNA樣本，也都會在你不知情的情況下傳送出去。附帶一提，《紐約時報》披露，中國公安的DNA資料庫使用的是美商賽默飛世爾（Thermo Fisher）的技術。

在新疆，只要你是穆斯林，那應該就是維吾爾人，而上述情況就是你的命運。你的故鄉是安全機關的眼中釘。在新疆的維族人和漢人不時發生暴力衝突，北京和昆明還發生過相關的恐怖攻擊。此後，黨中央決定發動「反恐人民戰爭」，習近平在內部談話親自要求「專政機關……要毫不留情」。新疆黨委書記陳全國二〇一六年八月上任，馬上執行習近平的政策，下令安全單位「應收盡收」。

在陳全國的統治下，新疆當局開始破壞清真寺和墓地。只要有當地人給自己孩子取名為穆罕默德或法蒂瑪、在齋戒月禁食或邀請太多人參加婚禮，就會有人去向警方舉報。從黨的角度看，如果你過於虔誠、習慣留鬍鬚，還會寫電子郵件給住在國外的親屬或跟他們通電話，並在手機裝載可疑的軟體（例如WhatsApp），你就可能被送去集中營拘禁。

監控新疆最強大的工具是「一體化聯合作戰平台」，那是一套收集新疆所有民眾數據的人工智慧系統，它會透過演算法向當局通報嫌疑分子。利用這個手機軟體，在外巡邏的警察就可將行人的臉部特徵和證件號碼，直接與中央資料庫比對。這套系統對數據的飢渴沒有止盡，據「人權觀察」二〇一九年發布的報告，新疆官員必須收集「每一戶每一人」的數據。「人權觀察」取得這個軟體後，與柏林一家安全公司合作，利用逆向工程將它拆解和分析。這個作戰平台是由中國電子科技集團公司開發和經營；德商西門子二〇一八年才與這家公司簽署「戰略合作協議」，還宣稱「將為中國電子信息領域的數字化進程開啟新的篇章」。中國電子科技集團二〇一六年已在一場記者會上宣布，將接受政府委託研發大數據系統，它可事先指認可疑的恐怖分子。「去研究發生的原因固然很重要，」集團總工程師吳曼青表示：「但更重要的是預測即將要發生的事情。」

這就是一體化平台的用意。分析此手機軟體後可發現，被黨和演算法視為「不正常」的人都可疑。系統會通報有關當局，留意以下這些人：少與鄰居來往、經常不由正門進出、擅自離開戶籍地搬到外地、用電量超過正常水平、用的手機不是自己的、開的車不在自己名下、電話離線太久或汽車衛星定位系統的訊號突然消失。與公安監控名單上的人或在外國的人有關係，也會被視為「有問題」。

這些資訊加總起來，可決定一個人能不能入住旅館、租公寓、找工作。有問題的人可能無法再踏進公共廣場，也許會遭軟禁在家，甚至被關進遍布全疆的再教育營。

在二〇一九年十一月公布的《中國電文》中，有一份「第十四號報告」。根據它所揭露的內容，在二〇一七年的某個禮拜內，一體化平台光在南疆就偵測到兩萬四千四百一十二名「可疑人員」，其中一萬五千六百八十三人被送去「教育和培訓營」。

自從二〇一七年年初以來，中國不到一年就打造了一座古拉格（譯注：蘇聯勞改營），據德國漢學家鄭國恩研究，有一百萬人在沒有犯罪的情況下消失。「現在很難找到置身事外的維族人，他們一定會有親戚或認識的人被關在營中，」他告訴我：「只要跟外國有接觸，一定會被關進去。」

中國政府很長一段時間否定拘禁營的存在；衛星照片曝光後，政府改變策略，稱這些營地是「學校」和「職業技能教育培訓中心」，精心挑選的外交官和記者到現場參觀，看到的是穿著繽紛服飾、開開心心的「學員」唱歌跳舞，受訪時感激黨帶他們離開極端主義的危險道路。被關過的人逃到國外後，描述起裡面的情況：囚犯必須接受嚴厲的課程，從早到晚向共產黨和習近平表示效忠並發誓放棄自己的信仰和文化。還有人被刑求、強暴和強迫勞動，庫車市一名公安告訴「自由亞洲電台」的記者，位於市中心以外的再教育營，六個月內有一百五十人喪生。

「國際調查記者同盟」於二〇一九年十一月公布《中國電文》，最終證明，自納粹統治以來，對少數民族與宗教族群最大規模的監禁，就發生在新疆。新疆當局的機密文件有詳細描寫到，這些被鐵絲網和監視塔環繞的「培訓中心」，根本是戒備森嚴、以灌輸政治思想為宗旨的拘留營。牢門必須「雙人雙鎖」，視頻監控必須「全覆蓋、無死角」，並且「絕不允許發生逃跑事件」。文件也提到「懲戒和處罰」的細則，被抓進去後至少關一年，個人的獎懲全靠積分，「思想轉化」可得正分，太多負分就自動延長監禁的時間。據新源縣的官方報告，再教育營的任務是「洗腦淨心扶正祛邪」。

中共不僅將新疆變成巨大的監獄，也讓這行政區成為人工智慧的實驗室。二〇一九年年初，荷蘭安全專家蓋佛斯（Victor Gevers）發現，深圳的臉部辨識公司「深網視界」沒有設下保護密碼，就將數據庫放在網路上，內容是逾兩百五十萬新疆公民的監控數據，包括姓名和身分號碼。光在二十四小時內，人工智慧攝影機就記錄了維族人六百七十萬筆的位置數據，包括清真寺、網咖和旅館。

「今天的新疆是高科技版的文革，」鄭國恩說：「監控的發展朝向自動化和預測性警務（Predictive Policing）。正如中國超越美國，新疆已遠遠領先中國其他地區。」而且按目標比率拘捕人的情況愈來愈普遍；由電腦系統來決定關人與否，不再覆核每個人的資料。鄭國恩相信這背後有清楚的策略：「目標是要民眾預期性服從，將控制內化，以達成自我審查的效果。」

中國的高科技企業在這座實驗室走在最前面，例如華為，早已有一半的營業額來自海外，在德國的合作對象有德國電信和伏德風。二〇一八年五月，華為與新疆的公安部門展開技術合作，在首府烏魯木齊成立「智能安全產業」創新實驗室。當地政府的目標是建立一個監控科技的工業園區，其製造的產品不僅就地使用，還可出口到參與「一帶一路」的國家。據烏魯木齊政府在其官網的描述，全球對「反恐維穩產品」的市場需求日益增長，所以此園區非常重要。政府稱讚華為是「平安新疆的一支新軍」，能提供解決方法，以完成公安信息化的目標。在場的華為董事陶景文，當時正巧也是西歐地區的總裁。在創新實驗室的揭牌儀式上，他表示：「華為致力把數字世界帶進每個組織、每個家庭、每個人……無疑地，公共安全是這一戰略最重要的組成部分……華為將與新疆公安一起開啟智慧警務發展新紀元。」同樣一家華為卻在國外再三宣稱，其公司獨立於共產黨，主管還屢次對外表示，他們沒有與新疆公安部門直接交易。負責網絡安全的沙福克（John Suffolk）強調，華為只「留在商業的領域」。這樣的說法與陶景文提到的警務合作相互矛盾。澳洲戰略政策研究所也在一份報告中找到證據，華為的確在新疆非常活躍，包括與克拉瑪依市的公安局合作建立雲端數據中心，與阿克蘇的公安局興建模組化的運算中心。

黨在新疆首府以慈善家的形象出現。烏魯木齊幼兒園六歲以下的兒童每天可免費得到一袋牛奶，包裝背後印的是〈黨啊，親愛的媽媽〉這首歌的歌詞。同時，數以千計的兒童顯然被送到「兒童福利院」，成了再教育孤兒，因為他們的父母被囚禁。

監控的風險和倫理議題的討論已在中國萌芽。騰訊研究院出版《人工智能：國家人工智能戰略行動抓手》，其中有大量的篇幅在探討這個問題，並要求政府制定嚴格的規範。依照國務院的《規劃》，政府會在二〇二五年建立這樣的規範，不過可以想像，它們絕不會影響到黨對人民的控制。用監控影片剪輯出來的《蜻蜓之眼》本身是強烈的表態，但藝術家徐冰迴避這個問題，自認受到佛教的啟發，片子談的是身分認同的瓦解（「我真的是我自己嗎？每個人不是和他人連結在一起？」）和他所發現的「後監控社會」。這是在呈現歐威爾所描述的恐怖畫面嗎？「不有趣，反正每個人都知道那本書。」徐冰說。為了這部電影，他花了很多力氣找到在片中出現、可以辨識出來的人，並取得他們的同意。

科技界的領袖喜歡說，中國文化對隱私的疑慮沒這麼在意。「中國人對隱私問題的態度更加開放，也相對來說沒那麼敏感，」百度執行長李彥宏在北京舉行的一個論壇宣稱：「如果他們可以用隱私換取便利，在很多情況下，他們就願意這麼做。」然而，究竟這真的是一種文化，還是政府長年來拒絕討論隱私問題的結果？大家都心知肚明。李彥宏的言論在網路上引發爭議，一則最多人被分享的評論罵他「無恥、不要臉」，許多人直接則回應李彥宏的話，說「我不願意」。在同樣是中國人家鄉的香港和台灣，個資保護和隱私討論的激烈程度不小於歐洲和美國，連在中國大陸，近年也有愈來愈多試探性的討論。

中國新制定的《網路安全法》禁止私人企業濫用個資，但同樣一部法對政府卻沒有限制。網路上的相關討論都集中在批評企業和商業領域的各種弊病，像李彥宏的言論。國家瘋狂地搜集數據，但此問題在中國是禁忌。以專精網路安全的奇虎360為例，這家公司把某些機構的監視器畫面（如幼兒園和教室）賣給私人和企業，並放在網路上直播。奇虎360辯稱說，這是為了方便家長掌控小孩的活動。這個生意引來一片撻伐，公司才將網站關閉（這網站徐冰為了找影片也用過）。據中央電視台和騰訊社會研究中心於二〇一八年年初所公布的調查，在各地城市十六到六十歲受訪者中，有八成擔心人工智慧會威脅自己的隱私。二〇一九年年底，法律系教授郭兵以「侵犯隱私權」為由控告杭州野生動物世界，此案喧騰一時，因為當時遊客得先用人臉識別才能入園。

有一名藝術家花了幾百歐元向數據商人買下三十四萬六千人的個資，包括姓名、性別、年齡、電話號碼、地址、護照和網購紀錄，並製作了裝置藝術名為《三十四點六萬武漢公民的祕密》，結果警方馬上強制關閉展覽會場，對他進行調查，並懷疑他偷竊數據。網民「游山打補」大膽地在微信上寫了幾行字談「思想審查的人工智能」，但審查機制馬上將其刪除。在中國，批評國家監控是禁忌。「全民思想審查就成為現實了，」這篇文章寫道：「每個人都跑不掉的。時代很美好。人們剩下的選擇是：只有一個『主體思想』，或者放棄任何思想。」

無需擔心，《人民日報》提醒道：「有些人可能覺得自己受到科技的威脅，因為幾乎每個人都會被放大檢視，但大多數人覺得安全，因為科技得到可靠的照顧。」

無需擔心，曠視的謝憶楠告訴我：「數據全放在公安那邊，非常安全。」他見我起疑，補充說：「你指的是隱私？你有手機嗎？那麼你早就沒有隱私了，你全部的生活都在上面，有什麼好大驚小怪？」

第9章

新人類：大數據與社會信用體系如何製造聽話的奴才

「讓守信者處處受益，失信者寸步難行。」

——取自中國國務院社會信用體系的規劃

中國的新人類不僅是好人，也是誠實的人。「我們想將人文明化，」中國東部小城榮成的一名官員告訴我：「我們目標是將人的行為規範化，如果所有人的行為符合規範，社會自然就穩定和諧。」這名官員喜形於色：「這樣我的工作就輕鬆多了。」誠實的人，就是值得信賴的人，這可能是中國社會最缺的資產：信任。

中國的確陷入信任危機，人人彼此互相不信任。北大教授章政說：「我們的社會仍不成熟，市場秩序混亂。」他認為過去數十年農村人口外移和社會和經濟的轉型是主要原因。「誠實的人是傻子。」王俊秀如此描述中國人普遍的心態。他是北京中國社科院《中國社會心態研究報告》的作者之一。根據社科院上海分院的調查，百分之九十的受訪者認為在今天的中國誰誠實可靠，誰就吃虧。

有些人以為過去的政治運動（尤其文革）是今天無所不在的猜忌的根源，當時以救世主毛澤東的名義挑撥人與人的關係：子女鬥父母，妻子出賣丈夫。王俊秀也把矛頭指向現在：「欺騙的人不用負責」、「公共權力執行者對權力的濫用」。

在這份報告發表的二〇一三年，這樣的公開批評還不會被消音。那一年，有位著名北京社會學家的話在網路上瘋傳：「若是連和尚與老師都在墮落，那這個社會就已經爛透了。」

那也是習近平接下黨和國家主席職位的一年，他意識到這個挑戰：社會完全失去信任將對共黨統治造成威脅，而且有礙市場經濟發展，危及經濟的持續成長。食品有毒、環境汙染、建築偷工減料——在中國毫無節制的資本主義，為了營利可以不擇手段。社科院報告的結論是社會缺乏公平感，建議從法律和制度面來重建和改革。不過，黨另有想法，它想做的事這世界前所未見：打造「社會信用體系」、一種社會信用的評分系統。

我到北大採訪章政教授，他是經濟學院副院長，更重要的是，他是這新制度的重要顧問。教授說：「原理非常簡單。這世上有好人，也有壞人，想像一下好人獲得獎賞、壞人被懲罰的世界。」在這個世界，孝順父母、過馬路走斑馬線和所有帳單都付清的人總是有優先權，搭火車可買「軟臥」票，去銀行可以貸款，但犯錯的人就不行，比如高考考試作弊、下載盜版電影、婦女違反政策多生一胎。在這個世界，全知且隨時能看見你的數位機制比你更了解自己，還能幫你改善自己，因為它不論何時都能告訴你，做什麼事能讓自己更誠實、更值得信賴。說說看，這是不是一個公平、和諧的世界？

為了誠實，上海推出一個手機應用程式：「誠信上海」。下載、註冊，讓軟體掃描你的臉，辨識你的臉部特徵，接著將你的生活資訊調閱出來。我在拜訪上海市經濟和信息化委員會時，官員告訴我，每位市民的個資有五千一百九十八筆，由九十七個單位所提供。這軟體是由負責收集全市數據的信息化委員會所管理：「電費帳單繳了嗎？捐血了嗎？可是稅沒繳？搭地鐵沒買票？」你做過的行為會被輸入資料庫，在演算後吐出結果：「非常好」、「好」或「壞」。好的上海居民到市立圖書館借書可以不用付一百元人民幣的押金。

民眾可行選擇使用這個程式，看起來有點好玩，但其背後的制度可不是。它的官方名稱是「社會信用體系」，按政府規劃，二〇二〇年起，每一位中國公民的現實生活都得靠它。在上海，每一位市民已被納入考核，經濟和信任委員會副主任邵志清特別強調，他的部門不負責評分，而是交由第三方，他只是將數據交出去，由演算法來決定好壞。無論如何，這套制度將改變中國。「一開始我們關心的問題是：你是一位可信的人嗎？」邵志清說：「這點攸關市場秩序。信賴是市場經濟的基礎，我們希望人人都遵守法律和履行合約。我們最終在意的其實是社會秩序。」在這體系內，所有的個人、企業、組織只不過是不停變化的數據組合，政府的任務是不斷地收集數據和評價，用鼓勵和懲罰將公民行為、經濟和社會引導到他們期待的方向。

章政教授心情不錯，甚至有點興奮。他說，我們為何不好好認識一個人？不只他的過去和今天，「更重要的是他的未來」。這套體系能辨識出壞人、壞的企業和壞的公務員，統稱為失信者。

他們不論在何時何地都會被識破。透過大數據，每一位公民都被印上評價的烙印，這成了他的新身分，決定他能否參與日常生活和獲得社會資源。

章政不僅是副院長，也是經濟學院的黨委書記，不過沒有陷入僵化的意識形態中。他經常旅行，去過日本和美國，對世界局勢很了解，活潑又有好奇心的他，有時還會批評時政。我們約在大學教室見面，當時是中國最重要的節日農曆春節。「聽聽看，」這位教授微笑說：「好安靜。」我們很可能是校園內唯一因工作而碰面的人。看得出來章政很關心這個問題，「您來自德國？」他說：「在德國也有一套諮詢系統，銀行和企業可以檢查申請者的信用。是Schufa（譯注：德國民間機構《通用信用保險保護協會》的簡稱，功能類似台灣的金融聯合徵信中心）沒錯吧？您想像一下，社會信用體系就像Schufa，只是規模比較大，簡直無所不包。」「當然，您如何處理金錢很重要，例如是否及時還債，」章政看著我：「可是，如何對待父母和伴侶、社會行為是否遵守道德規範，不是也相當程度透露您的誠信？」

教授說：「去榮成看看吧，他們是先行者，中國沒有地方走得更快。」榮成是中國東部海岸的一座小城市，擁有六十七萬人口、一個天鵝自然保護區、一座核能發電廠——以及一個負責誠信的單位，「誠信辦的人成績十分傑出」，教授說。

這裡正在排練中國的明天。中國有四十個左右的示範城市，榮成是其中之一。每個城市走自己的路，不過所有城市都在找最誠信的人。「要做這件事，必須先進入人的內在。」榮成的主任黃春暉這樣告訴我。他單位的名稱不再是誠信辦，「對我們來說，這名字聽起來有點模糊」，社會信用中心是現在的新名稱。黃主任拿出一張紙，畫了一顆蛋，先畫一條線穿過頂端，再畫一條線穿過底部。他說，這就是社會，頂端的人是模範公民，「底部的人我們必須教育他們」。

接著他解釋這套制度。中國所有的企業和公民都是一員，信用評價無時無刻在進行。在榮成，每位市民一開始有一千分，之後得分有加有減。有些人是AAA級市民（「誠信模範」，一千〇五十分以上），或AA級市民（「誠信優秀」，一千〇三十分至一千〇四十九分）。你也可能跌到八百四十九分以下的C級，所謂的「警示級別」，或者五百九十九分以下的D級，被系統判定為「不誠信」。你的名字從此被列入黑名單，根據《榮成市市場主體信用分級分類管理辦法》，就成了「重點監管對象」。

這套奠基於大數據的系統，目標是即時落實道德教育和行為監控。根據國務院二○一四年頒布的規劃綱要，社會信用體系能糾正「造假欺詐」、「提高全民族誠信素質」和構建「社會主義和諧社會」，理論上還能讓大眾監督基層政府單位的運作。

黃主任說，這套系統當然有用。先從闖紅燈開始：以前很多司機覺得無所謂，拿到罰單繳錢就沒事了，「現在沒人敢闖紅燈了，因為這樣做會減分」。我在榮成街上詢問兩位當地居民，他們都沒聽過「社會信用」。「這是什麼？」我問的第三人也沒意識到，因為系統早已開始記錄和評價他們全部的生活。他回答我：「既然您說政府會嚴格執行交通法規，那我會開慢一點。我認為這樣做是對的，誠信社會是一件好事。」

曙光社區離社會信用中心不遠，草地修剪整齊，新建的公寓可提供五千戶家庭的一萬兩千人居住。房前停的是福斯和豐田的汽車，還可看到幾台BMW，顯然住戶是中國的新中產階級。「以前的人想做什麼就做，」社區黨支部書記董建剛說：「現在道德回來了。」身為黨書記，這是他的職責。「我們正在建立誠信社區，」他指著辦公室外面每個人都會路過的告示榜：「我們將失信者的姓名列在這邊。」

王小姐的狗在草地上拉屎沒撿起來——扣五分。宋先生冬天將水倒在門口，水結成冰——也一樣扣五分。

「他們一定覺得很丟臉，」董書記說：「可是這就是評分的目的，看看這邊。」他露出微笑。

周先生幫一對老夫妻搬家——加五分；李先生教書法——加五分；余家出借地下室讓大家一起唱革命紅歌——加五分。鏟雪、帶老人去看病、幫小朋友上課也可得分。

董書記現在介紹分數超過一千分的明星市民，他們獲得「誠信示範家庭」的榮譽，六十四歲的退休老人暨黨員同志秦之業就是其中之一。他請客人坐在公寓的沙發上，上面小心鋪著一塊縫好的被子，彷彿坐在粉紅玫瑰上。秦先生在曙光社區住了七年，「我對這裡的一草一木很有感情，」他說，這系統的確改善了社區生活：「如果你有太多負分，其他人就會偷偷說你的壞話：瞧，那人是B或C級，讓你出醜。有時候，我們警告要降級就夠了，光這樣就能嚇壞他們。」

他們將整個社區分成不同的「網格」，每個單位四百戶家庭。「每戶家庭可互相監督，」董書記說：「我們還有人負責檢查、打聽，並拍照或錄下錯誤的行為。」早從二〇〇三年起，黨就在上海等城市嘗試科技輔助的「網格化社會管理」。類似的管理方式在中國歷史悠久。奠定中國統一基礎、讓秦始皇得以統治的大臣商鞅，在西元前四百年已將人口分組，每組五到十戶；人民互相監督，並向政府告密，若一人犯錯，所有人都受罰。他曾說：「重刑，連其罪，則民不敢試。民不敢試，故無刑也。」培養自我管制的新人類，讓這些奴才自己監視自己，當時已是獨裁者的夢想。

中共的道德和社會信用體系在歷史上有先例。十六、十七世紀中國民間風行所謂的《功過格》，此書充滿儒家和佛教對倫理和生活秩序的想像，內心不安的民眾可用來檢視自己行為的善惡，看它們在業報上是否能功過相抵。在那個年代，政治和經濟動盪，社會和道德敗壞；貿易和市集興起，經濟走向商業化，階級體系因而被翻轉。按照傳統的儒家思想，商人的地位最低，但他們突然贏得聲望和影響力。當時國內外交通更加便利，但官員貪腐、價值觀更迭，《功過格》讓困惑和無助的人民心中有依賴。以袁黃的《功過格》為例，救人一命或保全婦女貞節可得一百分，延續香火或收養孤兒得五十分，為政府引薦有德之人則是十分。這跟曙光社區的評分榜差別其實不大，只不過當時的業報執行者今天叫做中國共產黨，有大數據幫忙，獎懲在這一生就會施行，最好在當下就實現。

照榮成市管理辦法的解釋，社會信用相關措施以「激勵」為主，懲戒只是為了「幫助」人恢復信用。曙光社區的董書記腦袋想的遠超過自己社區的範圍，「我們努力讓社會充滿和諧」。他提到有父母來拜訪他，想在女兒結婚前知道未來女婿的信用分數，坐在粉紅沙發上的秦老先生聽了大笑。「你當然想知道你女兒嫁給什麼樣的人，」董書記說：「你得承認，換成是你也會做一模一樣的事。」

行為遵循規範在金錢上也有回報。「如果分數像這位秦先生這麼多，去銀行借錢再也不需要抵押，」他說：「很棒，不是嗎？這就是我們的黨：只要你做好事，它也會對你好。」如果我做了壞事？「那你就不准再搭飛機或高鐵，我也不會雇用你。」

沒錯，中共中央和國務院二〇一六年九月公布的《關於加快推進失信被執行人信用監督、警示和懲戒機制建設的意見》也是這樣規定。不誠實的企業將被排除在政府採購外。失信的個人無法成為公務員或金融、保險公司高級主管，從事不動產交易和買車受到限制，也不能搭機、買高鐵票和搭乘夜車的軟臥。他們再也不能住星級以上的飯店，不得在高消費的餐廳用餐，不能出國旅遊，子女也不能就讀昂貴的私立學校。

社會信用體系的許多細節仍不清楚，到底那一個示範城市會脫穎而出？未來將有多種模式平行存在，還是全國統一？最後會演進成不同賞罰機制構成的龐大生態系，還是全面合體的權力控制中心？民營企業的信用評級什麼時候、以何種形式併入？二〇二〇年是官方預計實施的時間點，不過目前看來，未來幾年才會逐步引進。光在全國層級，就有四十六個黨的分支機構和政府部門在研擬細節。中國政府已引進所謂的統一社會信用代碼，每一位公民、每一家企業都有一個號碼，相關數據全儲存在那個號碼底下。

整體拼圖的一部分已付諸實現。褒揚好人代表，鼓勵符合社會期待的行為，將工人封為「勞模」，表揚家庭為「衛生模範」；這些活動在中國已行之有年。二〇一三年施行的新法規定，所有中國人有義務照顧年邁父母，拒絕履行將被追究法律責任。同年，最高人民法院公布欠債不還的名單，後來成了社會信用體系黑名單的基礎，據國家公共信用信息中心的統計，二〇一八年有一千七百五十萬人因此不能搭飛機，五百五十萬人不能搭高鐵。被處罰的人數也迅速上升，據《環球時報》報導，光二〇一九年七月就有兩百五十六萬名失信者買機票時被拒。在河南省的兩個縣，法院與電信公司合作，打電話給黑名單上的人不會聽到鈴聲，而是聽到語音提示說，此人已被列入「失信被執行人名單」。

這套制度就是要讓人在大庭廣眾面前出醜。政府為信用體系成立「信用中國」網站，用多幅漫畫來解說其概念。其中一幅說，法院如果將某人納入黑名單，就會「在城區多個大螢幕上『晒』出他的照片，讓其無所遁形，街上來往的人都能看到他的照片和信息。」漫畫上可見一名穿西裝打領結的年輕男人，手上捧著一束玫瑰花向一位女士示愛。他滿頭大汗，顯然被認出欠錢不還，頭上寫著「羞愧」的對話框將箭頭指向他。這位漂亮的女士拒絕了他。「你是『老賴』吧？」她在街上的大螢幕看到他：「不會有人跟你相親的。」這幅漫畫的標題是「莫因失信誤終身」。播放音樂短片的APP「抖音」，二〇一八年夏天開始加入追捕失信者的行列，再一次證明中國私人企業與政府的密切關係。廣西的使用者刷抖音時，會看到名列失信黑名單的人的照片，知道他們去處的人若向警方通報，可分得對方債務的一部分當獎賞。

每個人都可到「信用中國」搜尋黑名單上的人，守信的人會被列入「紅名單」。另一個網站也列出類似的資訊。二〇一八年，全中國新增三百五十九萬家名列失信黑名單的企業，其中有爆發假疫苗醜聞的藥商。社會信用體系也將涵蓋外商，北京的中國歐盟商會警告會員要做好準備，這套制度如今已是現實，而且可能「決定個別公司的生死」。目前相關人士已可在線上查閱企業的積分，其主要根據是公司過去執行《勞動合同法》、環境保護、衛生措施和履行合約的情形。

根據二〇一八年三月官方的聲明，懲罰機制應按照「一處失信，處處受限」原則，在飛機上鬧事、逃稅、詐欺和遲交社會保險費的人都會面臨禁止搭乘飛機的懲戒，賣黃牛票或在高鐵車廂吸菸的人，未來半年也禁止搭火車。

自從毛澤東時代以來，中國人就知道什麼是「檔案」、這個將人的一生記錄下來的機密卷宗，記載每個人的嗜好、工作經歷和政治可靠度。這卷宗跟著人一輩子，但他自己從未親眼看過。只不過，這些文件以前都是紙本，而且幾乎被遺忘了，如今片段的資料第一次組合成整體檔案。

中共二〇一六年通過相關的指導性意見，內容提到「加快懲戒軟件開發使用進度」，目標是對失信者「自動比對、自動監督、自動懲戒」。不論天涯海角，再也沒有漏網之魚。

雖然中國政府最遲從二〇一四年起密集投入這套系統的研發，但直到今天許多中國人仍沒聽說過。「好吧，」一位北京朋友聳聳肩：「反正在這個國家面前，我們每個人都是赤裸的。」只要黨國一干預，中國人對隱私保護多半沒什麼期待，只能雙手一攤表示無奈，「難道會比赤著身子更暴露嗎？」事實上是有可能的，尤其黨國還想打開你的頭顱看看裡面在想什麼。

隨著二〇二〇年逼近，愈來愈多失信黑名單浮現，黨媒更常報導實際賞罰的案例，大眾才逐漸意識到社會信用體系的存在。二〇一九年年底，北京地鐵宣布將安裝新的人臉辨識攝影機，並整合入信用體系；系統可自動找到黑名單上的人，確認其「安全風險」並加以特別檢查。在地鐵車廂吃東西被抓到，也會被納入個人信用不良紀錄。二〇一九年起，黑名單上的人再也不能參加公務員考試。二〇一八年夏天，《人民日報》詢問讀者：「信用社會來臨，你準備好了嗎？」許多中國人聽我稍微解釋這套制度後說，社會上多一些信任是件好事。不過，山東濰坊市的一所中學於二〇一八年年初宣布，再也不讓名列黑名單的家長的子女註冊，當時這種連坐法第一次在網路上掀起反彈聲浪。

中國最著名的信用評等制度實驗不是由政府主導，而是由號稱有十二億用戶的行動支付軟體支付寶所推出的「芝麻信用」。每位支付寶用戶都可啟用，芝麻信用分最低三百五十分，最高九百五十分。芝麻信用的演算法是機密，不過主要根據五大標準來評估用戶的信用：身分特徵、信用紀錄、履行合約能力、行為偏好和個人關係。

芝麻信用技術總監李應雲舉例說，一天花十小時玩電腦遊戲的人，會被視為是遊手好閒的人，反之經常買尿布的人很可能是負責任的父母。上海澎湃新聞報導，地址經常改的人會被扣分，朋友的信用紀錄也會影響芝麻分。這裡的訊息相當清楚：離分數低的朋友遠一點。

芝麻信用也與「百合網」等線上交友平台合作，會員可展示芝麻分提高找到伴侶的機會。分數高的人容易借到錢，更快拿到盧森堡或新加坡等國的簽證。支付寶將目光投向西方，在美國和歐洲許多地方，中國觀光客可用支付寶付帳，軟體也會即時將交易和位置資訊傳回中國。

這聽起來很先進，不過這種商業誠信制度的未來仍充滿不確定性。「中國人民銀行」允許八家機構試行個人徵信業務，最後卻以「數據保護和利益衝突」為由決定一張牌照也不發。網上許多人認為，阿里巴巴設計芝麻信用這樣的獎勵制度，只是為了提高自己平台的流量，真正目的是為了抓住客戶，對於改善用戶信用的幫助不大。媒體也報導說，當中有人為操控的情形；有名駭客在微博誇口說，自己已成功改變支付寶的數據，讓委託他的客戶得到更多分數。柏林墨卡托中國研究中心研判：「在社會信用體系發展的過程中，數據造假的情況可能會層出不窮。」

社會信用體系的主導者強調此制度的好處，特別是能有效消弭詐欺等社會弊端；因為詐騙案件，中國每年至少損失九百億美元。藉由電子交易，數以億計的農人、工人、學生等弱勢才有機會獲得貸款，否則他們原本無法證明自己的信用。它還能鼓勵消費；這個規模龐大的計畫終究是為了刺激景氣。

但這樣的願景也讓一些人感到恐懼。作家慕容雪村說：「這套制度讓人毛骨悚然……他們嘴巴說信任，事實上是為了控制你，並看穿你最深的內在。如果年輕的你不小心在網路上說錯話怎麼辦？好吧，應該不會馬上被捕，但可能護照、駕照會被吊銷，銀行戶頭會被封鎖。」

自從微博帳號被封，再也不能發表小說和劇本以來，慕容雪村改靠在網路上賣化妝品、草莓和哈密瓜維生。「這套制度如果真的開始運轉，中國將超越歐威爾的想像，」他說：「我這種政治立場不可靠的人分數奇低，也許再也不能旅行和搭火車，搞不好還會被房東趕出門，只好到橋下過夜。」這作家遲到一個多小時才到，國安部的人讀了他跟我約見面的微信對話，直到最後一刻還試圖阻止他不要來。

有些人自我安慰說，由於技術的挑戰實在太大，這套新監控系統永遠不可能發揮效用；龐大的數據收集後，因為品質良莠不齊，還得適當地一步步評估。此外，長久以來，中共努力讓中國人言行更文明，人民還是置之不理。搞再多的運動，北京人還是繼續在街上吐痰，上海人大白天穿睡衣上街買菜。

就算充滿人為操控、低效率和貪汙等中國機關的特色，這套制度還是具備獎懲功能，但這樣對社會有幫助嗎？建立誠信社會和政治控制兩大核心目標，很有可能前者最終還是失敗，但後者大獲成功。

不過，到底誰失信和為什麼失信，終究還是由黨來決定。在榮成這個位於中國東岸的未來實驗室，在網路上從事「非法宗教活動」——即被禁止和迫害的法輪功——會被扣一百分，這可是最嚴厲的懲罰。在黨或地方政府等大型會議場所附近請願、表達冤屈，會被扣五十分。到北京上訪，會自動被降到D級，即不誠信的失信者。「不用擔心，」榮成的黃主任說：「我們只處理沒有爭議和有證據的案子。」由法庭審判來證明？「不僅如此，」他說：「還有安全機關的評估。」到頭來還是公安和國安的人說了算。

社會信用體系不僅收集個人，也收集企業和組織的「社會信用」，不分國籍，所有在中國活躍的個人與單位都會被評估；此制度的政治目的愈來愈明顯。自從二〇一七年年初新的管理辦法生效後，真正的非政府組織已幾乎沒有活動空間。二〇一八年，一些非政府組織、例如伯爾（Heinrich-Böll-Stiftung）和阿登納（Konrad-Adenauer-Stiftung）等德國有政黨色彩的基金會，都會在北京的辦事處收到一本小冊子。（譯注：伯爾基金會是親綠黨的基金會，阿登納基金會是親基民盟〔CDU〕的基金會。）這本冊子篇幅近四十頁，內容是北京研議中的草案，包含各種行為指示，重點是非政府組織、基金會及其負責人很快會被納入社會信用體系，其所作所為會被評分。「危害中國統一和民族團結」：扣基金會一百分，負責人五十分；「誹謗或公開有害訊息」：一樣的懲罰。從此以後，批評習近平和共產黨、對台灣的民主表示好感，通通變成禁忌。如果伯爾基金會在柏林的代表出席與台灣或西藏有關的活動，在北京的辦事處很可能會被處罰。中共打算藉此輸出自己的價值觀和政治理念嗎？從草案看來的確是如此。外國人也能為自己加分，例如「促進國際友誼」（五至十分），或「協助中國共產黨建立基層組織」（五至十分）。阿登納基金會得在內部成立中共的支部嗎？可以想像基民盟一定很不樂見。

北大經濟學者章政對這套制度的優點讚不絕口。他說，那些經營不善的公司、收賄的醫生、體罰學生的老師和貪汙的官員很快就會絕跡。不過，他也警覺到國家權力會有過度集中和被濫用的危險。正因如此，他反對成立中央數據庫，以免將全國各地的所有數據集中在一起。這個無所不知的國家資料庫如果真的成立，將是中國社會的大腦。

大權在握的國家發展和改革委員會是社會信用體系的監督者。章政說，他們正考慮引進中央數據庫，「我們認為這樣做很危險」。我們指的是誰？「我們學者。」教授說。但他補充說還有另外的聲音。在中國這樣的體制，這些聲音的份量超過學者。「我們的最大問題是無法參考別人經驗，這是全新的領域，」這位教授說：「可是這件事才會如此刺激。」他上身向前傾，幾乎被狂熱的感覺征服，「人類歷史上從未有過這樣的制度，在地球上我們是首例！這多麼讓人興奮」。

世界第一。對企業和政府機關懷抱著大數據夢想的民主國家來說，這是一記警告，對其他國家也非常有吸引力。「由資訊科技輔佐的中國獨裁體制，」墨卡托中國研究中心預言：「將會成為其他獨裁國家的榜樣，並供應他們相關科技。」德國中國問題專家韓博天（Sebastian Heilmann）稱之為「數位列寧主義」。

我們確實正在見證披著數位外衣的極權主義重返世界。中國一直是一個獨裁國家，但只有毛澤東在位統治時，才變成極權國家，把手伸進百姓腦袋最幽微的角落、連他們的臥室和親密關係也監視。這種新的極權主義比毛澤東和史達林的統治完美得多，數據的掌握和控制手段超乎前人所能想像，因為我們已經將大腦搬到手機上，一步步在網路中生活和思考，並用數位媒介記錄下來。最棒的是，政權毋須在日常生活散播恐懼，跟以前的極權主義不同，光人民下意識知道暴力隨時可能出現已足夠。先是無人察覺、靜悄悄地潛入，最後人民也成了共犯。

這樣不好嗎？「如果幾十年後，再也沒必要討論這套制度和規定，不是最好的嗎？」在上海市府主管經濟、負責執行社會信用體系的趙姓官員問我：「再也沒有人敢有失信的念頭，敢破壞社會的共同生活，這點我們或許能辦得到。」她欣喜若狂看著我：「到了這一天，我們的任務就完成了。」

新人類在這世界上就誕生了。

第10章

奴才：獨裁如何讓心靈枯萎

「我們極容易變成奴隸，而且變了之後，還萬分喜歡。」——魯迅，一九二五年

有些人失控了。

內陸離重慶不遠處的一位民工，千萬普通人當中的一人。跟兒子不親，與母親更疏遠。他拿了一把槍，偷走一台摩托車，搶一間銀行，有人擋路就開槍。

在中國地理心臟湖北省的一位女子，情人已婚，被元配毆打。在一家三溫暖工作，被客人用整捆的鈔票羞辱，她抽出一把刀子。

在南方東莞的打工仔。沒錢，沒朋友（他背叛了他們），沒家人（母親因為他窮看

不起他），沒愛情（心愛的女人當著他的面為嫖客服務）。他爬到宿舍的高層往下跳。

山西煤礦區的一位工人。幹部曾承諾與工人分享開礦利潤，現在把錢全放進自己口袋。這名工人想討回公道，卻在眾目睽睽之下被揍，還被幹部吐口水，被跟他一樣被騙的同事取笑。他去弄一把武器。

濺血。

這些是黑暗的故事。「可是，這些故事如火柴般照亮我們，」旁白說，當故事有人說出來、不再被遺忘的那一刻。賈樟柯的電影《天注定》做的就是這件事。這是一部劇情片，但片中的暴力事件在中國都實際發生過。有年輕男子真的跳下去，女子刺了人，血真的流過。

在二〇一三年通訊管道被黨重新封閉之前，賈樟柯在沒有審查的網路上撈到這些故事，將他們編織成宏偉的全景畫，就像古代中國畫家最喜歡的題材「江山萬里」。「這是我一直想拍的，」賈樟柯說：「一部能總結當下中國的電影。」這是中國近年最好、也是最灰暗的電影之一。《天注定》展示的是富裕背後的空虛。一個沒有正義的國家，一個不存在道德的社會，人選擇使用暴力，因為相信這樣才能保住自己最後的一點尊嚴。這部片的美學和敘事手法借用了武俠片。古典武俠小說的強盜和綠林好漢、電影中不知畏懼是何物的英雄人物，自古以來就是政治寓言的主角，他們被逼到社會邊緣、無路可退時，就會拔出武器。但賈樟柯的英雄是絕望的，得不到慰藉和救贖。

賈樟柯的故鄉是煤煙繚繞的山西礦區，父親是老師，母親是售貨員，鄰居是平民百姓。他原本學美術，一九九三年進入北京電影學院研究電影理論並沉迷於電影史。「學院風氣自由，沒有禁忌，」他說：「我一到就先借日本色情片來看，那是幸福的時光，把我解放出來。」與其他同代的導演一樣，賈樟柯有意識地與陳凱歌和張藝謀等前輩保持距離，用全新的寫實主義來與他們的華麗畫面和歷史譬喻區隔。賈樟柯認為：「現在的導演應該說現在的故事。」全中國終於拜倒在他們腳下。據傳習近平說過，比起張藝謀的浮誇，他更喜歡賈樟柯貼近現實的電影。不過，那是在《天注定》誕生前。

賈樟柯坐在北京城北的工作室，他身後牆上掛的是毛澤東。那是他二〇〇〇年作品《站台》的法國版海報，毛澤東的頭原本向下，他把海報倒著掛，毛澤東現在又變正的。賈樟柯談起，中國人都是在暴力文化下成長的，換成在另一個中國、一個真正進步的國家，他的電影就不需要這麼多暴力了，「我或許會拍一部律政劇」。賈樟柯在片中呈現出，在一個失去同理心和人性的社會中，有多少的受害者。擁有權力的人貪汙和自肥。受盡恥辱的人對未來不抱希望，他們訴諸暴力不是為了解決問題，那些是他們僅存的能自己作主的行動。「只有這樣做才能說出他們的絕望，以受到大眾關注，」賈樟柯說：「他們承受極大的壓力，所有發洩的管道和閘門都封起來了，這樣子很危險。」

不能說殺人的瘟疫已經在中國擴散開來，這個國家其實是世界上最安全的地方之一。不過，難以想像的暴力事件卻不時發生：一名坐在輪椅上的男子，在北京機場引爆炸彈；在廈門，一名生活貧困的小販在公車縱火，造成四十七人死亡；十二名鄉下來的上訪民眾，在天安門廣場附近吞毒藥，因為集體自殺是他們僅剩的抗議手段。在黨聲稱的穩定表面底下，不滿情緒正在發酵。「微博出現前，許多人聽到這樣的故事，以為是個別事件，」二〇一三年夏天我訪問賈樟柯時他說：「可是自從有了微博後，我們知道這樣的事在全國各地經常發生，成了我們現實的一部分，再也無法否認。」他的電影是一扇窗口，一如微博曾短暫扮演的角色。我拜訪賈樟柯不久，當局就通知他，片子雖然通過審查，還是不能在電影院放映。當時已吹起新的風，習近平的手下整頓微博，中國又重新開始粉飾太平。

隨著這個國家的變化，小人物迷失自己，也失去彼此；這些遭遇讓賈樟柯難以成眠。有評論家認為他關心的是「底層」，這導演的回應非比尋常：「很有趣，不論農民、工人或知識分子，這國家所有人都用鄙夷的口吻談『底層』，好像沒人覺得自己是其中一人。其實，在中國，我們所有人都活在專制政權底下，每個人都一樣。有些人握有權力，其他所有的人都一樣弱勢。」賈樟柯說：「我們所有人都是底層。」

英文有一個很棒的概念稱做「無知便是福」，這是專制統治者心中理想的奴才狀態。政府把成年人當小孩，但我們卻言聽計從，沒有獨立思考和承擔責任的能力，依舊在街上吐痰、亂插隊、大聲喧嘩、放肆無禮，隨時等著被統治者斥責和教訓。多年來，審查制度成功讓多數中國人保持在這種狀態，直到微博上有人趁機發表自由和瘋狂的辯論。這維持了四年的自由是一個意外的禮物，讓宣傳部門精心塗抹的畫上出現裂痕。勇敢的知識分子、藝術家和作家看穿表面的光鮮繁華，於是繞過西方時尚雜誌樂於報導的熱鬧派對和驚人利潤，勾勒出一個完全不一樣的中國社會。「我看到了當代的中國，它蓬勃而又扭曲，」作家閻連科說：「腐敗、荒謬，混亂、無序……人類數千年建立起來的道德秩序和人的尊嚴尺度正在解體。」

二〇一二年我回到中國，頭兩年接觸的每一個人——朋友、採訪對象、都市中產階級、中國經濟奇蹟的受益者——都有同一個心願，那就是離開中國。在百度上，「移民」一詞的搜索倍增。「在微博一小時，足夠讓人憂鬱一整個禮拜。」一位北京的朋友告訴我。微博海量的資訊讓人目眩神迷，但很快巨大的絕望感和無助感就來襲，壓垮每個人的夢想。難道這就是國家許諾的未來？

當時習近平剛上台，宣布他要復興中華民族和實現「中國夢」，但那時也是各地的中國人第一次透過社群媒體找到彼此，互相訴說自己的夢想。「以前我們也跟國家做一樣的夢，」一位知名學者告訴我：「現在大家都說：這些夢跟我無關」。他談到自己的女兒正在學習英文：「我的夢想是她有一個美好的未來。對中共來說，既然它打算不受節制地永遠統治這個民族，那幾年的網路盛況就顯得非常危險，社會上許多人正從昏睡中甦醒，離開宣傳機器維繫了數十年的催眠狀態。我最常聽到他們說的三句話是：

沒有安全感。

沒有信任。

沒有道德。

是的，中國也有勇敢、熱情、富有同理心的人，他們樂於助人，實踐患難與共的精神。但他們遇到的阻力比在其他社會大得多，除了受同胞質疑，還會被國家機器盯上。例如在二〇一七年寒冬，當局粗暴將外地人趕出北京，還將這些農民工的家拆除，讓許多北京市民非常震驚和憤怒。一些人主動幫助這些無家可歸的人，結果自己也感受到公安機關的威力：通州的楊先生提供無家可歸的人一個房間，讓他們存放物品，結果警察找上門，楊先生連自己的公寓都不能住。畫家華涌拍攝民工被強制驅離的過程，結果他也被迫離開北京，後來在天津被捕。社會運動家胡佳第一次被抓時，是因為他為河南愛滋村的患者奔走，他質問：「為什麼這個國家總是好人遭殃？」正是理想主義讓他們變成可疑人士。

任何獨裁政權都想摧毀人民的團結和同理心。今天的中國人什麼都不信任，不管走到那都可聽到有人抱怨道德淪喪。原因有幾項，文革夢魘是其中之一，直到今天，它造成的歷史傷口仍未癒合。毛澤東死後，對共產主義的信仰也一起被埋葬了，中國出現價值和信仰的真空，只剩下黨的要求：「富起來！」貪得無厭成了新中國的口號。「我們這代人實際是沒價值觀的，也沒原則，」生於一九六四年的張朝陽說，身為網路企業搜狐的老闆，他可說是新中國的明星人物：「所以有叢林法則，基於各種各樣的原因，你就有機會成功。你開始利用而不是遵守原則，而且利用的尺度很大。」民調機構易普索（Ipsos）二〇一七年在世界各國調查後發現，多數國家人民擔心的是失業、官員貪汙和貧富差距的問題，只有中國人最擔心「道德淪喪」。獨裁體制不僅讓社會墮落，也毒害人與人之間的關係。漢娜・鄂蘭如此描述獨裁國家：「統治者的觸角一到，就會開始摧毀人的本性。」即便外來者第一眼看不出來，但中國社會其實已經病了。

這就是叢林法則，也是對權力和金錢的崇拜。人民經年累月只想著要活下來，所以淬煉出冷酷的實用主義。川普在競選和就任美國總統後，有一個特殊現象是，他在中國有粉絲團，比起他仇恨中國的言論，這些人更在乎的是，他如何肆無忌憚地攻擊政治正確的主張。他們在川普抨擊福利國家和其他國家的難民政策時鼓掌叫好，在他們眼中，這些都是誤入歧途和卑鄙的「白左」行徑。「白左」即「白人左派」，很長一段時間是中國網民流行的貶義詞，主要針對希拉蕊和梅克爾等西方的自由派（後者還有尖酸刻薄的別名「聖母」），但其實也用來稱呼任何為戰爭難民、社會弱勢或同志出力的人，罵他們偽善又軟弱。按照這個邏輯，如果遭逢不幸全是自己的錯，反正每個人得為自己人生負完全的責任。挪威學者在二〇一八年的研究中驚奇地發現，比起美國人，受訪的中國人大多持右翼的自由主義觀點，也就是相信人生而不平等、反對對富人課徵重稅。五分之一的中國人認為國家不應重新分配財富，科學新聞網站「北歐科學」（ScienceNordic）因此稱「中國人比美國人右傾」。

當過體育記者、後來成為暢銷書作家的李承鵬，有次在成都告訴我：「許多中國人不仇富，他們自己也想變得富有；他們恨的是道德，中國的確道德淪喪。」自由派的他是知名的社會評論家，在二〇一三年那場針對獨立部落客和作家的運動後被迫沉默了。歷史學者程映虹認為，將自然選擇和適者生存套用在人類社會的社會達爾文主義在中國社會盛行已久。「社會達爾文主義與專制政治是天然盟友，」程映虹指出：「它們忽略了權利和資源分配的不平等現象，還維護這個現象底下的暴力、欺詐和壓榨。」「我們活在一個塵土遮天的時代，政治很髒，經濟很髒，連文化都帶著腐爛的臭味，」作家慕容雪村在一篇雜文寫道：「我們的心本應如秋水長天，但久置灰塵之中，也會變得又黑又髒，並且極為脆弱。」這篇短文繼承偉大作家魯迅的傳統，可說是當代中國社會最鞭辟入裡的分析，發表當天是微博上被轉發最多的文章之一，當然很快就被刪除。慕容雪村在文中描寫專制在老百姓心靈造成的荒蕪感。他列出幾種精神狀態，尤其是麻木、拒絕接受現實和奴性，迫使好幾代人只想著要努力活下來。

舉麻木為例，「糧食被搶走，餓著；耳光搧到臉上，忍著；房子被推倒，看著；老婆被抓去流產，哭著。一切不公正都被視為『命該如此』，不如此反倒不正常」。對他人的命運也一樣麻木，「有人挨打，他就站在旁邊圍觀；有人哭訴，他就在旁邊冷冷地嘲諷；如果有人說要自殺，他首先想到就是『這人要炒作，想出名』」，「沒人為他說話，他忍著；為他爭來權利了，他感謝命運：嘿，該我的就是我的；沒爭來權利，他扮演先知：早知道沒用，折騰什麼呀？為他說話的人被抓了，他就在一旁竊笑：活該，讓他出風頭！」

麻木到了極致，奴才開始痛恨所有美好和公正的事物，理想主義者在他眼中是偽君子，致力於社會正義的人是無恥又自私的機會主義者。道德上的自卑感特別容易讓人反射性地引發防禦心態。西方有研究證明，在一群人當中唯一做好事的人，得到的不是敬佩而是憎恨，因為善行讓其他人暴露出自己的瑕疵，提醒他們起身而行的可能性。這種心理機制在所有社會都可以觀察到，但在一個總是以為他人存心不良的社會就特別有害了。

一百年前魯迅已寫過，活在專制統治下的老百姓出於恐懼、投機和麻木，如何自願成為奴隸。「今天的奴隸們大多不認為自己是奴隸，而是國家的主人，」慕容雪村今日寫道：「他們從小就被教育要忠於集體、忠於國家、忠於黨，唯獨不提忠於自己。」在這樣的國家，刻意跟各種資訊保持距離，才是求生之道。目前流亡在德國的作家長平曾在《南方周末》的黃金年代擔任新聞主管，他說，中國民眾並非「白痴」，但許多人有意識地拒絕思考，「因為想明白了只會帶來煩惱和危險」。

這種說法我經常聽到。「在這體制最倒霉的是看透它的人，」一位北京的老師告訴我：「最好你糊裡糊塗過一輩子，這樣就安全了。」藝術家艾未未有次在推特上說：「你如果希望了解你的祖國，你已經走上了犯罪的道路。」維權律師和異議人士那些近乎自殺的路，只有極少數的人敢走。對多數人來說，看清自己活在謊言中，反而會更痛苦。

有次我跟來自成都的觀光客去台灣，親身體會到中國人封閉自我的決心：絕不讓任何擾人的資訊接近自己。這團有一人是市政府的黨委書記，她是一名打扮時髦的年輕女性，不時和我熱烈討論台灣的夜市和食物。「我們在成都也曾經有夜市，」她說：「可惜全拆了。」我們兩人站在國父紀念館附近等遊覽車，一位老先生走近，很快我們就認出他是法輪功的學員。

法輪功是一種結合佛道學說的健康氣功，曾在一九九〇年代吸引數百萬中國人修煉，直到中共覺得受到它嚴密組織的威脅；當時的黨主席江澤民下令取締法輪功並殘酷迫害學員。在台灣，法輪功信徒刻意到中國觀光客出沒的地方，告訴他們大陸學員受到迫害的情況；這些信徒手上拿著海報和傳單，上面有刑求和器官摘取的殘忍照片，據說來自中國的監獄和集中營。

這人走近時，我們正站在人行道上，他遞給我身邊這位年輕黨委書記一份傳單。我在她的眼神中先是看到驚訝，但很快就轉為恐慌，接下來發生的事完全出乎我意料：她愣在原地，接著雙手罩住耳朵，用盡力氣緊閉雙眼——然後像小女孩那樣在地上猛跺腳，不停地叫喊：「我什麼都沒看到！我什麼都沒看到！我什麼都沒看到！」

總的來說，那趟旅行很有意思，團員都是第一次到台灣，這個一九四九年國共內戰結束後走自己的路的島嶼。很長一段時間，台灣也由蔣介石大元帥領導的國民黨獨裁統治，直到一九八〇年代中，他兒子蔣經國才帶領台灣走向民主。直到今天，北京的共產黨仍宣稱台灣是中國的一省，但在過去這三十年，台灣人已將他們的家園建設成亞洲最有活力的民主國家，他們對統一絲毫沒有興趣。

這群成都人一路上想很多，抵達台北沒幾天他們就向導遊拋出一堆問題，討論得很熱烈：為什麼這裡的人這麼友善和有禮貌？為什麼路人樂於幫助陌生人？為什麼交通這麼有秩序，跟家鄉完全不一樣？為什麼連路人看到紅燈都會停下來？「我們既然訂了規定，」台北的導遊簡單回說：「當然自己要遵守。」團員們走下遊覽車後，對於觀察到的事感到十分驚訝，有些人則感到慚愧：不一樣是中國人嗎？我們來自同一個文化，說一樣的語言，頭上有黑髮，身上有同樣的基因，可是台灣人彼此對待的方式是如此不同。

台灣最吸引人的地方，不只是少數幾個成功的例子：以非暴力的方式，由獨裁過度到民主，也是共產黨宣稱「中國人不適合民主」活生生的反例（台灣的正式名稱是中華民國，中共統治的大陸是中華人民共和國）。在轉型的過程中，有心人士都可鉅細靡遺地觀察到社會如何變遷，以及政治局勢對人與人互動方式的影響（這部分尤其迷人）。

一九八七年我第一次到台北，計畫讀一年的書，當時蔣經國總統在彌留之際。名義上台灣仍是一黨獨裁的國家。台北跟其他亞洲城市沒什麼兩樣：人民騷動不安又野心勃勃，街道五光十色，環境雜亂又骯髒。空氣有臭味，交通擁擠不堪，當然也沒有行人會等紅燈。然後第一次自由選舉出現了，台灣人對民主有無比的熱情，這種現象我在歐洲從來沒看過。這個社會要靠自己的力量站起來了。

二〇〇四年三月，第二次總統大選在野黨獲勝的當晚，我突然獲得頓悟。身為記者，我在午夜時分離開民主進步黨支持者慶祝勝選的晚會，街上一片漆黑，幾乎沒有汽車。我在回旅館的路上，與其他路人走到十字路口，行人交通號誌剛好轉紅燈，我的反應和過去一樣，不管在亞洲哪裡（包括台灣）都會繼續往前走。我才走了三步，變發生了一件從未經歷的事，有人喊我：「嗨！」接著又喊更大聲：「哈囉！」我一轉身，看見其他路人規規矩矩在等紅燈。喊我的人指著燈號說：「紅燈！」路上一台車也沒有，台灣人還是站在街上等。這一刻，我的感受跟幾年後的那一群成都人一樣，先是驚訝，然後感到無比羞愧，乖乖走回人行道。

有兩種辦法可以讓人停下來等紅燈：一種是用滴水不漏的監視措施、攝影機和大數據來管控，再加上社會信用體系來懲罰；另一種是讓人自己承擔責任，讓社會自行制定井井有序的共同生活守則。

如果你打算去中國待個一年或更久，我奉勸你之後最好再去台灣待個幾個月。這樣一來，你就更容易知道「中國人」心裡到底在想什麼。比較看看，接受法治洗禮的華人社群如何生活，你就會更深刻地認識到，中國人身上哪些特質來自固有文化，哪些又是政治體制的影響。

南韓前外交官和學者羅鍾一認為，國家長期操控人民，第一個受害的就是人心。

這位經常對北韓問題發表看法的專家指出：「一個社會被極權政府控制太久的話，人民就只能學著接受外在的脅迫，於是全國人民都會罹患斯德哥爾摩症候群。既然高壓統治不可避免，人民只好將其內化，學著容忍，以提高生存的機會。他們不僅順從體制，還真的相信政府所灌輸的信念與教條。」在中國經常可看到，有人義憤填膺地捍衛黨那些不可思議的歪理，原因是他們搞不清楚狀況，或者其實很明白，但故意裝作不知道。

在專制體制下生活，扭曲現實成了奴才的第二本能。確實有些人在潛移默化的過程中將謊言全吸收進去，到最後分不清楚謊言和真相，不過這些人畢竟是少數。多數人臉上戴著面具，連在家裡也不脫掉，因為小孩聽了可能在學校跟別人講。「國家決定主流是什麼，你必須順從，如果你的理想不是主流，那是你的問題，」靠網路遊戲致富的王思聰接受BBC訪問時說：「為什麼網路遊戲在中國這麼盛行？因為你一上網就能脫掉面具，說出你真正的想法，而不是那些主流意見。」王思聰是地產大亨王健林的兒子，後者曾蟬聯中國首富多年。

沒有安全感，人人蹦蹦跳跳找出路，沒人靜下來，這是活力嗎？也許是，但透露的主要是不安。在今天的中國，不確定感更甚於以往。在歐洲社會、尤其對自認屬於中產階級的人來說，物質生活的改善帶來的是安全感。在中國不是，城市居民比過去富有很多，但他們身上的壓力也大的多，房價暴漲的速度遠高過薪資。iPhone製造商鴻海的一名工程師，有次離在他工廠不遠的比薩店算給我聽，他得工作多久才能買得起一棟兩房公寓：超過兩百年。這人有哈爾濱大學的畢業證書。

全面的社會安全網才剛要實施。「只要家裡有一人得癌症，全家的財務可能陷入危機，」一名北京朋友告訴我，他是收入不錯的廣告界人士：「他們稱像我這樣的人是中產階級，但這個詞的意義跟你們有天壤之別。」另一個在連鎖餐廳當公關的朋友也有同感：「在這裡，不管你錢再多，都不會有安全感。在德國，你們在生活；在中國，我們被生活追著跑。」

劇烈的社會變遷和改革開放後的競爭壓力是其中一面，傳統中國留下來的做事習慣是另一面。在人生的重要關口，每個中國人會一再面臨同樣的問題，不管是為了小孩找學校，或是為罹癌的母親找醫院、找藥和輸血，都不是按白紙黑字寫下的規定辦事，而是每走一步都得重新找人幫忙、動用關係和視情況變化應對。人民沒有可以援引的權利，沒有保護他們的法院，沒有值得託付的政治人物。在天津，非法的化學倉庫爆炸後，住在附近高樓住宅區的富有居民曾寫一篇文章，在微博上瘋傳：「明明自己住濱海漂亮房子開寶馬養小狗，要麼跑步健身打卡，有意識地對任何公共事件保持高貴的沉默，表面上看和正常國家的離地中產毫無二致。然而這就是幻覺，一場爆炸後，自己也成了以前眼角也不瞧一下的上訪民眾了：下跪打橫幅，上書『相信黨相信國家』也一模一樣……其實真的，自己和他們＃沒什麼不同＃」我們全是底層。

對生活在專制體制下的每個人來說，到處都是雷區，不管你累積再多的錢和權力，沒人是安全的。法條充滿許多陷阱，每人每天都可能犯罪，到頭來根本沒人信。黨一下決定，一夕之間大企業老闆就會消失，黨的幹部不管爬到多高也面臨同樣的命運，所以中共高層的一生「危險、野蠻、有時短命」。官員落馬總是被套上腐敗的罪名，事實上，中國的菁英免不了會收受賄賂、逃稅或走私，只是程度不同，在權力鬥爭站錯邊時才會被控訴。

魯煒就是很好的例子：剛剛頭上還戴著光環，被黨的宣傳機器封為人民的守護天使，彈指之間就變成妖魔鬼怪。他長年掌管中國的網路，聽習近平的話讓部落客噤聲，為他主辦世界互聯網大會，讓祖克柏前來獻殷勤。二〇一五年，盧煒還被美國《時代雜誌》封為百大最具影響力人物之一。二〇一八年二月，他被捕後次日，黨媒揭穿他「毫無廉恥、專橫跋扈……以權謀色……利用職務上的便利謀取利益……六大紀律項項違反……是典型的兩面人……性質十分惡劣、情節特別嚴重」。不久後，我因為另一件事被請去中國外交部，一名官員向我透露他十年前曾在魯煒底下工作：「我們當時就知道這人壞透了。」如果這是真的，為何他過去十年可以一路升官到黨和國家的最高層？

諷刺的是，在這樣的體制下，即便獨裁者也不能保證自己的自由和生命安全，日日夜夜擔心有人密謀要等他倒台後進行報復。可能正因如此，土耳其的總統艾爾段讓他的國家持續敗壞，北京的習近平將終身統治寫入憲法；他們的敵人實在太多了。北京的領導人還有歷史當借鑑，中國古人用「你死我活」這個字描寫權力鬥爭的殘酷。為了讓自己和家人享有最低限度的安全，他們一輩子都不能離開權力。

第11章

鐵屋：少數不願屈服的人如何拒絕謊言

「千夫之諾諾，不如一士諤諤。」——司馬遷，《史記》

想像一間鐵屋子：巨大、沒有窗戶、堅不可摧，裡面有許多熟睡的人，不知道自己快要悶死了。你知道他們即將喪失生命，但不會感覺到死亡的痛苦。「現在你大嚷起來，驚起了較為清醒的幾個人，使這不幸的少數者來受無可挽救的臨終的苦楚，你倒以為對得起他們麼？」

魯迅在一九一八年四月發表第一篇短篇小說《狂人日記》，並用這幾行字來描述其中的內心掙扎。這篇小說是新中國誕生時的現代文學里程碑。他用「人肉的筵宴」來描寫中國，「有貴賤，有大小，有上下。自己被人淩虐，但也可以淩虐別人；自己被人吃，但也可以吃別人」。有這樣的體會，你會叫醒被關在魯迅鐵屋中的其他人嗎？甚至不顧一切地解救他們？「幾個人既然起來，你不能說絕沒有毀壞這鐵屋的希望。」

魯迅決定寫作，一邊寫一邊大聲疾呼，試圖用文字喚醒沉睡的人，他在一九三六年過世。幾年後，新主人接管這間屋子，他們站出來是為了讓酣睡的人覺醒。中華人民共和國的國歌開頭這麼唱：「起來！不願做奴隸的人們！」現在他們住進屋子，把鐵牆加厚一倍，連最後一道裂縫也補起來。

對社會抱持批判態度、站在權力對立面的知識分子，在新中國的舞台上待不久。毛澤東對知識分子尤其憎惡，稱他們是「臭老九」，身為農民的兒子和圖書館的助手，曾經被讀書人看不起，對此他一輩子耿耿於懷。在中國古代，士大夫始終是權力結構的一份子，對皇帝特別忠誠。根據經典的要求，當皇帝誤入歧途時，讀書人要直言不諱，可是暴君的殘酷往往導致他們怯懦又投機。中國歷史上最著名的史學家司馬遷和古希臘的希羅多德，都親自體驗到說錯話要付出的巨大代價。公元前九十九年，一位勇敢的將軍打敗仗，司馬遷在朝廷為他辯護，結果皇帝下令閹了他。接下來數千年，一代接著一代的文人、知識分子和作家從這件事學到教訓，寧可先自我閹割。直到今天，他們的多數仍隨著權力起舞。

「犬儒和無恥何以盛行？」北京大學元培學院副院長李沈簡在一篇被刪除前廣泛傳播的文章中質問道：「我們的教育系統性地培養精明乖巧的撒謊者，而不是真理的捍衛者。」李沈簡呼籲同事，至少不要出賣自己的尊嚴和獨立性，但因為「人性中固有的懦弱和卑微」等因素，他不抱太大希望。李沈簡認為，今天人們甚至被剝奪了沉默的權利，「被強迫加入諂媚奉承的大合唱」，這篇文章在二〇一八年三月發表，幾週前，北京大學才剛成立「習近平新時代中國特色社會主義思想研究院」，類似的研究單位在其他大學成立得更早。「什麼是北京大學的光榮傳統？」歷史學家李零感嘆，他認為大學應該是培養天下英才的地方，「只知伺候領導和老闆，那不叫人才，那叫奴才」。

如果連諾貝爾文學獎得主莫言這樣的作家（這筆名的意思是少說話）都跟執行審查和迫害人民的機關和解，或忙著卑躬屈膝，就無需太驚訝了。黨委託他向惡名昭彰的《在延安文藝座談會上的講話》致敬，於是他與其他黨認可的作家同仁各拿了一千元的酬勞，在週年紀念冊上抄寫毛澤東的句子。黨數十年來迫害藝術家和作家，都是以這篇講話為指導方針。現在這些作家用優雅的筆跡，寫下偉大主席有毒的文字，卻沒想到它們曾折磨和迫害多少文人。因此，莫言對另一位中國諾貝爾獎得主的命運沉默不語，就沒什麼好驚訝的；國家把劉曉波關到癌末，直到他淒慘過世。多少人有劉曉波的不屈不撓和勇氣？這國家若能一再出現像劉曉波這樣的人，才真正讓人驚奇。劉曉波曾寫信給流亡德國的作家廖亦武，他說：「只能依靠偉大的個人良知凝聚起儒弱的大眾。特別是我們這個民族，更需要道義巨人。」不管在什麼社會，道德巨人都很稀有。

另一個中國的聲音的確存在，只是很難被聽見。有人抗議，有人只說真話，有人拒絕一起歡呼合唱。還有人依然保持正直，縱然社會上有那麼多麻木不仁和充滿敵意的人。

漢學家白杰明數十年來一直在尋找這些聲音，他將這些人比擬為「在如今這樣的政治黑暗時代，穿過中國社會堅硬外殼下的岩漿」。他們都是反抗者：有些作家勇於在網上補充被刪除的訊息，即使明知還會被刪掉；有些記者在微博發聲後被解僱，但他們希望真相出現幾分鐘也好；有些律師把法律和憲法條文當真，結果被國保騷擾；還有這輩子第一次開口的普通市民，例如北京市民趙小莉。她感到非常震驚，習近平居然為了終身統治，打算修改憲法第七十九條。於是她在網路上發表一篇非比尋常的文章，呼籲那些喜歡發牢騷和嘀咕的中國人，不要再掩飾自己的憤怒和批評，別再「躲藏在隱喻的後面」。是的，她感到恐懼，但「情況已經到了臨界點，是可忍孰不可忍，所以此刻我將不沉默，也不再發無謂的牢騷，不再用諷刺或隱喻，而是明確表達我的觀點」。如果第七十九條被修改，國家主席的任期就不限於兩屆，「此次修憲是獨裁者攫取權力的手段，是我國政治制度的倒退，是對百年革命理想的背叛，是對社會契約與公民權利的踐踏」。因此不能再沉默，「那只會縱容獨裁者永無止境的權力欲望。沉默只能換來第七十九條修憲案，以及《一九八四》裡踩在我們臉上的那隻鞋」。

他們只不過是小老百姓，對黨卻是嚴重的威脅。「語言仍有力量。說出的語言比想法有力量；公開的語言比私語有力量；明確的反對比隱喻有力量。」這位北京人寫的沒錯。哪怕你是微不足道的個人，只要你試著拒絕謊言，就能在整個謊言結構上戳一個洞。「謊言世界的外殼由奇怪的物質構成，」捷克劇作家和異議人士哈維爾在《無權者的權力》一書中指出：「它把整個社會完全封閉，且看上去堅如磐石。一旦有人打破一個小小的缺口，或是有人喊『皇帝光著身子』，就可以打破遊戲規則並揭露遊戲的本質。突然間，一切原形畢露。這時外殼彷彿是用紙做的，開始不斷四分五裂。」哈維爾與他的反對派友人，一九七七年發表《七七憲章》──不意外，劉曉波受哈維爾的啟發，三十年後發表《零八憲章》。隨後黨立刻將劉曉波監禁，也不意外。

「事實上，我不過只想說真相，不多也不少，就像哈維爾說的『活在真實中』。這不是每個人天生的嗎？」維權人士胡佳有次告訴我：「可是，活在真實中不僅是對自己和他人誠實，在中國，也是看清楚社會和體制的真相。」這次我只能透過電話訪問他，因為天安門事件紀念日即將來臨，國安部門把他軟禁在家。我問他，在這個國家到底有多少人能活在真實中，他提起作家朋友余杰，他在「阿拉伯之春」時被公安逮捕，「他們告訴他：『全中國像你這樣批評黨、又有影響力的人不到兩百人。如果黨覺得受到威脅，我們可以一夜之間把你們全帶出去活埋，沒人會記得你們。』」胡佳笑著說：「至少還有這兩百人。」

只不過說出真相，就讓劉曉波和胡佳這樣的人成為中共眼中的危險人物。在中國這樣的國家，這群抵抗的人最後一次提醒大家，另一種生活是可能實現的。但他們被迫噤聲，還被醜化和汙衊為道德敗壞或荒淫之人。被捕的部落客和維權律師還得上國營電視台表演認罪，互相告發，並在最後「暴露出」騙子和淫獸的真面目。道德巨人一定得被縮小成墮落的侏儒，這樣才能博大眾一笑，令人心想「他們還不如我們呢」。

哈維爾認為，異議者之所以是異議者，就在於他大聲說出其他人不能或不敢說的，他所能做的最正面和最有力的事，就是捍衛人類和人性。他們人數不多，黨的絕對優勢讓這些人的行動猶如唐吉軻德般瘋狂。儘管如此，不論在哪一個時代，都會有一群尋找真相的人，當危機發生時，他們備受矚目。舉例來說，疫情爆發時，像許章潤這樣的知識分子，便繼承魯迅和劉曉波的精神，直言皇帝沒穿衣服。律師陳秋實、前國家廣播電台員工李澤華和武漢市民方斌，還帶著手機及相機去醫院和火葬場，將所見所聞全拍下來，以揭開政府有意隱瞞的真相。他們在其他國家是公民記者，但在中共政權下卻被指控危害國家安全。

李澤華被帶走時，攝影機還沒關。兩個月後他重新現身，在影片中說自己只是在「隔離」，警察對他很友善而且關心他。此後，李澤華再也沒有發表任何影片。疫情高峰時，有十位記者和部落客在做完批判性的報導後消失，一年後，其中七位再也沒有現身。

「可以肯定的是，龐大機器愈來愈可以為所欲為了，巨獸已經長成。」一九八九年出生的北京女權運動人士肖美麗，於二〇一八年透過微信談起中國的國安機關：「有人留言問：『他們為什麼不去騷擾別人，光是來騷擾妳？妳有什麼問題？』我也明白，當人們生活在無力反抗的環境裡，就很容易一廂情願，只想相信強者，不然怎麼面對自己的處境呢？時不時有人勸我：『你們不要那麼激進，不要刺激它。』但如果不是前面的人勇敢守護，很快你就會是下一個激進者了。不過你也看到了，我們很沒用的。我問呂頻：『在愈來愈糟的環境裡該怎麼辦呢？』呂頻說：『活下去。活得比它更久，才能等到希望。』是的，我們精神和肉體都要健康地活下去，除此之外，我還希望我們可以成長。我想用文字寫出我們的血肉，希望在這個充滿戾氣的網路世界裡，留出一點彼此擁抱的空間，建立不那麼容易被挑撥的信任。這也是我寫下這些故事的原因。」

只有少數人有自我犧牲的勇氣和英雄氣概，但不需要多少人就能留住真相。作家閻連科對疫情過後的時代有所期許：「不能做李文亮那樣的吹哨人，就讓我們做一個聽見哨音的人。不能大聲地講，就做一個耳語者；不能做一個耳語者，就做一個有記性、記憶的沉默者。讓我們因為這次新冠肺炎的緣起、肆掠和蔓延，在即將到來的被稱為戰爭勝利的萬人合唱中，默默地站到一邊去，成為一個心裡有墳墓的人；有記性烙印的人；可以在某一天把這種記性生成個人記憶傳遞給後人的人。」

毛澤東說得可能沒錯，星星之火，可以燎原。在冰冷的灰燼中，光火星短暫的微光就能阻止希望破滅。或者，還有沒吃過人的孩子？魯迅寫道：「救救孩子……」

第12章
賭注：當權力成了自己的絆腳石

「聽黨指揮！」——中秋月餅上的字，二〇一五年九月

中共的某些治國規劃讀起來像科幻小說。這不是共產主義第一次夢想用數位的方式重生。逾半世紀前，在基輔和莫斯科的蘇聯資訊工程學家提出「控制論」，幻想借助高科技的手段，讓陷入危機的共產體制，超越當時的意識形態對手——西方的自由市場。控制論專家格盧什科夫（Viktor Glushkov）於一九六二年推動「全國自動化資訊收集和處理系統」，以建立「電子社會主義」為目標。他打算藉電話線建立全國性的電腦網路，串連每一座工廠和計畫經濟事業，猶如蘇聯經濟的智慧神經系統，除了可即時

回饋，還可做出最理性的決策，甚至連電子貨幣都有。格盧什科夫和他的夥伴最後失敗了，因為各部會勾心鬥角、各層級的官僚也反彈。

這次各方面的條件比較成熟，被動無能的官僚和耍心機的部長中國也有，但高層意志堅定。縱然如此，這仍是習近平的一場豪賭。他真的有能力重新發明獨裁、將它帶向夢想的新高度嗎？中華人民共和國在二〇四九年、也就是建國一百週年，真的會像習近平向全國人民和全世界所鼓吹的那樣，成為一個「現代、繁榮、富強、民主、文明、和諧、美麗的國家」嗎？它真的會位居世界中心，並繼續由一個更強大、權力無遠弗屆的黨所領導嗎？在它那堅強領導和繁榮經濟的發展模式下，是否「為其他國家提供了新方向」，並擁有隨時備戰的世界級軍隊。還是獨裁體制本身將成為自己最兇惡的敵人？後者的發展已看到預兆。

到了二〇四九年，中華人民共和國還存在嗎？還有黨呢？屆時習近平已經九十六歲，對長壽的紅色貴族來說也不是不可能。習近平的父親習仲勳活到八十九歲，毛澤東八十二歲，鄧小平九十二歲。

這個黨有轉世投胎的經驗，這點與其他共產黨兄弟不同，所以中共仍然繼續統治國家，但其他黨已壽終正寢或萎縮成四不像。一九七六年毛澤東過世、一九八九年天安門大屠殺，中共在這兩大事件後都出人意料地浴火重生，還獲得驚人的成功。黨展現了能耐，它違反了政治的自然法則，在引進資本主義的同時，不是擁抱理想主義者馬克思，而是靠向牢牢抓緊權力的列寧。

這是鄧小平當年立下的功勞，隨著剛起步的全球化，中國人民創造了經濟奇蹟。由於中共之前將這國家搞成廢墟，經濟從很低的水準起步，所以成長率才會那麼驚人和非比尋常。

鄧小平成功的關鍵在於盡可能降低政治對人民的干涉。他譴責對毛澤東的個人崇拜，並建立黨的集體領導機制。在一九八九年前，他推動黨政分開，除了經濟，還給社會新的自由空間。中共的務實、驚人的自我調整和適應力因此備受讚許，更為經濟奇蹟創造有利條件，繼任者習近平在這基礎上打造他夢想中的「中華民族偉大復興」。

現在習近平背離了這一切，他重新推動國家的意識形態化，將一切權力攬在身上，扼殺所有的探索和實驗，又一次將中國閉關自鎖，讓萬能的黨再度無所不在。

但習近平不是毛澤東，更不是掠奪人民財產的中亞統治者，他對國家未來確實有願景。他祭出鐵腕打貪反腐，並增強民族自豪感，所以在國內受到好評。中共不斷向大眾灌輸民族主義和大國夢，再加上本身的鎖國心態，其政治宣傳的效果就很強大。只要體制沒有出現重大危機，不難想像習近平與人類史上的其他獨裁者一樣，深信多數人民會願意追隨他，就算不能自由取得資訊也無妨。

然而，絕對的權力有其特有的運作邏輯。從第二任期開始，習近平與黨成為自己施政的絆腳石，國家發展與原本的規劃背道而馳。在習近平掌權前，只要個人財富與自由日漸增加、公部門正常運作、基礎建設持續現代化、社會更加開放，那即便是偏向自由派的中產階級，也願意接受黨的領導。

上一章提到，絕望的北京市民趙小莉說「社會契約被踐踏」，雖然是不成文的政治約定，但對許多城市居民來說卻無比真實。過去四十年來，希望與樂觀是中國人生活不可或缺的一部分。人民相信日子會愈來愈好，希望每年都有一點進步，所以他們願意放下反抗的態度，縱然環境生態惡化、貧富差距持續擴大、貪得無厭的政治菁英又不顧羞恥地貪汙。雖然長期以來被政府忽視和剝奪權利，但他們相信，總有一天自己、或至少孩子會出人頭地。

渴望更美好、更自由的未來，這種期待始終存在。「我們期待新領導人就如仰望一彎新月，」一位自由派作家在二〇一二年中秋節、即習近平上台前夕說：「我們充滿自信，這次升起的會是圓滿的月亮。我們從不放棄希望，即使一次又一次失望。」

三年後的中秋節，武警的月餅上突然出現「聽黨指揮」幾個字。再過三年，習近平修憲確保自己終身統治，中國的百度上搜尋「移民」的頻率隨之暴增。五年來，習近平一點一滴在削減中國人的自由，但直到這一步許多人的希望才破滅，再也不相信黨的務實和改革意願。是的，大家活在獨裁體制之下，但只要有明確的法規和制度，至少權力的運作就有跡可循，而不同利益團體之間的競爭也可以消弭，並進一步整合。可是如果政策實驗的樂趣、適應性和彈性全成了過去式，那過去數十年來支撐政治穩定的基礎就會突然垮掉。是的，過去三十年來，中產階級願意成為黨最重要的盟友，是因為它不說空話，有努力爭取國際聲望、全力做好基礎建設並實現富裕的物質生活。可是如果這些成果突然消失，經濟走緩甚至崩盤，黨再也交不出成績怎麼辦？

習近平重新將某種氣氛帶進體制，我們可稱之為「嚴酷」。過去數十年來，中國是一個「差不多」的國家，法律執行寬鬆，言論審查不徹底，官員睜一隻眼閉一隻眼——

於是社會逐漸覺醒，批判力更強，活動空間也更多。政治管不到的地方，有時人民還可輕鬆過著無政府狀態的生活，幻想著自己活在自由的國度。但習近平不再讓人有喘息的空間，僵化的制度卻變得更脆弱，絕對的權力不僅變得更墮落，也更加盲目和不可理喻。二〇一七年，北京一份學術期刊上有一篇論文，題目是《馬克思主義在北京市臭氧檢測及分析中的應用》。這篇文章當然不能代表整個中國的學術界，不過確實是時代的徵兆：上次學者卑躬屈膝寫出如此聳人聽聞的文章是在毛時代。

許多失望的人會試圖離開這個國家，黨對此根本無動於衷，不滿意的人離開最好，社會反而更穩定。問題是，離開的人可能剛好都是菁英。習近平在演說中不是再三強調，中國的未來不能沒有「創新」和「創造力」，但最有能力的人，卻也是最失望的人。習近平要繼續發展封閉體制，而這群人最早感受到當中的限制。在這樣的體制下，社會很快就會流失能量和新觀念，那中共的強國目標就更難達成。何況中國的人口也正快速老化，更不能承受年輕人出走。根據國家統計局二〇一九年年初公布的數據，六十歲以上人口首次超過十五歲以下人口；二〇二〇年出生人口的下滑速度，再次超過以往，與前一年相比降幅達百分之十五。

習近平的一黨制國家很強大，這位黨主席竭盡全力讓它更強大。為了維持統治範圍，中共握有高壓手段和金融對策，任何政治上的新種子在萌芽階段就會窒息。這麼一來，菁英就會保持忠誠，大眾也只能支持或消極接受。習近平在公開場合意氣揚揚，但高壓手段、空前的監控網和治安機構的強化，在在透露出他的緊張。黨很清楚人民的意志搖擺不定。「君者，舟也；庶人者，水也。」西元前三世紀頗具影響力的儒家思想家荀子寫道：「水則載舟，水則覆舟。」黨知道人民的支持度取決於不斷成長的財富，但管控資訊和思想、打壓異議者，也能有效鞏固政權。從一九八九年天安門事件、共產主義在東歐沒落和蘇聯解體這三件事中，統治者學到，只要自己出現軟弱的跡象，那麼表面下始終存在的不滿聲浪就會集結，浪一打來，船很快就翻了。

習近平選擇的這條路危機四伏，所以中共可能會祭出更多的壓迫手段，個人崇拜也會更氾濫。可是，忠誠的反對人士一再被抓走的話，統治者身邊最後只會剩下馬屁精和唯命是從的人，那國家體制就容易犯錯，並在缺乏修正機制的情況下，造成嚴重後果。統治者若強迫整個民族說謊，最後難保貼身幕僚也跟著說謊。知識分子和學者默不作聲，公務機關又因恐懼而無法施展身手，導致中央聽不到地方、社會以及利益團體的重要反饋，即令聽到，也是扭曲或遲來的訊息。根據人工智慧狂熱支持者的說法，演算法有助於將危機的徵兆傳到最高層。事實上，人工智慧再怎麼強大，也不可能改變輸入的數據：你餵食垃圾給電腦，它吐出來的也還是垃圾。不過中國地方幹部和官員最拿手的就是操弄數據。

在這次新冠病毒的危機中，我們看到習近平對控制有多狂熱，導致社會免疫系統非常虛弱。二〇一三年SARS疫情爆發也是一次嚴重危機，可是當時公民社會還活躍，國營媒體也還有從事調查報導的記者，以適時發出警告。習近平消滅公民社會，閹割和整肅了傳統媒體和網路，此後社會再也沒有預警系統，也就是說，體制把自己給戳瞎了。「當媒體都姓黨時，人民就被拋棄了。」六十九歲的黨員和企業家任志強如此評論疫情。他認為問題在於，體制為了繼續把持權力而自我截肢，但「解決了此次的疫情問題，也還會再出現下一次的災難」。北京法學教授許章潤的意見也很類似。他認為，習近平聚集親信形成小圈子，而且相較能力和專業，主席更重意識形態，以致各機關「制度性的無能」，只要一發生天災，難免造成更大的人禍。許章潤認為，這樣的體制只會讓中國變成「跛腳巨人」。

疫情讓全世界、尤其中國人看到，體制在危機出現時多快就瀕臨崩潰邊緣。中國科學家成就斐然，有世界級的研究水平，很快就確定病毒的基因序列，但相較之下，體制也馬上失靈，畢竟這套統治模式可回溯到二十世紀初期，只會做出不合時宜的政治反射性動作。中共在一定程度上成了自己成就的犧牲者。在其特有的政策下，中共為頂尖的研究者創造有利環境，為世界帶來為數最多的中產階級。在經濟繁榮、表面昌平的時期，這些受過良好教育、熱衷國外旅遊的中產階級會保持驚人的沉默；但若體制一犯錯，連個人身家性命也會失去保障。他們發覺，與其防堵致命的病毒擴散，黨機器寧可花更多力氣去打壓說真話的醫生，於是覺得自己終究會被出賣。

高壓的統治模式一旦沒有上限，體制往往會成為自身的絆腳石，二十年前受到打壓的法輪功就是一個例子。在黨主席江澤民的無情迫害下，這個組織嚴密、信徒主要是退休人士的宗教團體，短短幾年內演變成一個跨國媒體帝國，成員也都非常活躍，其唯一的目標就是推翻共產黨。

習近平喜歡動員群眾、發起各種運動，不喜歡用固定的規範來治理國家。這也意味著，全國官員為投其所好，必須爭先恐後地揣測上意。如果習近平要北京的空氣乾淨，縱使是酷寒的冬日，幹部也迫不及待將首都周圍數百萬戶家庭的煤爐拆掉。如果習近平想看到「文明」首都，幹部就會連夜把數萬非北京人趕出公寓，拆掉他們的房子。這樣的嚴酷不僅不人道，從專制統治的角度來看也不明智。

人們經常有一種感覺，這體制都在樹立不必要的敵人，譬如把抗議性騷擾的女權主義者關在獄中，或者蠻橫地嚴禁各種戲謔的言談。二〇一四年，國家新聞出版廣電總局還真的下令禁止文字遊戲，理由是，隨意變動成語將造成「文化斷代和語言混亂」。這規定的荒誕之處在於，沒有一種語言像一字多義的中文一樣，這麼適合玩文字遊戲。數千年來，很少有民族比得上中國人，能將自己的語言玩弄得這麼有趣。二〇一八年，相當受歡迎的「內涵段子」被國家廣播電視總局下架，審查者認定，這個手機應用程式有「導向不正」和「格調低俗」的問題；一千七百萬用戶會在上面分享搞笑圖片、影音短片、漫畫和笑話等。稍早前，中共已在網路上發起反對名人八卦運動，不僅禁止說唱歌手、也不准職業足球員展示刺青。二〇一九年，爆紅的古裝劇《延禧攻略》（三億人收看）被停播，因為黨機器指控說，宮廷的奢華享樂之風和宮鬥情節背離艱苦奮鬥和克勤克儉的傳統，會侵蝕人民靈魂。在習近平的統治下，中國的國家機器如喀爾文教派般敵視享樂，嚴酷的政治和道德標準過去幾十年來從未聽聞；審查的粗暴程度也令許多人不解，就連無害的消遣也禁，而且黨的雙重標準通常一下子就被看穿了。

過去共黨領導人都很清楚，所有權力都帶著衰敗的種子，但如果掌權者自我陶醉到對衰敗視而不見，那就危險了。當中共連一點幽默感也沒有，就再也不了解自己的人民了，縱使有人工智慧幫忙也無濟於事。這幾年來，百姓埋頭工作，用商業和娛樂活動麻痺自己，還自動自我審查，但這種成功的統治模式將難以為繼。

這些衰敗暫時還不會撼動中共的統治，無庸置疑地，黨還是有能力在未來幾年打造出人類史上最完美的監控國家。不過，最終這個國家能否能超越西方，邁向世界頂尖，還是沒有答案。

第13章

表象：每個人都有自己的中國想像

「談論中國的人，事實上是在說自己。」——李克曼（一九三五至二〇一四年）

李克曼是比利時漢學家，頭腦聰明又目光銳利，畢生都在仔細觀察中國的發展。一九七〇年代，他不斷對抗一群特別容易被蒙蔽的中國迷：歐洲的毛主義者。當年，馬可波羅著書描寫遠方的中國（歐洲人稱為「契丹」），激起無數商人的幻想。數百年來，到中國追尋人生意義和財富的歐洲人，對這個國家無不充滿仰慕之情。對我們西方人來說，中國總是像一張白紙：有些人從中看到天堂，有些人則看到地獄或黃禍，但少有灰色地帶。最好是不要認真看，只要看出你本來想找的面向，感到心滿意足就行了。歐洲的哲學家也一樣偏狹，萊布尼茲於一六九七年寫道：「誰相信，地球上有一個民族的文明與生活規範會超越我們？」

過去數十年來，西方對中國判斷也有許多錯誤。原因之一是鄧小平創造了一種新型態的獨裁：它結合了列寧式的高壓國家機器、資本主義的生產動能和披著光鮮外衣的消費主義。這樣的體制在這世界上前所未見，許多人還認為它其實不存在，頂多是國家轉型的過渡狀態。他們嘀咕說，中國最後一定會變得跟我們西方人一樣。

中國令人困惑。不少人自我安慰，沉溺在廣為流行的幻想中：只要經濟發達，政治自然會走向民主化。大家不都說「以商促變」（譯注：Wandel durch Handel，冷戰時期西德打破美蘇對立與東德交往的口號），德國總理、國際奧林匹克委員會和往返北京的多數商人都支持這樣的觀點。但我們不清楚，到底其中有多少人真心相信，或只是為了做生意方便而隨便說說。總之，這看法有一個大問題：它從前提就錯了。

早在十幾年前，中國觀察家布魯瑪即指出：「自一九三〇年代法西斯主義興起以降，中國的崛起是自由民主世界所面臨的最大挑戰。」雖然共產主義在中國已死，黨依然生龍活虎地統治中國。沒錯，權力的樣貌已經不一樣了。過去，它擅長塑造宗教式的領袖崇拜，讓人民狂熱地信仰意識形態，還叫他們過軍事化又刻苦的生活。如今，中共政權已經轉型，舊的黨幹部和新的商業菁英聯手掠奪人民的財產，還收買都市的中產階級，讓他們也分一杯羹。中國不時讓容易被騙的人產生錯覺。確實，中共成功地解決飢餓問題，經濟也有驚人的成長。北京和上海人開奧迪名車、在星巴克喝卡布奇諾、看MTV音樂頻道、到曼谷、巴黎、洛桑和海德堡旅行。西方人總在尋找熟悉的事物，結果在中國人身上看到一模一樣的購物狂熱。

在北京的外國人圈子有一個流傳已久的笑話：一位華府的專欄作家（或是紐約的投資銀行家、法蘭克福的企業董事）有次飛到北京或上海，待一天後對中國已有定見，待一週後在德國《商報》、《紐約時報》或《華爾街日報》發表文章，待一個月連寫書的材料都搜集齊全了。可是大部分的人不會待這麼久，有必要嗎？令人訝異的是，與其他陳腔濫調一樣，這種人永遠也不會缺。

「中國將川普領導的美國拋在後面，」英國《金融時報》一篇評論的標題就是典型的例子，前幾句果真是「在中國待一個禮拜就夠了……每個人都會深信這個世界已經翻轉」。更有趣的是，在文章的結尾，作者莫利茲（Michael Moritz）、一名風險資本投資者，督促川普立刻將幕僚送到「北京和上海最好的旅館」，他們將會發現「紐約、倫敦或巴黎難以企及的服務品質」。從豪華旅館的窗戶看中國，心胸難免特別的寬大。

不少西方人掉進中共宣傳的陷阱，誤以為中國在世界上獨一無二。這些人如果有一點名氣就會被拍馬屁，被封為「中國人民的朋友」，在數不清的某個裝點門面的委員會獲得顧問一職，於是大談與中方的「互信和開誠布公的交流」。有次，我在烏鎮舉行的世界互聯網大會碰到措恩（Werner Zorn），他就是那位在德國卡爾斯魯爾大學擔任教授時將網路帶到中國的人。中國為了表示感謝，把退休的他聘入「高級別專家咨詢委員會」，一年受邀訪問中國兩次。措恩告訴我，習近平反腐的力道無可匹敵，「中國人有他真是幸運」。談到中國的貪汙問題，「看看《天堂文件》曝光的離岸公司，我們沒比他們好到那裡去」。黨對中國的管控非常嚴密，「畢竟是一家大型國家控股公司」。西方制度不適合中國，「如果這裡有反對黨，老唱反調的話，」措恩搖搖頭：「那你要怎麼統治這樣的國家？不可能。中國人需要賢明的領導人，像習近平就是。」

英明獨裁者的神話最近比較少聽到，不過一直都有無數的人認為，用西方人的邏輯無法理解遙遠的中國。這簡直是瞎扯，今日中國從西方引進的生活與文化早已跟從古中國繼承的一樣多：共產主義、資本主義、娛樂、音樂、服飾、城市規劃、學術和科技。中國與西方的許多差異、例如家庭和家族結構，與其說是天生，不如說是因為中國剛剛才脫離農業社會。誰跟著黨說當前的獨裁體制最適合中國的「特殊國情」，誰就掉進中共想像的東方主義。「中國人還不夠成熟，因此不適合民主，對人權也不像西方人這麼渴望」，這些文化相對主義的觀點從西方人的口中說出，往往帶點種族主義的味道。去台灣吧，看看亞洲最活躍的民主國家，在那邊生活的人也全是華人。

奇怪的是，許多西方觀察家不大願意稱中國是「獨裁國家」，雖然黨從不掩飾這點。親北京人士經常屈服於迷人但不正確的說法，以為發展性獨裁國家的效率特別高、而且勝過西方。他們這樣做往往是為了個人的政治或經濟利益。剛提到的投資者莫利茲在另一篇文章更進一步鼓吹，矽谷各大企業應該放棄懶惰的工作心態，向中國人的掠奪性資本主義看齊。他激動指出，中國員工在新創公司一週工作七天，從早上八點忙到晚上十點，休息時間還將用過的茶包回收，想跟自己配偶見面的話就「請她作伴一起出差」。

關於這些謬論，天真的西方政治人物和商人也有責任。長久以來，他們全然相信中國領導人的善意，把冠冕堂皇的聲明當真，只要沒有付諸實行，就責怪官員執行不力。或者乾脆忘了，欣然期待北京一次又一次、如滔滔江水般流向全世界的新承諾。北京總是能巧妙利用西方觀察家的盲目。除此之外，隨著川普選上美國總統，習近平獲得千載難逢的機會。歐洲人對追求孤立主義的川普和他的脾氣厭惡到極點，對於彬彬有禮的習近平則是鼓掌歡呼，畢竟後者會用好聽的話把自己包裝成全球化的救星。不可思議的是，雖然許多人拿放大鏡準確地檢視川普所說的每個字，罵他「說謊」，但當習近平在世界經濟論壇再度鼓吹自由貿易的好處時，這群人竟然信以為真；習主席甚至還宣誓，中國會遵守國際秩序，並承諾打開國內市場；他還讚許多邊主義和與全球的連結。

事實上，他是比川普更甚的保護主義者，遠遠超過後者。

事實上，他拉開許多條戰線破壞既有的國際秩序。

事實上，他將中國封閉。

事實上，他正在切斷中國網路與世界的最後連結。

習近平不是毛主義者，不過，他從毛澤東身上學到不少，例如游擊戰的字訣：「敵進我退，敵駐我擾，敵疲我打，敵退我追」。

現在有些人覺悟了。二〇一九年三月，歐盟執委會在一份戰略文件首度稱中國是「追求另一種治理模式的體制敵手」。將中國標誌為「體制敵手」，是與過去的立場決裂，不再強調彼此的夥伴關係。不少人因此感到訝異，事實上歐洲只不過是承認現實罷了。在德國政府，許多官員把中國當作挑戰。在美國，除了川普掀起的貿易戰，所有政治陣營也站在同一戰線，視中國為戰略上的敵人、民主體制的威脅者。

不過，愈來愈多人對此有共識：中國發展的確攸關全球的利益，但現有的對策效果卻不大，因為歐洲內部意見不一，華府又不斷在干擾歐美同盟。由於錯估中國，我們浪費了多年寶貴時間，當時西方對中國的影響力比較大。現在反過來了，中國正在影響我們。

第14章 世界：中國如何發揮影響力

「習近平思想有修正和徹底改變現有國際秩序的潛力。」

——《中國日報》，二〇一八年一月三十日

在倫敦就是如此。英國皇家劇院取消原定演出，這齣戲的主題跟流亡藏人有關，來自印度的劇作家馬占達（Abhishek Majumdar）認為，原因是怕得罪中國。英國文化協會稍早前致函劇院，指出上演日期正逢中國舉行「重大政治會議」，可能影響劇院日後在中國的活動。

斯圖加特也有案例。德國汽車製造商戴姆勒在自己的 Instagram 上引用達賴喇嘛：「從不同角度審視，你的視野會更開闊。」無傷大雅的一句格言。可是中國忽然大吼大叫，因為對北京領導人而言，他是「披着羊皮的狼」。戴姆勒於是把達賴喇嘛踹開，趕緊發表聲明向北京磕頭。戴姆勒對「極為錯誤」的信息道歉，深知「此事對中國人情感造成傷害……以此為鑒，我們將立即採取實際行動，加深我們對中國文化和價值觀的理解」。在德國民眾的耳中，這幾句話聽起來很古怪，因為戴姆勒逐字逐句唸著中共的宣傳語言。

安卡拉也受到影響。土耳其外長承諾會「採取措施，徹底刪除所有批評中國的報導」。

就連歷史悠久的劍橋大學出版社，也應中國的審查要求，從網站撤下三百篇批評中國的文章和書評，受全球學界龐大壓力後才把文章又放回去。不久後，同樣的劇情在柏林的施普林格—自然（Springer Nature）出版社上演，這是全球數一數二的學術出版社。施普林格—自然在中國可看到的網站撤除逾一千篇出現台灣、西藏、新疆、文化大革命、天安門廣場等關鍵字的文章。社方這樣做也是應中方要求，跟劍橋大學出版社不同的是，直到今天這些文章還是被封鎖。

且慢。剛剛不是還在說，中國會逐漸變得跟我們一樣？現在中國人還是愛吃麥當勞，聽小提琴家慕特和女神卡卡，開福斯、奧迪和賓士車，怎麼突然間就翻臉？也許西方人應該有所改變，才能繼續跟中國做生意？二〇一七年年終，蘋果電腦執行長庫克還在談從前的期望：「你可以選擇：站在場邊嚷嚷該怎麼做比較好？但我寧願下場，因為不可能從場邊改變什麼。」稍早前，蘋果向北京的壓力屈服，把可以繞過審查的應用程式從網路商店下架，因此受到各界嚴厲批判，而庫克有站出來為公司辯護。幾個月後，蘋果將儲存中國用戶數據的雲端伺服器轉交給一家隸屬貴州省政府的公司，也就是交給中國政府。根據蘋果自己發布的透明度報告，光在二〇一八年下半，蘋果就應中國要求下架五百一十七個應用程式。二〇一九年香港出現大規模示威，蘋果因下架應用程式HKmap.live而廣受批評，這程式方便香港民眾即時標示衝突地點，還能搜尋警方驅趕行動及發射催淚彈的位置。香港的蘋果用戶也找不到中華民國國旗的表情貼。如今蘋果每賣掉三隻手機，就有一隻在中國賣出。

微軟與位於長沙、隸屬解放軍的國防科技大學合作，研究人工智慧和人臉辨識。矽谷唯一抗拒審查、因此在二〇一〇年離開中國的某公司，二〇一八年以人工智慧實驗室名義重返中國，當時是谷歌人工智慧部門負責人、在北京出生的李飛飛說：「我相信人工智慧及其應用沒有國界之分。」媒體揭露，谷歌祕密為中國市場開發搜尋引擎，用先進的技術為中國的審查和監控部門服務。谷歌重返中國的企圖上了頭條新聞，其內部稱這方案是「蜻蜓計畫」，我想猜谷歌的工程師不是真的要挖苦審查部門。在員工和美國政壇強烈反彈後，谷歌才暫時終止這計畫。媒體還披露，谷歌、IBM、美國半導體公司賽靈思透過OpenPOWER基金會與深圳的恒揚合作研發新一代晶片，這家中國公司將研發成果用在網路監控和審查科技。

現在到底誰在改變誰？

對了，在女神卡卡與達賴喇嘛討論瑜珈後，中國人現在再也不聽她的音樂了。

在經濟上，中國早已是超級強權。中國過去數十年保持低調，而今態度完全不同。二〇一七年十月，中共總書記、國家主席習近平在全國代表大會上宣告「新時代」的來臨，承諾中國將走進「世界舞台中央」。中國不僅改造自己的國家，終於也準備按自己的願景推動全球化。毛澤東以降，中國的獨裁政權再度自我標榜是世界典範，新華社還稱西方的自由民主陷入「危機和混亂」。中共官媒大肆宣傳「中國道路」的優勢。

世界所有民族都羨慕習近平領導的中國，《人民日報》稱全世界都感受到他推動「人類命運共同體」的「暖意」。宣傳機器《中國日報》不僅將習近平思想美化成「新的共產主義」，甚至指出它能提供全世界「中國方案」，照習近平的話來說，即「發展中國家走向現代化的途徑」。

制度之爭又回來了。新華社稱：「西方模式在數百年後出現衰老跡象。蹣跚的民主帶給這個世界這麼多弊病，能解決的問題寥寥無幾，現在是深刻反思的時候了。」習近平下令「強化軟實力」，跟世界講好「中國故事」。是的，習近平在訪問法國時說「中國這頭獅子已經醒了」，據說拿破崙曾提到，中國是一頭沉睡的獅子，最好不要讓牠醒來。「但這是一隻和平的、可親的、文明的獅子。」習主席說。中國很清楚其他國家、尤其鄰國對它的疑慮。習近平有次說：「中國人沒有擴張侵略的基因。」從此中國官方對外發表聲明時，經常強調自己的「和平基因」。不過，中國如何從三千年前黃河中下游面積狹小的周朝，演變成今天擁有廣大疆域的帝國，為何藏人和維吾爾人視中國人為征服者，還有中國軍隊一九七九年攻入越南領土的目的，宣傳機器倒是沒說清楚。

中共試圖在全球擴大影響力，對象涵蓋政商菁英、大學、智庫、媒體，成效驚人卻少被關注。歐洲輿論有時會短暫聚焦，例如保守派英國作家與人權捍衛者羅傑斯（Benedict Rogers），他為香港自由發聲，結果他在多塞特的母親和鄰居收到內容一樣的黑函，指控他是中國人民的敵人。德國情報單位聯邦憲法保護局警告眾人，中國間諜利用領英等社交平台「大量獲取情報和吸收線人」，當時的局長馬森（Hans-Georg Maaßen）指這是「對國會、政府部會和機關大規模滲透的嘗試」。二〇一八年夏天，《南德日報》揭發一名保守黨議員差點被中國間諜網羅。

二〇一九年十月，美國職籃ＮＢＡ因中國市場成為輿論焦點。當時港人為爭取自由，反抗北京束縛，已一連好幾個月上街示威，在東京出賽的休士頓火箭隊總經理莫雷（Daryl Morey）在推特發文「爭取自由」、「挺香港」。就這麼簡單兩句話，中國宣傳機器卻意外地大為光火。中國市場每年帶給ＮＢＡ數十億美元的收入，爭議爆發前不久，中國網路巨擘騰訊才與ＮＢＡ簽約，花十五億美元買下未來五年的網路轉播權。由火箭隊前球星姚明擔任主席的中國籃球協會立刻宣布暫停與火箭隊交流，中央電視台和騰訊威脅不再轉播球賽，廣告商宣布要全面抵制。

ＮＢＡ和火箭隊最初的反應，透露他們很害怕丟掉中國這個市場。人在東京的火箭隊球星哈登（James Harden）向中國喊話：「我們道歉，我們愛中國。」NBA一開始也不苟同莫雷，對他的推文感到「遺憾」，強調「尊重中國的歷史與文化」。NBA的道歉在美國引發言論自由和民主價值的辯論，輿論和朝野政治人物紛紛譴責NBA的讓步「可恥」，民主黨議員歐洛克（Beto O'Rourke）稱NBA「居然膽敢將利潤置於人權之上」。莫雷的推文刊出四天後，情況突然出現逆轉，NBA總裁席佛（Adam Silver）站出來捍衛「平等、相互尊重與言論自由等價值」。

這次爭議凸顯了西方企業在中國經商的兩難，又要尋找廣大市場，但境內的壓迫又變本加厲，還可能會名譽掃地，尤其像NBA這樣如此受到大眾關注的組織。這起事件同時也顯示，中國影響力在其他地方已看到效果。據報導，ESPN體育台主管要求主持人和記者只能從運動的角度討論這次爭議，不能解釋其政治背景。更讓批評者感到錯愕的是，ESPN開始採用跟中國官方一樣的世界地圖：事實獨立的台灣和被周邊國家包圍、有主權爭議的南海全部屬中國領土。ESPN與母公司迪士尼在中國擁有龐大的商業利益，二〇一六年ESPN與騰訊簽約，讓節目在這家網路公司的數位頻道播出。

美國努力讓民主在當今世界安穩茁壯，中國領導人則企圖讓各國成為獨裁者的溫床。相較之下，俄羅斯只是想施展其影響力，並設法顛覆和破壞西方社會的穩定，但中國領導人在意的是實際利益，所以會早一步改變恐怕對自己有害的決定。中國也極力建立和維護對中國友善的人際網路，並拉攏各國的意見領袖和決策者。最近，中國也開始將政治宣傳和審查輸出到海外，只要有人違背黨的立場、觀點和語言規範，無論天涯海角都會被消除。中共誘勸西方企業進行自我審查，例如威脅連鎖旅館和航空公司不要在官網上將台灣列為國家，幾乎所有企業都屈服了。二〇一九年，法國時裝品牌紀梵希因為將香港、台灣印在T恤上，但沒有強調兩者屬於中國，於是得向中國道歉，並於聲明中強調公司「一貫尊重中國主權」。由於一名員工在做簡報時中國地圖未納入台灣，克麗絲汀迪奧也發表過類似的道歉聲明。

「中國不但站在歐洲的大門前，還早已登堂入室」，這句話引自兩家柏林智庫（墨卡托中國研究中心和德國全球公共政策研究所）有關中國影響力的報告《獨裁的進軍》。不只歐洲，有些地方對中國的舉動也感到不安。在中國富人移民的聚居地溫哥華，市長與新移民在中國國慶日前夕舉行升旗儀式，讓市民大吃一驚：隨著中國國歌的樂音，中國五星旗突然在市府上空飄揚。二〇一八年年初，美國參議院首次舉辦聽證會，聚焦於中國的「長臂」。負責的委員會指出，中國普遍在西方國家嘗試「操縱爭議議題的討論，收買相關人士或影響政局」。中央情報局和聯邦調查局局長警告，中國政府企圖將影響力擴大到「整個社會」，其程度「早已遠超過俄羅斯」。

沒有地方比澳洲更早開始注意中國的影響力、討論也特別激烈。中國是澳洲最重要的貿易夥伴。在人口兩千四百萬的澳洲，超過一百萬人是華人，其中一半在中國大陸出生。在兩家媒體的記者的合作下，眾人看到北京外交官如何指揮中國學生會去向老師施加壓力：由於上課時談到西藏、台灣或天安門大屠殺等中國政治的禁忌，學生多次要求修改課程或教材。北京認為，既然中國留學生每年付很多學費，因此澳洲的大學有必要「尊重中國同學的感情」。此外，當地原本活潑又多元的華文媒體圈也遭北京系統性地肅清。聽命於北京的中國商人還用金錢收買國會議員，讓他們在討論中國佔領南海島嶼等爭議議題時，遵照中國宣傳的版本發言。

相關報導震驚澳洲社會，學者漢米爾頓（Clive Hamilton）透露，知名的艾倫昂溫（Allen & Unwin）出版社拒絕出版他批判中國的新書，消息一出更是舉國譁然。雖然書稿已完成，出版社擔心書中提到的中國企業會採取法律手段，於是決定取消出版計畫。漢米爾頓說，根本沒人威脅要提告，但光對中國的恐懼就已成為「籠罩澳洲的陰影」。許多澳洲人相信，出版社會走到這一步，正是作者寫這本書的原意，即指出「強大、獨裁的國家如何在外國壓制批判的聲音，將他國拉進自己的運轉軌道」。這本書最後由另一家出版社出版，但社會的憂慮仍在。

在中國出書的外國作家，早已感受到中國審查制度的威力，沒有事先刪除敏感段落或章節，根本不可能順利出版。根據美國筆會中心二〇一五年的研究，部分作家同意審查，部分拒絕，其他還有許多作家根本沒有意識到自己的作品被更動。研究認為，只要作家同意，其作品在談到天安門事件或西藏等議題時可被審查，中共就更能控制人民的腦袋，並強化「歷史失憶症」的效力。由於中國印刷成本相對便宜，許多西方出版社早已將書籍印刷外移到中國，但這時才突然發現，自己的出版品也得接受審查機制的過濾。只要內容提到艾未未等異議人士的名字，或書中的地圖違反中國官方立場，比如台灣不屬於中國、大部分的南海也非中國領土，那書就不准在中國印（哪怕是在外國販售）。

隸屬政府的澳洲安全情報組織（ASIO）一名代表在坎培拉向國會報告時，將中國滲透的威脅程度列為「極嚴重」。鄰國紐西蘭也可聽到相似的警告，該國情報單位揭發，出身中國的國會議員楊健，過去曾在洛陽的間諜學校任教。紐西蘭中國問題專家布雷迪（Anne-Marie Brady）發表有史以來探討中國影響力最詳盡的一份報告《魔法武器》（Magic Weapons），結論是「為了影響紐西蘭政壇，中國所進行的祕密收買活動，已危害到我國安全」。在這份劃時代的報告發表後，布雷迪親身經歷她書中所描述的恐嚇手段：她在基督城的家和辦公室被闖入多次，小偷顯然對她的電腦、手機和隨身碟特別感興趣。她還接到匿名電話和收到威脅信（「下一個就是你」），停在車庫的汽車被動手腳。

中國不僅明目張膽、也偷偷摸摸行動。但它似乎很難靠民族性格和文化成就（即一般常說的軟實力）吸引世人。二〇一七年三月，美國《外交政策》雜誌質疑道：「為什麼中國……這麼不酷？」好吧，這世界上次看到很酷的獨裁政權是什麼時候？發明火藥和造紙術能為這民族加分的也有限。根據皮尤研究中心每年進行的調查，在非洲和中南美洲，許多國家的受訪者大多對中國有正面印象，反之歐美人士對中國的觀感就比較差，尤其在德國。不過對中國來說終究沒差，一位在美國受過教育、在頂尖的北京清華大學任教的經濟學家說：「我們用錢買影響力就好了，我們有足夠的錢，看看現在有多少人在討好我們。而且以後我們會有更多錢。」

事實上，北京採取兩手策略，既引誘又威脅、不光攏絡也進行滲透。美國的中國事務專家沈大衛（David Shambaugh）於二〇一五年估計，中國每年花在相關行動的支出約一百億美元，比美國、英國、法國、德國、日本加起來都多。不僅官方的外交官活躍，黨營和國營媒體、大學、智庫、友誼協會和情報單位也都接受指揮，加上在各地經商的企業。中國是由黨領導一切而不是政府，宣傳部門及中央對外聯絡部等中共組織也都隱身在背後。

其中最值得一提的組織位於北京的心臟地帶。在仍掛著毛澤東肖像的天安門西側是中南海，一處不對外人開放的建築群，原本是皇家花園，毛澤東領導的革命成功後成為權力中心。這裡是中國的克林姆林宮，旁邊就是中共中央統一戰線工作部，地址是府右街一百三十五號，職責之一是控制海外僑民。統一戰線也是列寧的發明，始終是各國共產黨用來籠絡和滲透黨外各種社會和政治團體的戰略工具。

統一戰線的任務是拉攏新的社會團體、排除敵對力量以及聯合特定社會團體的重要代表，讓他們成為黨路線的傳聲筒。在中國實施改革開放政策時，統一戰線失去影響力，每每成了勞苦功高的同志退休前的最後一站。統戰部對內還負責中共以外的八個民主黨派，一如東德當年的花瓶黨，用於維持民主的表象。此外，統戰部還負責拉攏少數民族、宗教團體和社會名人，讓億萬富豪、流行歌手、電影明星以及穿著多彩民族服飾的藏人、蒙古人和維吾爾人一起在「中國人民政治協商會議」亮相。開會時，代表們向領導人鼓掌和表示感謝，偶爾提出建議，但沒有實權和影響力。黨媒報導，網路企業和新創公司的老闆也經常受邀參加政協，接受愛國主義和革命傳統教育。

習近平把統戰部從沉睡中喚醒，與毛澤東當年一樣，稱其為黨爭奪影響力的「法寶」。紐西蘭的中國問題專家布雷迪認為，這個組織「自一九四九年以來沒有這麼重要過」。《金融時報》取得的一份內部幹部學習手冊指出：「海外敵對勢力不願看到中國崛起，許多國家視中國為潛在威脅和敵人，千方百計想遏制我們……可是統一戰線是一大法寶，可以幫我們解決一萬個問題，確保勝利。」手冊建議，黨員在國外可採取恩威並用的手段，並鼓勵幹部行動時保持友善、多施展魅力，「聯合一切可以聯合的力量」，但同時無情地建立一面「鐵打的長城」，以對抗「海外敵對勢力」。

統一戰線祕密運作了數十年。二〇一八年，中共決定不要再讓它躲在政府背後，而是直接收編國務院僑務辦公室和國家宗教事務局等機關，接掌相關職權。習近平尤其重視海外統戰工作，二〇一五年中共中央成立「統一戰線工作領導小組」，可見這項任務有多重要。

舉例來說，統一戰線的任務之一是將香港和台灣人教育成愛國者。在海外，統一戰線還負責各種高度敏感的任務，例如與梵蒂岡討論如何讓超過一千萬的中國天主教徒回歸羅馬教廷的管轄。這一直是教廷渴望的目標，但始終無法如願，因為中共堅持每一位中國人（包括天主教徒）在人間服從的最高權威是黨，不是教宗。

這不是堅持無神論的黨與宗教權威唯一的鬥爭，長久以來，統一戰線與流亡藏民對達賴喇嘛的轉世問題也爭執不休。身為藏民的精神領袖，現居印度的達賴喇嘛多次表示他不在中國轉世，北京對此顯然相當恐慌。「不管他說什麼、做什麼，」西藏自治區統戰部幹部羅布頓珠說：「都無法否定中央政府對活佛轉世的認定權。」據新華社報導，這名官員強調，二〇〇七年國務院宗教事務局已對藏傳佛教活佛轉世「做了明確的規定」。

統一戰線的人員經常以外交官身分活動，透過友好協會或文化協會的名義招攬中國商人。西方學者受邀到中國參加奢華隆重的會議和旅遊團，但有批判色彩的人會被威脅拒發簽證，對一些中國專家來說，這等於宣判其研究生涯的死刑。西方有些大學同意讓北京資助教授的職位，例如德國的哥廷根大學。有些大學樂於接受間接贊助。英國劍橋大學二〇一二年為「中國發展」設立教授職位，並宣稱三百七十萬英鎊的捐款來自私人的「中華」教育基金會，與中國政府無關，後來記者揭發實情，這間在巴拿馬註冊的基金會實際上由溫如春控制，她是前總理溫家寶的女兒。二〇一九年，倫敦政治經濟學院原本計畫接受上海商人李世默贊助數百萬英鎊成立中國課程，引起一群教授反彈後決定暫緩。李世默多年來是親中共媒體的最愛，他鼓吹獨裁的優點、讚揚習近平的領導並為天安門廣場屠殺辯護。

二〇一九年，英國國會外交事務專責委員會發布報告，指出有「令人擔憂的證據」，證明中國對英國大學發揮影響力。同一年，德國聯邦政府通知國會，有線索指出「中國有關部門試圖影響在德國的中國學生和學者，以及在中國研究的德國學者」。

近來中共將意識形態的戰場擴大到西方的大學。由於可以賺不少錢，加上中國本身也是重要的研究對象，許多研究者樂於與中國學者合作，有些大學在中國成立分校或研究單位。二〇二〇年年初，共有十四所美國大學為了前進中國，按中國法律規定與中方機構建立合作關係。譬如紐約大學在上海設分校，耶魯大學也在當地的復旦大學成立文化社會學研究中心。二〇一三年起，杜克大學與武漢大學建立夥伴關係。加州大學柏克萊分校與北京清華大學、深圳市政府合作；約翰霍普金斯大學與南京大學開辦國際研究課程。

可是在二〇一九年十二月，上海復旦大學與南京大學、陝西師範大學的作為卻引起軒然大波。在教育部的監督下，三所大學修改章程；歷史悠久的復旦大學將「學術獨立」和「思想自由」從章程中刪除，用「敦行愛國奉獻」來取代。原本章程強調「師生治學」、「民主管理」，新章程改為「堅持中國共產黨的領導」和「堅持馬克思主義指導地位和社會主義辦學方向」。消息傳出時，學生大為憤怒，幾天後校園還出現罕見的自主抗議活動：幾十名學生合唱於一九二五年創作、推崇「學術獨立思想自由」的老校歌。

過去西方大學必須做出一些妥協，才能到中國設分支機構。長年追蹤和報導中國如何在美國擴大影響力的記者貝書穎（Bethany Allen-Ebrahimian）指出：「十幾年前，申請案還很容易被中國接受，當時黨的態度比較友善和寬鬆。」但習近平上台後，中國的改變很大，外國大學和研究單位不得不檢討這些合作計畫：「跨過那條線後，雙方就不再只是合作關係，而是共犯。」有些大學已做出決定，例如康乃爾大學在二〇一八年中止與北京中國人民大學的交換和研究計畫，理由是該大學迫害和懲罰爭取工人權利的學生。

中國擴大對學術圈的影響力，目標不僅侷限於大學。從華府到布魯賽爾到處可見對中共忠誠的新智庫，中國學者和親北京的外國人利用它們將黨的聲音傳到各國政府高層。根據英國皇家聯合研究所的報告，「北京常用的方式是造成你對它的依賴，迫使你自我審查和自我設限」。這是英國第一次全面研究中國的影響力，報告指出：「中國為實現領先全球的願景和推動自己的利益，會繼續使用分而治之的手法……因此英國脫離歐盟後，中國會更渴望干預他國事務。」

中共藉學生會來控制留學生。在澳洲和美國，愈來愈多學生反映受到學生會的監視、恐嚇和思想控制，在德國，中國學生會也很活躍。藏學研究權威、在紐約哥倫比亞大學擔任西藏研究計畫主任的巴奈特（Robert Barnett）表示，有幾名申請擔任研究助理的中國學生，他後來發現是中國領事館派來的。一九八九年的學運領袖王丹認為「中共正擴大對海外批評者的監視」，黨透過「散播恐懼和恐嚇」迫使留學生噤聲，像他主辦的沙龍或其他公開座談等「不愛國」的活動會被特務或親中國政府人士錄影和拍照，於是領事館知道有哪些中國留學生在場。公然挑戰中國官方立場的學生，他們在國內的家人可能遭到恐嚇。美國許多大學現在有中國學生成立的黨支部，任務是對學生進行「意識形態指導」，部分學生返回中國母校後，被要求報告同學的「反黨思想」。

目前有超過五十萬的年輕中國人在海外留學，北京試圖將他們組織在「中國學生學者聯合會」的旗幟下。至少有一個案例（華盛頓的喬治城大學）證明這個組織的經費直接來自中國大使館。有時聯合會也會與大使館合作，例如在習近平二〇一五年到訪華府時負責歡呼和揮動旗幟，據《外交政策》報導，每位參加的學生可獲得二十美元。聯合會經常舉辦春節聯歡會等活動，弘揚「中國文化」，不過必要時也會發起抗議活動。舉例來說，在漢堡、雪梨和多倫多有香港學生上街示威為他們的家鄉爭取自由，結果被有組織的大陸人辱罵和威脅。有一次，聖地牙哥加州大學邀請達賴喇嘛來演講，聯合會的代表就會堅持要與校長見面，並透過社群媒體煽動網民去反對演講活動，並模仿美國大學生常見的抗議作法：散布#中國學生在意（#ChineseStudentsMatter）的主題標籤，認為「邀請專橫的達賴喇嘛演講……傷害華人學生感情，違背多元、包容的精神」。幾年前，北卡羅萊納大學在孔子學院反對後，曾取消達賴喇嘛的訪問；這次校方沒有讓步，達賴喇嘛的演講照常舉行。

統一戰線不僅將在海外生活的中國人變成中共的馬前卒，也吸收華裔人士，儘管這些人早已不是中華人民共和國公民。統一戰線對這些人訴諸泛中國愛國主義，招喚他們對中華文化傳統的光榮感和國家的使命感，強調要靠中共才能實現強國夢。中共在二〇一八年修憲時，將「致力於中華民族偉大復興的愛國者」這一群體納入中共領導的統一戰線，《人民日報》馬上在社論說要讓「中華兒女」在這一歷史進程中共享幸福和榮光。

像這種對種族歸屬感的動員，在宣傳中愈來愈常出現，但海外華人漸漸開始質疑它們的益處。在美國生活和教書的物理學家程揚揚在一篇頗受關注的推文指出：「當一個國家把愛國主義當作武器，將一個民族據為己有，每個人的認同感將變得混亂；尤其對跨過國界和語言障礙的人來說，身分認同的問題本身就夠複雜了。」她提到，有次學生學者聯合會要求她去一起歡迎來訪的中國國家主席（「每個人都要去，這樣我們的人數才會超過自由西藏的運動者。」），她批評說，這個國家「狡猾又肆無忌憚……專門利用人的脆弱」。

不只在美國、澳洲和歐洲的大學教室，不管走到哪，都躲不掉中共的眼線和爪牙。這種感覺讓人越來越不安。香港書商和瑞典公民桂民海在泰國的公寓被綁架，失蹤後重新出現，但人已經在中國的監獄，可說是近來中國特務跨國行動最轟動的例子。這當然不是唯一的一次。

中國外交官對不聽話的國家頤指氣使，有時還語出威脅，桂民海事件是一個頗具代表性的例子。多年來，中國駐瑞典大使桂從友試圖恐嚇媒體、公民社會和政治人物，警告他們不要關心這名瑞典出版人的命運。二〇一九年十一月，瑞典筆會頒發圖霍夫斯基（Kurt Tucholsky，譯注：納粹時代流亡瑞典的德國作家）獎給桂民海，瑞典文化部長林德（Amanda Lind）宣布將出席頒獎典禮，延續文化部多年來的傳統，結果中國大使升高威脅的語調。「朋友來了有好酒，」他在一次令人吃驚的專訪中表示：「豺狼來了有獵槍。」他隨後還恐嚇在中國的瑞典企業將面臨嚴重的後果。

在海外流亡的人權捍衛者、異議分子、藏人和維吾爾人更會被中國特務盯上，遭恐嚇和威脅。威脅對象主要是仍住在中國的家人，例如之前提到的那位以批判政府聞名的記者長平。在丟掉工作前，他曾擔任廣州《南方周末》的新聞部主任，目前流亡德國，為「德國之聲」撰稿。二〇一六年三月，他與其他異議分子聯合署名一封公開信，要求黨主席習近平下台，不久後他在四川的弟弟和妹妹就被警方帶走，失蹤了好幾天。警方說因為「森林火災」才傳喚他們，絕對不是「綁架」，不過人在德國的長平卻同時收到弟弟的訊息，拜託他撤回評論，不要再發表批評中國的文章。之後四川的半官方網站上出現一封弟弟本人署名的公開信，指全家人感到「非常失望」，因為他繼續在德國發表「不真實」和「惡意攻擊有關部門」的言論。

在法國生活的維吾爾人（其中有法國公民）表示，中國警察試圖跟他們接觸，要求交出個人證件。警察一般是透過電話或微信，向他們要辦公室和家裡的地址、近照、法國身分證的影本、甚至結婚和大學畢業證書。「你好，我是公安局的警察……」《外交政策》引述一則微信訊息：「我們好好談談，不然會帶給你很多麻煩，我們天天會去你父母家。」

黨花很多錢在西方的大學內設置孔子學院，這對經費短缺的學校而言是一大福音。二〇一三年，習近平掌權後不久，便親自到孔子的故鄉曲阜，吹捧這位毛澤東當年看扁的智者。他稱黨是傳統價值的守護者，盛讚當時如雨後春筍般在世界各地揭幕的孔子學院。他認為，孔子學院的成功證明西方對中國經驗的渴望，「資本主義終極理論動搖了，社會主義發展出現奇蹟」，西方的自信受到挫敗，「西方國家開始反省，公開或暗自比較中國的政治、經濟和道路」。

二〇〇四年，中共下定決心，要把塑造孔子成他們的歌德和塞凡提斯，讓他成為國家文化機構的招牌，以肩負拓展全球的使命。目前在一百四十二個國家有超過五百所的孔子學院，提供逾一千堂課程，據官方統計，二〇一七年有近一千三百萬人參與學院的活動。名目上是孔子，背後可看到黨的操作。曾任中共中央政治局常委的李長春說，孔子學院為「增強文化軟實力作出了重要貢獻」，用孔子這個「品牌」，本身就有親和力，「用語言切入，順理成章」。表面看來孔子學院是中國的歌德學院，但本質完全不同，也難怪各地議論紛紛。

孔子學院的總部是北京的「國家漢語國際推廣領導小組辦公室」，簡稱「漢辦」（譯注：漢辦在二〇二〇年已更名為「中外語言交流合作中心」），網站顯示它直屬教育部。不過，這只是一部分的真相，實際上，它是歸各政府部會組成的理事會管，其中包括中共中央宣傳部。當了多年理事會主席的劉延東，二〇一八年退休前是國務院副總理，她更重要的身分是政治局委員。

此外，孔子學院的運作方式與歐洲這些文化機構完全不同。歌德學院不管走到哪都是獨立運作，相較之下，孔子學院一般都與當地的大學合作。德國、英國或法國的大學提供教室和設備，北京的漢辦給錢，中國的夥伴大學提供師資，院長由雙方派人出任。幾年前，孔子學院在美國等地已引發爭論：「我們的大學會不會被獨裁政權收買了？」或者如一名德國漢學家所言，孔子學院是藏在大學的「中國潛水艇」？有一點毫無疑義：大學開辦孔子學院，等於讓中國政府在校園成立分支機構，類似的模式可說史無前例。

儘管漢辦的核心任務是與全世界對話，但記者卻很難聯絡上。二〇一四年年初我提出訪問要求，等了快兩個月沒人回應，電話也無人接聽，最後是「漢語國際推廣研究所」的張靖同意受訪。這個單位的任務是針對孔子學院的發展方向和策略，為漢辦提供諮詢。曾在美國留學的張靖表示，孔子學院重點在「將中國觀點帶進西方語境」，畢竟漢學這門學科是由西方傳教士所創，直到今天仍由西方主宰，「我們中國總是被當成研究客體，有被美化或扭曲的危險」。北京目前應該不擔心中國被過度美化。張靖說，漢辦很期待能贊助世界各地的漢學，「我們明白人文學科不管在哪裡處境都很艱難，作為一個成長中的國家，中國有能力支持」。

但媒體不斷報導中國的審查制度和人民的自我審查，尤其在擁有上百所孔子學院的美國。幾年前，漢辦與「美國大學理事會」在洛杉磯宣布成立二十所孔子學院。據中國媒體報導，大學理事會主席柯爾曼（David Coleman）得意忘形地說：「漢辦像太陽，照亮美國漢語教學的道路。美國大學理事會是月亮，反射漢辦的光是我們的榮幸。」美國保守派團體「全國學者聯合會」二〇一七年在研究中建議美國關閉所有的孔子學院。一些大學果然這樣做，不光在美國，經過一番爭論後，芝加哥、費城、斯德哥爾摩、萊頓和里昂都關閉了孔子學院。美國最近關了二十九所，原因之一是五角大廈威脅校方，只要有設立孔子學院就終止補助。

論及美國對孔子學院的反彈，德國總會強調兩國情況很難相提並論。確實，美國的孔子學院與大學課程融為一體，甚至會發成績，德國沒這麼糾葛不清，萊比錫大學的漢學家柯若樸（Philip Clart）因此指出「在美國衝突發生的可能性大得多」。在德國，孔子學院幾乎全以民間協會的名義登記，平時主要為大眾提供語言和文化課程，與大學運作分開來。

這樣說也許沒錯，但有一點非常清楚：漢辦不只服務想去中國的人，為他們提供語言和太極課，北京公開揭示的目標是打造「新漢學」。「我們在全球各地的學院從語言、書法和包水餃的課程開始，」漢辦的顧問張靖說：「可是這樣對我們來說太侷限，我們要孔子學院將中國的願景帶進學術圈和漢學界，我們希望漢學界多關注中國的政治和經濟，向人們解釋中國不能走西方的道路。」

據波鴻大學漢學家羅哲海（Heiner Roetz）的說法，學界確實有一些人敞開大門歡迎漢辦。「即使批評聲不斷，他們還是能與中國的機構糾纏不清。其實他們下意識地願意為中國政府說話，」羅哲海說：「他們說不應該用自己的觀點看中國，那是另一個文化。漢學界的文化相對主義才是根本問題，不是孔子學院。」

漢辦有時讓它的朋友很為難。二〇一四年七月底，「歐洲漢學學會」在葡萄牙的小城布拉加（Braga）和孔布拉（Coimbra）舉行會議，北京來的代表造成軒然大波。漢辦首次公開贊助活動，時任漢辦主任的副部長級官員許琳特地從中國飛來參加會議。結果她發現另一贊助者來自中國不承認的台灣，就連標誌也印在大會手冊上，於是下令收回全部的手冊。幾位陌生的中國人於是走進會場，沿著座位一排接一排用「不好意思，我忘了帶」為藉口，從不知所措的會議代表手中將手冊拿走。次日，手冊重新出現，北京討厭的那幾頁被撕掉。「讓人大吃一驚。」在場的德國弗萊堡大學歷史學者和漢學家雷瑟（Daniel Leese）說。歐洲漢學學會會長王羅傑（Roger Greatrex）馬上發表一篇憤怒的聲明，抗議學術活動遭到「審查」，並批評孔子學院代表的行為「極為不智」。

維持孔子學院的經費很龐大，中國國內因此一再出現批判的聲音。不過，黨主席習近平的目標顯然更遠大。二〇一八年年初，他所領導的「中央全面深化改革委員會」審議通過一份改革孔子學院的文件，在《人民日報》網站上可找到令人驚奇的幾段話：「推進孔子學院改革發展，要圍繞建設中國特色社會主義文化強國」，而且未來應

「服務中國特色大國外交」。黨顯然將孔子學院視為拓展影響力的工具。二〇一九年十月，比利時政府取消布魯塞爾孔子學院院長宋新寧的簽證，理由是他涉及間諜活動。據稱宋新寧為中國情報單位工作，在中國留學生和商務人士當中招募線人，宋本人反駁這項指控。中國駐瑞典大使接受當地電台訪問時表示，孔子學院的老師當然有「義務」告訴學生和同事天安門屠殺的「真相」。鑑於北京已經將話說得這麼白，那些還在西方大學經營孔子學院、繼續為中國辯護的人，簡直是天真到極點。

黨有時會鎖定並打壓西方的學術出版社。在中國經營出版的風險本來就高，尤其還得拿學術自由來當交易籌碼。號稱世界最古老的英國劍橋大學出版社，二〇一七年夏天因不敵北京壓力而審查出版內容，因此成為輿論焦點。接受記者詢問時，社方證實有遵照中國政府命令，從中國網站上撤下頗負盛名的《中國季刊》逾三百篇的文章。與施普林格—自然的情形一樣，這些文章的主題包括西藏、台灣、毛澤東與文革、天安門廣場屠殺及對習近平的個人崇拜，不少歐美知名的中國問題專家都名列黑名單。根據出版社的聲明，與北京合作目的是「確保其他出版物和教材」繼續向中國讀者開放。或許應該說，是討好樂於掏腰包的讀者，畢竟劍橋大學出版社與其他同業一樣，也在中國市場賺了不少錢。

對於這件事，中國研究者的圈子先是感到不可置信，然後就群情激憤。批判的聲音從世界每一個角落發出，學者、記者與人權倡議者稱劍橋社方「可恥」、「投降」。有名教授在推特上說：「你可說是務實，但其實是可悲。」眾人都認為，劍橋大學出版社出賣了自己的靈魂。麻省理工學院的狄斯塔霍斯特（Greg Distelhorst）和康乃爾大學的白潔曦（Jessica Chen Weiss）認為「學術存在的目的不是為了討好權貴」，這樣的作法等於「用牛津大學的印章」為中共竄改歷史背書，不僅對作者不敬，也是對中國讀者的厭惡和鄙視。

劍橋大學出版社受到各方圍剿，最後決定撤回決定，讓所有被撤下的文章重新上線。它改口盛讚學術自由的可貴，還自我辯解說，審查只是「暫時性的決定」。不過，騷動平息後，難免讓人有一絲預感，覺得這只是前奏，同樣的事一定會重演，而大家不知不覺就會習慣了。

幾個月後，施普林格—自然也引起爭議，它不理會旗下作者的批判，繼續封鎖冒犯北京的內容。過沒幾天，中國官媒就慶祝施普林格—自然與中國網路巨擘騰訊建立

「戰略合作夥伴關係」。面對記者詢問，柏林總部只發一篇簡短聲明，強調對中國內容的屏蔽與騰訊的合作無關。二〇一八年五月施普林格—自然在網站上宣稱，與中國夥伴出版了一百一十多種刊物。

有錢的話，拉攏菁英很方便。中國一直在成立新的基金會、創造新的工作機會，讓「中國人民的老朋友」享受榮譽職位和高薪。皇家聯合研究所在報告中用「竊佔菁英」來描寫這種情況：學者提供諮詢以獲得豐厚的酬勞，全國受中共影響的風險就不斷提高。澳洲前外長卡爾（Bob Carr）就是一個例子。二〇一四年起，他出任「澳中關係研究院」院長，該組織宗旨是促進雙邊關係的積極發展。在德國，曾任副總理的自民黨黨員羅斯勒（Philipp Rösler），後來成為「海航集團」在紐約基金會的主席，據說這神祕的集團與紅色權貴過從甚密。卡爾和羅斯勒二〇一九年同樣因輿論反彈而離職。不過，當年宣布英中關係進入「黃金時代」的前英國首相卡麥隆（David Cameron）仍繼續負責英中投資基金，推動中國的「一帶一路」。

在法國，兩位前總理都在努力推廣中華人民共和國和共產黨的正面形象。一位是德維勒班（Dominique de Villepin），他擔任中國民生投資集團的咨詢委員，同時在香港的世界信用評級集團出任國際顧問理事會主席，這家公司打算與美國的信用評等公司一較長短。另一位是前總理哈發林（Jean-Pierre Raffarin），其對中國的投入更廣為人知。他在「博鰲亞洲論壇」擔任諮詢委員，這是北京為了與瑞士達沃斯「世界經濟論壇」較勁舉辦的活動。哈發林還在上海的中歐國際工商學院任教。他領導的「展望與創新基金會」經常舉辦活動，並由中方公開贊助。

除此之外，哈發林在「中國環球電視網」的法語頻道、也就是中國的大外宣管道有自己的節目《走進中國》（*Grand angle sur la Chine*），片頭可見他正在翻《習近平談治國理政》這本書。他在第一集向觀眾介紹習近平的成就，讚嘆他如何領導這強大的帝國：「他是這個大國的強大領導人。這國家需要權威，才可能統治十四億人口。」這個國家的未來充滿無限可能，並由一個「擁有偉大願景」的黨所領導；中國將「決定未來的世界秩序」。哈發林還幻想，為了所有人的幸福，這個黨會致力「保護我們的地球」、「促進國際合作」並「捍衛多邊主義」。這集的標題是「中國式的領導，充滿智慧」。

身為中國真正的朋友，哈發林於二〇一九年從習近平手中親自接下「友誼勳章」。法國《世界報》推測，與其說是為了錢，他真正的動機其實是想受到中國人的認可。

對中共推動的統一戰線來說，哈發林與其他「中國朋友」都是「完美的仲介者」，任務是「不惜一切代價遊說和發揮影響力」。

北京到處都找得到加油喝采的啦啦隊。

為了「讓黨的主張成為時代最強音」，一如中央黨校主辦的雜誌《求是》所言，中共全面啟動宣傳攻勢。幾年前，對外媒體「中國環球電視網」和「中國國際廣播電台」已獲得大筆經費，而「中國中央電視台」和「中央人民廣播電台」於二〇一八年整併為新的媒體。從命名就可看到中國把美國視為典範。為了與「美國夢」一較長短，東方有了「中國夢」；「美國之音」也碰到新對手「中國之聲」。中國之聲是全球規模最大的宣傳機器，由中共中央宣傳部直接領導，核心任務是「宣傳黨的理論和路線方針政策」，尤其是「加強國際傳播能力建設，講好中國故事」。

二〇一七年，新華社在海外已經有一百六十二間辦公室，現在增加到一百八十多間。中國環球電視網的歐洲總部設在倫敦，至二〇二一年一月已雇用逾一百名有經驗的電視記者，據報導薪資「遠高於」倫敦的平均值。中國環球電視網有英語、俄語、阿拉伯語、法語和中文等各種節目，收視觀眾有十二億人，現在已經是全世界最大的電視台。根據其官網於二〇一七年發布的一段新聞影片，主播潘登認為，許多中國以外的人「被西方新聞的價值觀洗腦」。根據「無國界記者」的研究，這國家的新聞自由指數在全球一百八十國當中排名第一百七十七。

最近中國環球電視網受到一些打擊。二〇二〇年二月，它與一些中國媒體被美國認定為「外國使團」，當時美國國務卿蓬佩奧表示理由是「實際上被外國政府擁有或有效控制」，美國政府還下令其員工人數不得超過一百人。

一年後，英國通訊管理局以「實際掌控者是中國共產黨」、違反法規（「政治機構不得擁有廣電媒體」）為由，撤銷中國環球電視網的播放執照。該台還擊說，英國此舉的真正原因是「當局害怕我們客觀報導中國在各方面的成功」。

每年有許多非洲記者到中國「培訓」，非洲的媒體由中方提供新聞內容、設備和資金，廣播和電視的數位化也靠它。中國利用光纖基礎建設、資料中心和衛星全力推動數碼「一帶一路」。在美國，中共宣傳機構購買Discovery頻道的時段，播放紀錄片《習近平治國方略：中國這五年》三集，「展示中國和平發展給世界帶來的機遇」。北京《中國日報》也砸大錢，在《紐約時報》、《華盛頓郵報》、《費加洛報》等西方重要報紙以夾頁方式置入《中國觀察》（*China Watch*）副刊。據報導，英國《每日電訊報》每年因此可增加七十五萬英鎊的收入。《紐約時報》對發行中國宣傳刊物的解釋是「自己有決心會深入報導中國……廣告不曾對報導品質造成任何影響」。《紐約時報》的說法或許沒錯，不過忽略了重要的一點：就算不用擔心報導內容受中國左右，但西方媒體的聲望會被《中國日報》買走。中國有一句話描寫這樣的策略：「借船出海」。前中央宣傳部部長劉奇葆相信把船「買下來」更好。在香港，《南華早報》就被親北京的商人買走；據路透社調查，中國還悄悄收購華盛頓近郊廣播電台的股份。

在中東歐地區，中資企業也試圖入股媒體集團，由兼任政治局委員的劉奇葆主導，他是權傾天下中共中央宣傳部的負責人。幾年前，這機構的英文名稱改為中性的「公開宣傳」（Publicity）部，不過中文名還是沒變。北京很清楚，光新的標籤不夠，還需要西方的專業協助，因此邀請偉達、凱旋、奧美等公關顧問公司協助包裝形象。

有一段時間，中資大舉進軍好萊塢，除了合作拍片還大量併購，其中最積極的是大連萬達集團。這家企業不僅在二〇一二年買下美國最大連鎖電影院AMC，四年後還收購傳奇影業，也就是出品過《蝙蝠俠》、《侏羅紀世界》的好萊塢片廠。萬達集團老闆王健林靠經營房地產成為首富，與中國其他企業領袖一樣，他與領導人家族關係匪淺。受訪時曾說自己的企業當然會努力擴大「中國文化影響力」。

中共當然希望看到本國電影工業的藝術魅力能擴大到西方，與好萊塢的軟實力一較高下。二〇一九年年初，國家電影局局長王曉輝給中國導演設定遠大的目標，在二〇三五年前實現「電影強國」，與美國平起平坐。王曉輝對中國電影品質參差不齊的問題很清楚，他對全國最著名電影工作者演講時表示：「我們講故事的能力與美國好萊塢、印度寶萊塢還有不小差距。」中國有很多好導演和演員，但電影環境不會這麼快改善，主因還是像王曉輝這樣的官僚和體制。他說，新一代中國電影的主題必須是「中華民族偉大復興的中國夢」和「愛國主義」，電影工作者「在意識形態層面要有明確的底線和界限，不能挑戰政治制度」。二〇一八年三月起，中國電影工業直接由中共中央中宣部管轄，黨想傳達的訊息一如既往：你們給我自我閹割和多產！

黨的號令大家都聽到了。中國最著名影星范冰冰於二〇一八年突然消失，震驚影迷和影圈，美國電影雜誌《綜藝》報導指出：「中國藝術家現在對政府非常小心，避免惹事，程度可說文革以來僅見。」由於曾在《鋼鐵人》和《X戰警》演出，范冰冰也廣為西方觀眾所知。中國安全單位將她囚禁四個月之久，沒人知道她的行蹤。表面看來與逃稅有關，目的其實是要警告其他電影從業人員。不過，她的失蹤也讓中國影人覺悟，自己一言一行總要受中共支配。范冰冰現身後不僅繳回稅款，還在社群媒體表明愛國心和對黨的忠誠。

在西方電影圈，來自中國的資金仍比中國電影更受歡迎。最近雙方對彼此的好感有降溫趨勢，合作計畫屢屢告吹，票房也不佳。不過，好萊塢還是瞄準中國市場、遵守中國的規矩，尤其要推出大片時。不意外，好萊塢當然想嘗市場的甜頭，過去十年中國觀影人數每年都出現二位數的成長率，二〇一八年年初整體票房第一次超越美國。現在好萊塢製作電影時都會考慮中國的審查標準。根據北京國家電影局的規定，進口電影的題材不得侵犯國家尊嚴、動搖社會穩定、危及國家主權和統一、醜化領導人，若是中西聯合製作的電影，內容應植入「正面的中國元素」。

中國導演賈樟柯有次出國參加《天注定》的宣傳活動，返國後告訴我，在紐約影視記者問他，能否給好萊塢製片一些應對中國電檢的訣竅。他說：「我聽了無言以對，只有感到非常震驚。」以批判北京當局著名的好萊塢影星李察・基爾在接受《好萊塢報導》訪問時表示，他有次無法參與原定的拍片計畫，原因是中方拒絕他出演。此外，在另一部電影中，劇本上原有的中國反派角色被刪掉，入侵的中國軍隊用電腦特效改成北韓人，甚至加入中國英雄的角色；這片子就是二〇一二年的《紅潮入侵》。

在雷利．史考特於二〇一五年執導的《絕地救援》中，中國國家航天局甚至跟美國太空總署合作，派出神奇的火箭去援救被遺棄在火星的太空人（麥特．戴蒙飾演），以免他餓死。這部片在中國的票房達九千四百萬美元。在現實的北京，國家航天局局長許達哲在記者會上表示，這樣的劇情證明「美國的同行也特別希望和我們合作」，可惜現在還有些「不順暢的地方」，暗指美國國會於二〇一一年以國家安全為由，禁止美國太空總署以任何方式與北京合作。

中國不僅與俄羅斯一樣，刻意散播不實訊息擾亂視聽，還從根本下手，企圖影響國際組織。尤其是在中國運作完美的「思想工作」，最好透過所有可能管道輸出到國外，以打造世界新秩序。

在某些領域，中國的動作特別大。舉例來說，在日內瓦的聯合國人權理事會，中國外交官越來越積極，一再成功推動決議案，讓國內悅耳的政治宣傳口號走進國際；在敘利亞、埃及、緬甸、蒲隆地、厄利垂亞等國的支持下，通過支持「人類命運共同體」和「互利合作」的決議。這些句子表面看來好聽又無傷大雅，在人權運動者眼中，卻是中國改寫國際人權標準的小動作。「中國共產黨和政府始終把為人民謀幸福、為人類謀發展作為奮鬥目標，」中國駐南非大使在《人民日報》英文版撰文說：「十三多億人民享受著安寧、自由、幸福的生活，以史上最快的人權進步和最好的人權實踐為世界人權事業樹立了新典範。」

中國同一時間採取多重策略。首先，它用「經濟和社會權利」取代「政治和公民權利」，重新定義人權的內涵，也就是國家光讓人民豐衣足食即已足夠。其次，它用「國情不同」合理化對人權的侵害，畢竟所有權利當中，最重要的是國家主權。最後，中國確實該推動民主化，尤其是「國際關係的民主化」，即中國對人權的立場應該與其他提倡聯合國《世界人權宣言》的國家分庭抗禮。

宣傳機器製造了許多意識形態的概念，也試著將其送進國際語境。例如中共也打算在線上建立「命運共同體」，在全球重新打造安全、有良好秩序又服從的網路。這正是中國在浙江小城烏鎮主辦世界互聯網大會的主因。二〇一四年起，每年來自世界各地的政治人物、學者和經理人齊聚一堂，黨藉機宣揚網路應「保障國家安全」和「尊重各國網絡主權」的觀念。為了達到這目的，烏鎮再適合也不過：一座歷史悠久、精心修復的水鄉，擁有風景如畫的運河和小橋，古老中國在此重生。作為拚觀光和經濟的主題樂園，庸俗的居民和汙穢的日常環境全都被清除一空，只留下長牆、戒備森嚴的城門和運河，並與外在世界完全隔離。今天的烏鎮是一座美麗的空殼，充滿商業氣息和政治宣傳，開放和活潑的幅度簡直是中國網路的翻版。

這場會議由國家互聯網信息辦公室主辦，但西方政治人物都刻意迴避。二〇一七年十二月，中共意識形態的操盤手在會議開幕式提出「網絡空間命運共同體」，雖然對西方政要毫無吸引力，不過與會的蒙古、巴基斯坦和東南亞國家的副總理，反而對中國「安全可控」的網路表示讚嘆。一名泰國軍政府代表表示「這對我們所有國家都有用」。

西方科技界大老與政治人物不一樣，現在他們定期去烏鎮朝聖，因為出面邀請他們前來的中共當局，會一同分享傳說中的廣大中國市場。蘋果執行長庫克於二〇一七年稱讚主辦單位，說此地可看到世人的「共同願景」。同一週，總部在華府的非政府組織「自由之家」再度稱中國是「全世界限制網路自由最嚴重的國家」，程度比敘利亞和衣索比亞還糟，接下來每年的排名絲毫沒有改善。庫克指的願景，很可能是王滬寧演講時所說的「讓我們一起把數位經濟的餅做大」。當時思科、IBM、谷歌、臉書的高層全坐在台下，連矽谷大老也被餅的香氣吸引，哪怕產品在中國市場被禁。

他們的演說相當風趣，談了很多跟開放有關的概念；在水鄉烏鎮，大家最愛用搭橋來比喻建立連結。但在隔壁的會議室，警察大學和公安部討論的是中國更急迫的問題：「國際合作打擊網絡犯罪和網絡恐怖主義」。一名來自西安的教授首先表示，外國媒體喜歡用「恐怖分子的語言」，所以中國必須更努力，「在世界各地用我們自己的語言抵抗，讓中國的敘事佔上風」。來自上海的教授舉「世界維吾爾代表大會」為例，他認為這個總部位於慕尼黑的維吾爾人流亡組織一定要歸類為「恐怖組織」。理由有三：首先，他們「扭曲事實和使用骯髒的語言」；其次，「醜化中國的一帶一路」；最後，「他們與其他反華組織合作」。他建議中國政府應對推特等西方社群媒體施壓，封鎖這一類恐怖組織的帳號。

在這場會議中，還有一位土耳其警官及伊朗大使館的聯絡官，他們以外國來賓的身分發言，後者認為網路上最具威脅性的恐怖主義來自美國政府。「這會是一場苦戰，」最後主持人說：「我們要迎頭趕上。」

二〇一九年，美國對中國網路和高科技公司實施制裁後，一位中共中央政治局委員在大會上抱怨，「開放共享的網絡空間受到干擾……一些國家以網絡安全為由，限制和打壓其他國家和企業」。他批評的當然不是自己的國家，而是美國。

愈來愈多國家跟中國一樣，全力打造封閉和受監控的網路，俄羅斯尤其積極向北京取經。專精審查科技的中國工程師，經常到莫斯科分享經驗，例如在二〇一六年，時任國家網信辦主任的魯煒與中國防火牆之父方濱興就參加了第七屆「國際網絡安全論壇」。主辦單位「安全網路聯盟」屬億萬富翁馬洛費耶夫（Konstantin Malofeev）所有，他與克林姆林宮、俄羅斯軍事情報局（GRU）、東正教會關係密切。不久後，俄國總統普廷與習近平在高峰會上宣布將在網路和網路安全領域加強合作，俄方格外對技術移轉表達興趣，還請中國電信設備大廠華為協助建立資料儲存系統。

「人權觀察」的一份報告點名「中興通訊」，指出這間中國電信大廠協助衣索比亞政府利用電信設備監視記者和反對派人士。中國人臉辨識攝影機和其他人工智慧的應用科技不斷輸出到海外。依圖科技於二〇一八年宣布，非洲是下一個市場。二〇一七年，華為宣布所屬的「智慧城市」方案已應用在四十國逾兩百個城市。「客戶下單時可選擇是否要加購監視系統」，華為在簡報中鼓勵大家，為了安全，最好還是購買完整的方案，「安全的城市是智慧城市的基礎」。「中國電子信息產業集團」在委內瑞拉、波利維亞、厄瓜多建立監控系統，社華社還以特別報導為它打廣告；而這家國營企業也為解放軍生產設備。在厄瓜多，中國電子信息產業集團用自家的ECU911安全系統建立了監視攝影機網路，此外還建立了手機監視系統，完成後犯罪率立刻下滑四分之一。二〇一六年年底，時任總統的科雷亞（Rafael Correa）特地感謝中國慷慨捐贈監視設備。

根據「自由之家」每年公布的報告，全球的網路自由不斷在倒退，直接原因是「中國的網路控制模式」擴大到全世界。報告中多次點名中國對網路自由的嚴重侵害，在其調查的六十四國當中，有三十八國進口中國的網路和通信基礎設備，十八國進口中國的人工智慧監控科技。中國在其中三十六國負責訓練網路和資訊科技的管理人員。烏干達、越南、坦尚尼亞等國的網路相關法規則直接仿效中國的版本。「開放科技基金會」二〇一九年的研究指出，全球已經有一百零二個國家進口中國的監控科技，其中有埃及、亞賽拜然等獨裁國家，以及巴西、馬來西亞、波蘭、南韓等半獨裁和民主國家。中國科技公司「雲從科技」為辛巴威全國打造了人臉辨識和監視系統，雙方還立下約定，辛巴威會將全民的生物特徵數據傳到中國的伺服器，讓演算法訓練對深膚色人臉的辨識能力。自由之家認為：「這些趨勢對開放網路和全球民主的未來是根本性的威脅。」

二〇一七年，習近平在中共十九大宣布要建立「網路強國」，他說，中國式現代化能為「希望加快發展又希望保持自身獨立性的國家和民族提供全新選擇」。

各種科技（即使是人工智慧和監視攝影機）可以用來行善，也可以作惡。技術日益精進，不論對獨裁或民主統治者來說，都是一種誘惑。何況在這個時刻，中國積極把人工智慧科技輸出到海外，全球自由和民主都備受威脅。

第15章 未來：當條條大路通北京

「如果歐洲是一個人，我現在就要衝出去為她而戰，她是賜給我們七十年和平的女英雄。」——德國演員布蘭道爾（Klaus Maria Brandauer），二〇一六年

黨主席習近平要求全國宣傳部門「傳播好中國聲音」，與西方競爭「國際話語權」。他有相當大的空間，據「自由之家」二〇二〇年的報告：「民主和多元正價值受到攻擊……民主體制陷入數十年來最嚴重危機。」牛津大學「民主未來研究中心」的研究結果也同樣令人不安：「全球各地對民主的不滿程度升到最高峰，尤其在已開發的民主國家。」在上世紀的九〇年代，歐洲和北美的民主國家民眾有三分之二對自己的政治

體制感到滿意。十年前，每四名美國人還有三人對民主滿意，「民調第一次顯示，多數美國人（百分之五十五）對自己的政治體制不滿」。

對中國的宣傳機器而言，這是不錯的時機，習近平的攻勢很長一段時間大有斬獲。他的中國將利用「新絲綢之路」走遍世界各地，更精確地說是伸向四面八方的好幾條新絲路，起點和終點都在北京的皇宮。

這是攸關習近平聲望的計畫，宣傳部門不時得取新名字，有時是「一帶一路」，有時是「帶路倡議」，英文縮寫是OBOR或BRI。北京透過全新的街道、鐵路、港口、機場和油氣管，打造連接中國、中亞和歐洲的貿易廊道，並拉攏拉丁美洲和非洲各國。

這計畫既可刺激中國經濟，也可發展各地的基礎建設，不過就本質上來說，這是為了實現它地緣政治上的願景，打造由中國主導的新世界秩序。早在具體的建設啟動前，政治宣傳就大獲成功，西門子前總裁凱颯（Joe Kaeser）在瑞士「世界經濟論壇」說：「不論你喜歡與否，中國的一帶一路都將成為新的世界貿易組織。」他當然想分一杯羹，在德國企業家當中，他尤其善於跟著中國宣傳起舞。

歐盟其他國家已敲響警鐘。二〇一八年年初，歐盟二十八個成員國當中有二十七國的駐北京大使連署一份報告，指中國正透過「帶路倡議」塑造自己所嚮往的全球化版圖——這點中國倒是沒反駁過，《人民日報》就滿懷期待地預言說，全球化的2.0版即將出現。不過，這樣的發展對歐洲不利，歐盟外交官在報告中警告道，「新絲路」會破壞歐洲的利益和各項標準。事實上，對北京來說，基礎建設首重政治利益，其次才是經濟考量。歐盟外交官點出，北京只會在雙邊舉行高峰會時進行談判，並利用彼此的「權力不對等」來簽訂保密合約，以圖利中國國有企業，而遵守歐洲的環保標準、勞工權益和社會福利的廠商會被排擠。此外，中國還要求有意參與的國家承認其「核心利益」，一般來說指的是對南海等地的主權。

值得注意的是，針對這份報告，在歐盟二十八國當中，只有一個國家拒絕簽字，而且又是匈牙利。為了極大化自己的利益，長久以來中國設法分化歐洲人和歐盟，讓布魯塞爾和歐盟大國相當不滿。近年來，北京尤其透過匈牙利和希臘等在歐洲的代言人，多次成功推翻或淡化歐盟的共同聲明。海牙國際法院於二〇一六年七月裁決，否定中國對南海主權的多數主張；一年後，歐盟打算在日內瓦的聯合國人權理事會譴責中國惡化的人權狀況，但希臘反對，這是歐盟第一次沒有發表共同聲明。

中國自己打開通往歐洲的門戶。二〇一二年，它創立「16+1」這樣的合作機制，將東歐和巴爾幹半島的十六個前共產國家組成一個俱樂部，宗旨是「中國，請投資我們吧」。這些國家每年集會一次，聽中國國家領導人致詞，並期待對方會在「帶路倡議」的框架下，大手筆投資本國的建設。「16+1」的秘書處理所當然設在北京的中國外交部，負責草擬合作綱要和宣言，讓歐洲成員背書。部分國家因為等不到中國的錢而感到沮喪，而有些國家確實吸引不少中國企業來投資。近年這個合作機制的規模擴大，希臘加入後成為「17+1」。希臘的比雷埃夫斯港（Piraeus）落入中國手中，後者投入四十億美元讓它成為全球成長最快的貨櫃港。中國也打算在匈牙利興建高速鐵路。二〇二〇年四月，習近平首度取代總理李克強主持會議，可見隨著對美國的敵意升高，中國開始將目光轉向歐洲大陸。

捷克總統齊曼（Miloš Zeman）接受中國中央電視台訪問時，為了感謝中國而說了一句耐人尋味的話，他說他會努力讓捷克從此不要再「對美國和歐盟卑躬屈膝」。齊曼稱習近平是他的「年輕朋友」，認為「一帶一路」是人類史上最大的基礎建設倡議。中國承諾在捷克投資三十五億歐元，但最後只投入三百六十二萬歐元；相較之下，捷克每年從歐盟拿到五十七億歐元，金額在歐盟排名第二。即便如此，二〇一八年一月總統大選，靠著辱罵歐盟及讚許俄羅斯和中國，齊曼還是再次贏得選舉。

華信能源公司董事長葉簡明是齊曼的親信，他為中捷兩國的合作穿針引線。但他的下場與許多中國的大老闆一樣，捷克總統大選落幕沒多久，葉簡明卻突然因為「涉嫌違法」而行蹤成謎。他在捷克收購了航空公司、釀酒廠、足球俱樂部和傳媒集團，也為齊曼的顧問和捷克的前後任官員創造多個高薪的職位。捷克中國問題專家馬定和（Martin Hála）指出：「看來華信的絕大多數投資都不是為了商業利益，而是要收買捷克政治人物。」馬定和領導的智庫「解析中國」（Sinopsis）專門研究中國對捷克和鄰近國家的影響力，他說中國帶給歐洲的不是創新，而是「新形式的裙帶資本主義」。

二〇一九年年底，布拉格理查大學的四名員工接受中國大使館的祕密資助，醜聞曝光後校方非常震驚，包括安全政策中心的負責人巴拉班（Milos Balaban）。學校發言人表示：「這件事顯示大學機構多麼容易受到國外勢力的影響。」這些醜聞造成各界的反彈，像是布拉格市長賀瑞普（Zdeněk Hřib）動不動就挑戰總統齊曼的親中政策。他先讓布拉格市政廳升起西藏的雪山獅子旗，然後切斷與北京的姊妹市關係，改與台灣首都台北結為姊妹市，令中國外交界大為震驚。

只不過像賀瑞普這樣的政治人物是例外。歐盟的外交官說，匈牙利代表宣讀的人權聲明聽起來像是由中國外交部所擬。「第一次看到有國家直接用經濟影響力脅迫他國就範，」一名北京的歐盟外交官說：「中國挾著匈牙利和希臘，彷彿也坐在布魯塞爾的談判桌。對於所有核心的中國問題，歐盟內部都無法達成共識。」

中共再三以行動表明，只要不符合自己的利益，就沒必要遵守既有的國際秩序。它不把國際法院的南海仲裁當回事，還持續填海造島，擴建基地，加速南海的軍事化。

英國於一九九七年歸還殖民地香港，當時中共在協議中保證香港維持五十年的自治，結果二十年後即被剝奪。在百萬港人上街要求自由和法治後，中國全國人大在二〇二〇年七月一日通過嚴酷的《港區國安法》，打壓原本自由的言論。那時唯一敢批評政府的報紙《蘋果日報》稱，這是中共對港投下的「核彈……殺人但留下建築」。

《國安法》效應深遠。二〇二一年年初，特區政府執行大抓捕，五十五人被囚禁，其中有記者、出版商、政治人物和律師。民主派議員集體退出議會。一些網站也遭到封殺，例如記錄二〇一九年示威的「香港編年史」。

羅冠聰說：「我們所熟悉的香港已成過去。」一九九三年出生的他，二〇一七年勝選成為香港史上最年輕議員。二〇二〇年夏天，《國安法》通過後沒幾天，他逃離香港前往倫敦。我跟他見面的時候，他被警方通緝的消息才剛傳出，羅冠聰說，連他這麼溫和的人中共也無法忍受，實在荒謬。從中共的角度來看，這並不矛盾。港人毫無保留地表現對自由的熱愛和對民主的渴望。「共產黨現在必須毀掉香港，」比羅冠聰早一步流亡倫敦的鄭文傑告訴我：「香港是中共統治的對照組。」鄭文傑二〇二〇年在英國申請政治庇護，他是第一位這樣做的香港人。

這是歷史性的斷裂。過去一百多年來，香港是中國人逃亡和嚮往的目的地，躲避中國飢餓、暴政、戰爭和內亂的避風港。如今第一次反過來，港人突然也必須逃離。「這是決定命運的時刻，」羅冠聰說：「不僅對香港，也是對全世界。」他希望西方的民眾和政治人物了解，在中國的強勢擴張下，民主核心價值遭逢挑戰，而香港正好在最前線。

全世界的人都有必要細看《國安法》，了解香港正在發生的事。其法條的驚人之處在於，它適用於地球上的每一個人，只要你公開得罪香港官方和中共，都可能在入境香港時被逮捕。首位被通緝的是不是羅冠聰，而是住在洛杉磯、取得美國公民身分已數十年的朱牧民，他推文說：「現在我們全是香港人了。」

多年來，大局第一次有變化。在華府，面對當前中國的嚴重威脅，朝野的立場一致，民主黨和共和黨難得達成共識。美國總統選戰時，拜登的團隊已用「種族滅絕」一字定義中國對新疆少數民族穆斯林的迫害。上台後，他宣布將與中國展開「極為激烈的競爭」。拜登打算與歐洲及中國在亞洲的鄰國恢復傳統的盟邦關係，修補川普造成的傷害。

歐洲的態度也在改變，北京的戰狼外交以及中國網軍在疫情期間大肆散布假訊息，令愈來愈多的政治人物和民眾驚覺事態嚴重。

即便如此，民主國家還是難以齊心同力。歐洲各國一開始步伐一致，但不久後就分散了。有些政府害怕被中國報復，例如德國就不敢將華為完全排除在5G網路之外。有些政府難以拒絕中國市場的誘惑，譬如歐盟於二〇二〇年年底與中國完成了雙邊投資協定的談判。當時歐盟執委會主席范德賴恩（Ursula von der Leyen）還稱讚這是一大突破，「這項貿易議程奠基於許多重要的價值」。她顯然是睜眼說瞎話，因為談判完成之際，新疆人被強迫勞動和大規模拘禁的內幕正好曝光。除了字面上的承諾，這份協定對北京幾乎沒什麼要求，仔細一看根本在宣傳中共有多成功。

中共長久以來利用西方的弱點。許多中國人曾把西方當成經濟成功和思想原則的典範，但這幾年它們都面臨嚴重的崩壞。二〇一八年的金融危機、英國脫歐、川普當選美國總統、右翼民粹在西方國家的崛起等，這些事件都是價值崩壞的分水嶺。當年西方對於阿拉伯之春和烏克蘭革命很樂觀，但結果遠不如預期，對中國官方來說，這些是求之不得的負面宣傳。黨媒警告說：「眾多複製西方制度的國家，最終得到的只是飢餓、貧窮、無序和血腥。」

二〇二〇年上半年疫情高峰時，全球一起見證一齣難忘的戲碼。中共演出它最擅長的「改寫歷史」，只不過這次觀眾不是自己的人民，而是全世界。中國人經常罹患的遺忘症這次傳染到世界各地。中共厚顏無恥的政治宣傳升級了，它把病毒當成宣傳工具，用來強調自己的體制有多厲害。在這樣的論述中，中國成了抗疫典範，「有勇氣戰勝病毒」，美國人民則備受病毒所折磨。「由於制度上的優勢，中國得以成為全球的新領導者」，這樣的論調世界各地都有人無腦跟著覆誦，彷彿得了健忘症。中國無需向世界道歉，正好相反，新華社於當年三月說：「世界欠中國一聲感謝。」別忘了，中國隱瞞疫情數週之久，五百萬人在封城前沒有檢測就離開武漢，把病毒傳到中國各地和全世界，直到今天許多權威學者仍質疑這個國家疫情數字的正確性。

在接下來的宣傳戰中，中國首次大規模運用俄國散布假訊息的手法。官方推特帳號鼓吹陰謀論，說病毒並非來自武漢、而是美國的化學實驗室，連外交部發言人趙立堅也幫忙傳播。為了天衣無縫地配合「口罩外交」，中國國際航空還將大批的口罩和醫療物資運送到歐洲各地，而遠端遙控的機器人帳號則在推特上敲鑼打鼓。那些具獨裁傾向、反對歐洲統合的疑歐派領袖，更是藉機讚美中國是患難之際的救星。例如匈牙利總理奧班（Viktor Orbán）親自去迎接中國的援助物資；塞爾維亞總統武契奇（Aleksandar Vučić）公開親吻中國國旗，說中國是唯一能幫助我們的朋友。

當然，從台灣、南韓和德國等國的例子證明，如果民主國家相信專家的意見和政府決策的力量，對人民的信任感也有把握，抗疫成果絕對與獨裁國家一樣成功，而且更人道。不過，西方經常給中國製造不必要的機會，例如歐洲人已經忘了歷史和象徵對政治的重要性，所以沒有強力回擊北京大陣仗的宣傳。疫情爆發之初，每個國家嚇得只顧自己，很長一段時間忘了深受瘟疫打擊的鄰國，例如義大利。言行乖張的川普更是美國送給北京宣傳機器的一份大禮，他的無知和對學術的敵視讓美國很快成為全球疫情的中心；中共要世人忘記它的過失，沒有比川普更好的幫手了。

早在川普上台前，西方即背離自己的理想，正中獨裁者的下懷。在關達那摩灣，美軍在不受法律管轄的阿布賈里布監獄虐待戰俘；史諾登揭發美國政府的祕密監聽計畫，讓陰謀論者和世界各地的獨裁統治者歡呼雷動。美國曾自封為自由民主的燈塔，是透明治理、權力監督和資訊自由的代言人，難道跟它所譴責的政權一樣，偷偷使用警察國家的技倆？當然華府宣稱這樣做是為了保護人民免於恐怖主義，可是北京不是也這樣說：維吾爾人居住的新疆發生砍殺事件？那當然是「恐怖活動」。達賴喇嘛為自焚的藏人祈禱？顯然是「偽裝的恐怖主義」。

類似的事不斷在發生。美國要所有申請簽證的人交出社群媒體帳號的密碼？北京的官媒鼓掌叫好：「這是好消息！」好在世人對「網路管理」意見逐漸一致，「安全有風險的話，政府必須採取干預措施」。當川普在批評假新聞時，連《人民日報》也向他致敬，在推特發文請他來看看：@realDonaldTrump說得沒錯，假新聞是敵人，中國多年來也深受其害。

抱持犬儒主義的人紛紛摩拳擦掌：「我們不是早就說過了？無論是在華盛頓、北京、倫敦、柏林或莫斯科，統治者不都一樣？」當然不一樣，但我們恐怕讓懶於思考和樂於奉承獨裁的人太輕鬆了。我們真的要離開人權和自由的道路嗎？美國總統歐巴馬和他手下的人以法律為藉口，為情報機關的監控措施辯解，還以為這樣就不是醜聞了。看看川普之前的美國總統做了哪些自認合法的事：未起訴和審訊就逮捕嫌犯，派無人機到國外殺死可疑的人。如果中國無人機有一天在尼泊爾或印度殺了西藏的恐怖分子，美國會怎麼回應？我們德國人又會怎麼回應？

人性最諷刺的地方在於，我們不知不覺中變得跟敵人愈來愈像，當然這不代表努力沒有用。必須保持警覺，對周遭的事不可麻木不仁，不應該逃避一早看新聞時擊中胃的那一記拳頭。

與其對中國指指點點，治本之道還是在反躬自省。中國分化歐洲？沒錯，但只有能被分化的人才會被分化。擰醒自己，睜開雙眼端詳內心最醜陋的部分，看看是不是已扭曲到認不出來。好好認識未來科技的誘惑，看它如何引誘我們一再出賣自己、背叛自己的價值。中國的人工智慧、大數據的發展規劃和社會信用體系也值得注意，還有臉部識別、行為預測和網路生態系的個人獎懲，這些在歐洲目前多應用在商業活動。中國彷彿是一面鏡子，可以看到我們的黑暗面。中國毫無顧忌地應用這些新科技，早已讓矽谷、倫敦或柏林的企業執行長心動神馳。（「非得即刻跟上中國，不然就會遙遙落後」，多年來已成為某些經理人的口頭禪。）

然後看清楚中共如何影響我們。不管在歐洲或美國。全世界都在討論俄羅斯，可是對自由民主國家來說，最大的挑戰不是來自僵化的俄國，而是中國這個經濟大國。

當然，我們還是會繼續與北京保持對話、合作和做生意，但一定得弄清楚這個政權的本質和意圖，否則就是不負責任。每個國家都有權爭取自身的利益，但為何中國人得因此犧牲與他人思想交流的權利？因為中國領導人的行動框架與我們不同。它們充分利用開放社會提供的各種可能性，可是本身行事作風卻並不透明。中共發揮影響力是為了壯大獨裁體制，並將價值觀和行為模式傳播到國外，以滲透他國的機構，弱化對方以滿足自身的利益。中共經常背地裡行動，破壞多元主義和言論自由的價值，也很清楚自己正與西方進行意識形態的鬥爭。

西方和自由民主國家正面臨多重挑戰：一邊是像川普這樣的破壞性力量，包括來自社會各界的右派民粹主義者以及宣揚末世論的騙子；另一邊是俄羅斯和中國。到目前為止，中國的威脅性最常被低估，可說是完美風暴的潛在因子，而這風暴看來正在成形。

北京仗著民主國家的軟弱和內部的分裂才那麼肆無忌憚，因為我們只管自己，不清楚周遭到底發生了什麼事。戴姆勒、蘋果和施普林格—自然對民主價值的背叛只是開始，接下來還會有更多公司仿效，變成司空見慣的現象。沒有注意到的事不代表沒有危險。一場非打不可的戰役正等著我們，但先從整頓自家開始吧。爭執不休、疲憊不堪、自鳴得意、愛作夢、反應又遲緩的歐洲人，張開雙眼看看這個向前衝的中國吧！放下天真和懶散，立即團結起來，重新發現理念的力量和光芒，這可是好幾代人奮鬥的結果。好消息是，這些理念很強大：中共再怎麼趾高氣昂，始終對西方民主和價值的吸引力戒慎恐懼。中共不斷在影響西方世界，其背後的主要動機，就是擔心國內局勢不穩定。

體制之爭又回來了。中國真的可以超越西方和自由民主國家，登上世界頂尖？如果獨裁可以重新發明，那麼在柏林、雅典、布拉格、倫敦和華府等地，最急迫的任務就是重新發明西方價值、歐洲理念和民主精神，而台灣正好處在最前線。

最終關鍵不在於中國有多強大，而是我們自己有多強大，或者我們有多軟弱、如何容易被分化、陷入宿命論和絕望。我們手上還是有好牌，不能讓別人拿走。

不，沒必要害怕中國，我們必須怕的只有我們自己。

謝詞

首先得感謝中國，這個國家過去三十年來帶給我無窮的冒險體驗。還要感謝中國的人民，一些人成為我忠實的朋友，一些人雖然不認識我，還是跟我分享他們的故事和觀點。有時他們得冒極大風險，有時得忍受騷擾，對此我想說聲抱歉。

我還要感謝我的家人，他們為此書付出極大的耐心。感謝巴爾許（Bernhard Bartsch），他是第一位讀完手稿的人，給我許多寶貴的建議。感謝我的編輯雅尼克（Martin Janik），他總是能縱觀全局並在適當時機給我必要的激勵。他們讓本書更加完美，書中若有出現錯誤，都要歸咎於我的疏失。

NEXT 313

和諧社會：中國，大數據監控下的美麗新世界

Die Neuerfindung der Diktatur

作　者—馬凱（Kai Strittmatter）
譯　者—林育立
主　編—郭香君
責任編輯—許越智
責任企畫—張瑋之
封面設計—倪旻鋒
內文排版—張瑜卿
編輯總監—蘇清霖
董 事 長—趙政岷
出 版 者—時報文化出版企業股份有限公司
一〇八〇一九臺北市和平西路三段二四〇號四樓
發行專線／（〇二）二三〇六—六八四二
讀者服務專線／〇八〇〇—二三一—七〇五・（〇二）二三〇四—七一〇三
讀者服務傳真／（〇二）二三〇四—六八五八
郵撥／一九三四—四七二四時報文化出版公司
信箱／一〇八九九臺北華江橋郵局第九九信箱
時報悅讀網—www.readingtimes.com.tw
綠活線臉書—https://www.facebook.com/readingtimesgreenlife/
法律顧問—理律法律事務所　陳長文律師、李念祖律師
印　刷—家佑印刷有限公司
初版一刷—二〇二二年八月十九日
初版二刷—二〇二二年九月三十日
定　價—新台幣四八〇元

時報文化出版公司成立於一九七五年，並於一九九九年股票上櫃公開發行，於二〇〇八年脫離中時集團非屬旺中，以「尊重智慧與創意的文化事業」為信念。

和諧社會：中國，大數據監控下的美麗新世界
馬凱（Kai Strittmatter）著；林育立譯
---初版---臺北市：時報文化出版企業股份有限公司，2022.08
面；14.8×21公分. ---（Next）
譯自：Die Neuerfindung der Diktatur
ISBN 978-626-335-741-9（平裝）
1.CST：中國大陸研究　2.CST：威權政治　3.CST：獨裁
574.1　　111011468

DIE NEUERFINDUNG DER DIKTATUR by Kai Strittmatter

ISBN 978-626-335-741-9　Printed in Taiwan